関西大学東西学術研究所　訳注シリーズ18

神話から神化へ
―― 中国民間宗教における神仏観

劉　　雄　峰 著
二階堂　善弘 監訳

関西大学出版部

要　旨

　社会の絶え間ない発展と進歩に伴い、人々の宗教についての認識はますます深まっている。宗教研究においては、「正統宗教」（仏教や道教）に関心が注がれると同時に、「非正統」である民間宗教も日々注目を集めるようになっている。しかし、様々な理由により、民間宗教研究領域において宗教思想の研究は、宗教教派の変遷に関する研究に比べ明らかに遅れている。また、宗教思想の研究では、神仏（学）思想の研究は、人々の関心を集めるほど十分な研究がおこなわれていない。明清時期の中国社会における民間宗教の発生と隆盛に鑑みて、本文では、現代宗教学の視点から、神仏観を中心に、明清民間宗教各教派の主要経巻――宝巻およびその他関連資料を結び付けた。これらの詳細な解読、分析を行なうことで、神仏系譜、神話理論、救済観念、倫理思想の四つに分類した。そして明清時期民間宗教の宗教思想の形成・発展・歴史的変遷の軌跡を考察することで、明清民間宗教の神仏（学）思想について、宗教的意義を新たに検討し、以下の重要な観点を提示する。

　第一、明清民間宗教は、整合的手段により各種宗教（主に儒・仏・道の三教）の神仏を吸収・改変・利用し、全てを包摂する膨大な神仏の系譜を構築した。それにより「万教帰一」、大同に至るという最終目標の実現、協調がとれ平等な「万神殿」を実現することで、現実世界の階級の厳格な官僚統治体制に対する反対や否定を示した。同時に、多くの信徒に安全で温和な精神の拠り所と思想の帰着地を与え、さらに多くの民衆を入信させた。万神信仰体系の構築は、神仏の加護に対する信者の肯定や承認を促し、信徒の自負心や自立心を刺激する。それは数多の神仏が存在し信者を見守ることで、多くの信者の道徳的結束力を高めさせ、信徒一人一人の言動に宗教と道徳的意義の判断基準を与えた。

　第二、「無生老母」を最高創世主神とする神話思想は、明清民間宗教の「以人為本」、あらゆる宗教理念や時代的特徴を明確に表す。こうした神話思想は、中国社会に広く深い影響を与えた。同時に、明清民間宗教の多くの教派の「教主神化」神話は、教派の神聖性としての宗教意識の表出を強めるだけでなく、社会での生存空間や権力の分掌、さらに政権制度との間にある張りつめた政治的な「潜在意識」をやわらげる。創世神話と教主創教神話の誕生は、救世の思想や行為に理論的前提を与えるだけでなく、現実に置かれた宗教を基礎として、こうした思想や行為が確実に行われるための確かな保障となる。神話から「神化」への変遷は、

明清民間宗教の宗教思想体系が成熟し完成していくことを意味する。その中でも理性的部分が大いに補強され、明清民間宗教各教派の宗教意識レベルの上昇として顕著に表れる。

　第三、明清民間宗教の救（世）度（世）思想は、自己と他己救済、人度と神度を現す相互関連的で相互統一的特徴を有する「救済」理論である。中でも救済の「道具」としての「法船」や「会」の思想的淵源は長く、さらに人類の心の中にある「潜在意識」が奥深くに含まれており、社会的危機や現実の苦難に直面すると、それが刺激され出現する。そして多くの民間宗教教派が受け入れ伝えてきた「救済」理念が行動に移される。これにより明清民間宗教の「救済」理念の明確な思想的特徴や強い芸術的共感の魅力が表される。

　また、教主が顕す「霊異」現象は、宗教の救世運動において「個人」と「民衆」の二つの意味を有し、ウェーバーが中国宗教の特徴を「予言の欠位」（absence of prophecy）にあると述べたことを覆す。図讖予言は、宗教運動の中心的中心として、明清民間宗教の宗教救世運動において四つの重要な役割を果たし「中国には救済、特に全体の救済という観念が発達しなかった」という誤った認識を正すものである。同時に、楊慶堃氏は、中国宗教教派（当然、明清民間宗教各派を含む）について「全ての拠り所となる個人救済により、さらに普遍的な救済により全体の救済という観念を得た」と述べる。

　第四、明清時期の民間宗教は「三教合一」により形成された伝統思想による儒家の忠孝倫理観の影響を受けた以外に、この忠孝倫理観に見られる報恩思想の多くは仏教に由来する報恩思想、仏教報恩思想を基礎として新たに作られた。例えば「四報恩」を発展させ「三十二報恩」とした。同時に、「世尊」の恩、「皇恩」に報いることを、本来の位置から第一位に置き換えた。これにより明清民間宗教の忠孝倫理観を明確に示す時代的特徴となった。最高主神「無生老母」の創造から数多の女性神の崇拝まで、明清民間宗教は道（家）教の「重生（殖）」伝統倫理の継承と称揚を現している。同時に、多くの女性教主、女性信徒の出現、特に女性の生理的苦痛に対する配慮は、遥かなる高みにある神仏の救済が現実の人間の加護となり、民間宗教倫理思想の革新性と超越性となった。

キーワード：明清時代　民間宗教　宗教思想　神仏観

Abstract

With the social development and progress, mankind are deepening their understanding of religion. In religious studies, people continue to focus on "institutional religion" (such as Buddhism, Taoism), while those "non-institutional" folk religion are growing in popularity. But for various reasons, research in the field of folk religion, religious ideas of its apparently lag behind the evolution of religious sects. In the study of religious thought, its View of gods, but even more is not being full attention and rarely cares. As the Ming and Qing Dynasty Chinese folk religion in society is prosperous period of high incidence, therefore, this paper explores the perspective of modern religion, the view of Gods as focus, combined with the Ming and Qing civil religious sects main scriptures – Baojuan (宝卷) and other related materials, careful interpretation and analysis of each of the gods lineage, myth theory, the concept of salvation, ethics, expand four-part study investigated the Ming and Qing Dynasties the formation of religious thought, religion evolution and history track, folk religion of the Ming and Qing Dynasties thinking of the gods the religious significance of the new exploration, which made the following important points:

Firstly, the Ming and Qing folk religion by means of integrated absorption, adaptation and use of various religions (mainly Confucianism, Buddhism, and Taoism) the gods, built a huge all-inclusive divine pedigree, in order to achieve "the many religions normalization", the ultimate goal of unity in Datong (大同). Harmonious equality "Pantheon", indicating that the real world hierarchical system of bureaucratic rule in disgust and denial, but also to the broad masses of believers to provide a safe and warm spiritual home and thought destination, to attract more people join the church. The God of the establishment of belief systems, not only enhances the ability to bless the faithful on the Buddha's affirmation and recognition, but also inspired the hearts of believers self-confidence and self-discipline.

Secondly, "WuSheng mother" (無生老母) as the supreme God, the Creator, the myth of thinking clearly reflect the Ming and Qing folk religion "people oriented", inclusive of all religious ideas and characteristics of the times, so this myth generated ideas in Chinese society the extensive and far-reaching effects. the same time, many sects of the Ming and Qing folk religion"deified leader"of the myth, both its religious sanctity to strengthen the religious consciousness to reveal, is the search for social living space and power and power sharing as well as trying to buffer system of political tension between the "unconscious" and taken by. Creation myth and the myth of its founding leader of the establishment of just thinking and behavior for the salvation provided a theoretical premise, only to place the reality of the religious basis of the implementation of such thinking and behavior have a reliable guarantee. The Ming and Qing Dynasty folk religion that the religious ideology of the mature and complete, rational elements which greatly increase the Ming and Qing folk religion is the religion of all sects rising level of awareness of the significant symbol.

Thirdly, the Ming and Qing folk religion to save World (救世) thinking is embodied self and his rescue of unity with each other characterized by"salvation"theory. Especially as the salvation of the "Tools" and "FaChuan" (法船) and "Hui" (会), because of its ideological origins of the long-term and as a deeply hidden in the human mind in the "unconscious", the face of social crisis and the coming of real suffering and was completely inspired them, have become the be accepted by many religious sects and the wisdom of "salvation" idea was put into action in order to show the folk religion of Ming and Qing Dynasties "salvation" idea The distinctive characteristics and powerful ideological artistic charm infection. The leader of the show's "supernatural" phenomenon in the religious movement to save the world based on "personal" and "popular" double meaning, overturned Weber on religion in China as "the absence of prophecy" for the characteristics of the thesis. Figure prophecy predicted the core of as a religious movement the core, in the Ming and Qing folk religion Salvation Movement, which has important the role of the four, correcting the "Haven't develop a salvation in China, especially All salvation" Idea of misconceptions, but also confirmed the Yang QingKun on China's religious groups (including of course the Ming and Qing civil religion sects) "has been through the conversion of personal salvation, and salvation through universal access to the whole concept of salvation."

Fourthly, the Ming and Qing Dynasties of folk religion, the face of "syncretism" to create a tradition of thought, other than the Confucian ZhongXiao (忠孝) ethics effects, the ethics of gratitude ZhongXiao (忠孝) thinking more from the Buddhist concept of gratitude, and gratitude in succession based on the ideas of Buddhism and the new. Such as the "four gratitude" development "32 gratitude", and will also "lord" from the original secondary was placed in the first, reflects the ethics of the Ming and Qing folk religion the distinctive character. Lord God, from the highest "WuSheng mother" (無生老母) of creation to the worship of gods of many women, reflecting the folk religion of the Ming and Qing to Daoism's Thought of "Focus on life and Rebrith" inherit and carry forward the traditional ethics. Meanwhile, the number of female Leader, the emergence of female Believer, in particular its unique expertise in the care of women suffering physical, but also to the lofty spirits of human salvation back to the real care for, show Religion and Ethics Innovation transcendence.

Key words: Ming and Qing　Dynasties　Folk religion　Religious　Thought
　　　　　　View the gods

目　　次

要　旨 …………………………………………………………………… i
Abstract ………………………………………………………………… iii

導　論 ………………………………………………………………… 1
　一、研究目的と意義 ………………………………………………… 1
　二、論文の構成と内容 ……………………………………………… 5
　三、研究の現状と動向 ……………………………………………… 8
　四、研究方法および創新 …………………………………………… 13

第一章　明清民間宗教の神仏の系譜 ……………………………… 23
　第一節　明清民間宗教の神仏の類別と
　　　　　　その形成についての社会的背景 ……………………… 25
　　一、『仏説皇極金丹九蓮正信帰真宝巻』および
　　　　『龍華懺』の神仏の類別 ………………………………………… 26
　　二、明清の民間宗教神仏系譜が形成された社会的思想的背景 ……… 38
　第二節　明清民間宗教の神仏の系譜の階層構造 ………………… 43
　　一、神仏の系譜内の種別について──仏と菩薩 ………………… 43
　　二、明清民間宗教の神仏の系譜とその階層構造 ………………… 46
　第三節　明清民間宗教の神仏の系譜の思想内容とその特質 …… 61
　第一章むすび ………………………………………………………… 71

第二章　明清民間宗教の神話理論 ………………………………… 73
　第一節　明清民間宗教の創世神話 ………………………………… 75
　　一、明清民間宗教創世神話の思想的淵源 ………………………… 75

二、明清民間宗教の創世神話 ……………………………… 80
　　　三、明清民間宗教創世神話の影響 ………………………… 90
　第二節　明清民間宗教の「教主神化」神話 …………………… 94
　　　一、羅教の「教主神化」神話 ……………………………… 94
　　　二、東（聞香教）、西大乗教の教主創教神話 ……………… 101
　　　三、他教派の教主神話 ……………………………………… 105
　　　四、明清民間宗教の「教主神化」神話の特徴および意義 … 107
　第三節　明清民間宗教の神話思想の展延および
　　　　　宗教の現実的基礎 ……………………………………… 109
　第二章むすび ………………………………………………………… 113

第三章　明清民間宗教の救済観念 ……………………………… 115
　第一節　救世の前提：明清民間宗教の治世理論 ……………… 116
　　　一、三仏掌教 ………………………………………………… 117
　　　二、五祖当極 ………………………………………………… 122
　第二節　「三元劫数」と末劫：明清民間宗教の終末論 ……… 125
　　　一、劫災思想の淵源 ………………………………………… 125
　　　二、三元劫図と末劫 ………………………………………… 128
　第三節　霊異と予言の功能と作用――『五公経』を例に …… 132
　　　一、霊異 ……………………………………………………… 132
　　　二、図讖の効果と役割――『五公経』とその他の経典 … 134
　第四節「法船」と「会」――明清民間宗教の度世思想 ……… 141
　　　一、救世の目的――度世と帰郷 …………………………… 141
　　　二、救世の手段――「法船」と「会」 …………………… 143
　第三章むすび ………………………………………………………… 157

第四章　明清時期民間宗教の倫理思想 …… 159

第一節　明清民間宗教倫理観形成の思想的背景 …… 161
一、儒家倫理の忠孝観 …… 161
二、仏教と道教の倫理思想と影響 …… 164

第二節　継承と超越——明清民間宗教の倫理思想 …… 170
一、明清民間宗教の忠孝観 …… 170
二、明清民間宗教倫理観に対する仏教の報恩思想の影響 …… 175

第三節　明清民間宗教の女性観 …… 180
一、至高の女神——無生老母 …… 180
二、多くの女性神と女教主、女教徒 …… 184
三、女性の生理的苦痛に対する特別な配慮 …… 189

第四章むすび …… 197

結　語 …… 199
一、明清民間宗教の「正統宗教」に対する継承と超越 …… 200
二、明清民間宗教の発生と発展、「正統宗教」の
　　社会適応の必然的結果 …… 204
三、「祛魅」と「神顕」
　　——「パラドックス」における宗教の発展趨勢 …… 205

参考文献 …… 209
後　記 …… 215
訳者あとがき …… 217

導 論

一、研究目的と意義

　宗教は、過去の社会現象の一つとして、人類社会の発展に伴う独自の作用と役割により人々に注目され研究の対象となってきた。そのため、学術界では非常に重視され、多大な研究成果をあげてきた。しかし従来の研究、特に宗教および歴史の研究では、哲学的・文化的・思想的、ひいては芸術的角度からの分析や検討に重きを置いている。その結果として示されるものは宗教的哲学史・文化史・思想史・芸術史のみである。これは厳格な意味での宗教の社会発展史ではない。当然、それは社会のいわゆる「正統宗教」——仏教・道教——について言える。これと同時に、明確なコントラストとして形成されたものは、同じ宗教現象としての民間宗教である。民間宗教は長きに渡り学術界から注視されることなく冷遇されてきたため、研究は必然的に停滞している。

　上述した内容と同様の社会文化現象を作るためには、その研究内容は同一ではなく進歩させねばならない——つまり正統宗教についての研究に殺到するのではなく、民間宗教を客観的に観察する——という理由がある。ひいては中国社会において、大伝統である「高等文化」が常に発展しており、「小伝統」である大衆文化は往々に異端または迷信と見なされてきた。鄭志明氏は『中国社会与宗教』において、「中国の伝統社会では文化が連綿と伝えられ、その内容は豊富で多様性に富み、様々な文化的性質と価値体系を有する。しかし、前漢以降、学問と政治が結びつき、文官体制が完成すると、政治的権威を通じて知識分子の理想とする文化理念が宣称され、中央政府の教化政策と社会的文化の位置づけがおこなわれた」[1]と述べる。鄭氏がここで指すものが伝統社会であるにせよ、これら「中央政府の教化政策と社会的文化の位

　1）　鄭志明『中国社会与宗教』（台湾学生書局　1986年）第1頁。

づけ」という牽引力と慣性はその後も作用し影響をあたえ続けて現代社会へと至る。

　しかし、社会の絶え間ない進歩と認識の深化により、人々もこれら「小伝統」の豊富な内容や重要性をより意識するようになる。そうして宗教と社会の関係もさらに人々の思考や注目を引くようになり、その視野は「小伝統」にも注がれるようになる。宗教研究について言えば上記のような趨勢がみられる。また民間宗教研究では、20世紀初頭から「真の意味の研究」[2]が開始され、建設的な業績を挙げている。特に80年代以降、より多くの注目すべき研究成果が得られた。『中国民間宗教史』など一連の著作の出版は、中国民間宗教の研究が系統的、体系的段階に入ったことを示していることは疑いようがない。これら全ては、さらなる研究のために確固たる礎を築いただけでなく、同時に新たな突破口、つまり中国宗教（正統宗教であれ民間宗教であれ）研究の学術水準上昇の必要性を説く。

　しかし、民間宗教の研究において人々が注目することは、宗教教派それ自身の変遷、興亡の歴史的脈絡、および当時の社会の政治・経済・生活・文化・風俗などに与えた直接的作用と影響（邪教または農民蜂起などの視点）であり、社会に潜む宗教的作用や影響に関心を示す者は極めて少数であった。これら原因を作ったのは、一つに人々が宗教を一種の社会文化現象としてのみ捉えたことにあり、宗教が有する宗教としての独自の宗教的役割がおろそかにされたためである。もう一つは、伝統的視点に囚われ、非正統の地位、下層民衆の信仰である民間宗教の「迷信」、ひいては「邪教」として扱うなど一括りに捉えたことである。そのため、多くの民間宗教史研究は、民間宗教思想の形成と発展に概括的研究（同様に哲学的、文化的、芸術的視点を用いて）を行なっているように思われる。だが実際は、民間宗教の思想および社会の関係、さらには宗教学の視点から民間宗教思想の社会的歴史発展の過程を研究したものはごく少数であり、民間宗教の宗教神仏思想について重点的、系統的研究を実施したものは論外である。それは、宗教信仰の対象は神仏・上

2）　梁景之『清代民間宗教与郷土社会』（社会科学文献出版社　2004年）第1頁を参照。

帝・霊魂・来世であり、神仏や上帝の崇拝、霊魂の不滅や来世生活の追及などが宗教の実質や基礎を構成しているため、神仏観念はそれぞれの宗教（民間宗教を含む）やその思想体系において極めて重要な地位や役割を果たす。しかし、種々の理由により従来の研究でこれに言及しているものは少なく、民間宗教の神仏観については、さらに研究する者が少ない。

よって、本研究の目的は、宗教学の視点、さらに明清時期の民間宗教教派およびその経典——宝巻を主な手がかりとして歴史資料に依拠し、民間宗教の神仏観を中心に、民間宗教思想の形成、特徴、規律の発展および社会における役割および伝統宗教が受けた文化的影響の分析と検討をする。明清時期の歴史的実体と民間宗教思想の本義を通観することで、宗教が社会化する発展過程における民間宗教の歴史的軌跡および発展の法則を整理する。

中国社会における「正統宗教」は、宋以降に衰退していく。さらに言えば、明清時期になると衰退は共通認識となっており、仏教や道教の状況はその典型例であった。こうした衰退変化の過程や結果はどうであったのか様々論じられているものの、未だ明確にされていない。しかし、否定できない事実として、仏教など異邦から伝来した宗教であれ、道教など中国本土で誕生した宗教であれ、いずれも次第に勃興してきた多くの民間宗教の中に自らの姿や影響を見つけることが可能である。これらは間違いなく中国の宗教発展における社会化や「民間化」の歴史的趨勢を示している。よって、民間宗教思想の研究は、ある部分において伝統宗教思想研究を延長・発展させたものである。民間宗教や宗教（神仏）思想の全面的な詳細な研究は、民間宗教それ自身に注目するだけではない。さらには社会において「正統宗教」がいかに生存し、発展し、社会と関係したのか、つまり宗教の「社会化」問題を研究することである。これが宗教研究（宗教史研究であろうと宗教社会学研究であろうと）にとって重要な課題である。

中国の伝統からすると、「正統宗教」は仏教、道教（儒教が宗教であるかどうかについては未だ多くの論争があり、ひとまず置いておく）のみであり、長い歴史と大きな影響があった。その影響は思想、文化面に現れているだけでなく、さらに社会の人々の日常生活に密接に入り込み、人々の社会意識に

潜み、人々の社会行動方式に一定の影響を与える。さらに「正統宗教」が中国において社会化する発展の過程には特殊な規則性があり——つまり中国宗教の「民間」から「正統」への発展、さらに「正統」から「民間」への拡散である。この期間に「正統」の「衰退」がおこり、「民間」が隆盛となった。そのため民間宗教の宗教神仏思想により中国社会の宗教の歴史発展やその法則を研究、考察することは、非常によく使われる手法である。

中国宗教の社会発展の歴史を見渡すと、漢代またはさらに以前から開始されており、ひと時もとどまることなく社会化のプロセスが行われている。萌芽、発展、繁栄から衰退までの一連の流れの中で、明清時期の正統宗教には昔日のような輝きは見られないものの、完全に「消滅」したわけでもない。当時の社会は、従来見られなかったほど多くの民間宗教が勃興していたのである。こうした現象は果たして偶然なのであろうか。正統宗教の「衰退」現象を確認し、その背景にある本質を確認し、宗教の社会化における発展や法則を理解することは、間違いなく必要なことである。また、明代清代に時間を区切ることは根本的な意味を持つ。それは、中国社会において、民間宗教の出現や萌芽は明清時代から起こったものではないものの、多くの民間宗教は明清時代に最も出現しているのである。

よって本書では、明清時期の数多の民間宗教経典——宝巻を主要な研究資料として、詳細に研究・分析し、民間宗教の宗教神仏思想を総括することで結論を導きたい。さらに学理においては民間宗教およびその思想に内在する制度や社会、伝統宗教との関係を整理する。そこから民間宗教思想の発生・発達の過程から「正統宗教」へと発展する段階および両者の関係を探り、学理上の整理を行なう。宗教の発生と発展の歴史的変遷について理解、把握することは、学術的に重要な意義と価値を有すると思われる。

上記の内容と宗教の誕生を比較すると、人類の宗教に対する真の研究はまだ開始されたばかりである。とくに中国では、宗教は、社会において特殊な位置づけであり、その発展の過程は往々にして王権政治によって阻害される[3]。

---

3) この点については、李向平『信仰、革命与権力秩序——中国宗教社会学研究』（上

そのため、宗教発展の過程はしばしば蔑ろにされ、これを消滅させようという思いもよらない考えに至ることもある。よって、明清両朝の中国社会における民間宗教の異常なまでの隆盛という背景の下、民間宗教の経典文献にみられる宗教の神仏思想の研究を通じ、民間宗教と「正統宗教」との間の相互関係および社会歴史の発展の軌跡を考察する。そこから、社会において宗教が発展するための法則を見つけ、検討し、社会の発展に必要な思想文化要素に関する理論や経験を参照し、本文における社会的意義の所在を明確にする。同時に、現代社会において、いかに宗教（特に民間宗教と新興宗教）および社会の各方面との関係に対処し、社会主義の「和諧社会」を作り上げるかも重要な現実的意義である。

二、論文の構成と内容

　本書の研究目的に基づき、本文の全体の構成上、理論と歴史的統一性を原則とする。現代宗教学の理論を研究の理論的中心とすることで、民間宗教の信仰体系から、明清民間宗教の神仏思想を中心に、明清民間宗教の神仏系譜、神話理論、救済観念、倫理思想を骨子として文章は構成されている。さらに、歴史的発展の時間関係や理論の順序に配慮すると同時に、各章の論述対象の歴史や理論の発展について可能な限り言及している。よって、本文が対象とするものは、民間宗教におけるこうしたいくつかの領域の思想的階層である。さらに伝統文化（正統宗教を含む）が民間宗教のこうした面にあたえた強い影響についても対象としているため、論述するにあたり資料に潜む意義を掘り起こすことに最大限注意した。さらに、根拠を伴わない記述、また多くの不要な議論や展開を避けるために、可能な限り実証的理論で構成することに努めた。

　導論と結語を除くと、本書は全四章から成る。この四章は、明清民間宗教思想における神仏系譜、神話理論、救済観念、倫理思想をテーマとした理論

　海人民出版社 2006年）を参照。

的順序によって展開しており、これらの分析や論述をおこなった。

　第一章は明清民間宗教の神仏の系譜、つまり明清時期民間宗教の信仰体系の根本である。明清時期の民間宗教に強い影響を与えた『仏説皇極金丹九蓮正信帰真宝巻』（明刊本）および民間宗教の懺経の代表作である『龍華宝懺』を例に、そこに見られる膨大な神仏体系の詳細な分析をおこなった。明清民間宗教の勃興および神仏体系形成の社会歴史的背景に関連して、明清民間宗教神仏体系の成立について指摘した。これは伝統文化（儒・仏・道）三教の影響を強く受け、三教に見られる多くの神仏の名称を取り入れたため、神仏体系は膨大乱雑で「無秩序」となった。しかし、それは一つの表象に過ぎず、明清民間宗教神仏系譜の成立は、決して手あたり次第寄せ集めたものではない。さらに宗教の動因や目的とも深く関係している。それは「正統宗教」が日ごとに「衰退」していき、多くの民間宗教が勃興してくる状況下にあって、ある種の整合性と包摂の態度を求めた結果、「大一統」（「万教帰一」）という民間宗教がつくられていく。この神仏系譜の特徴は、「無生老母」を最高主神として、燃燈、釈迦、弥勒（または弥陀）のいわゆる「三世仏」を主とし、多くの神仏、菩薩を基盤とした「ピラミッド」形の階層構造をした神仏体系である。

　第二章は明清民間宗教の神話理論である。これは民間宗教の神仏系譜の確立とロジック展開の必然的結果である。明清民間宗教の神話理論は、神仏の創世神話を含み、さらに教主の「神化」や創教神話も含む。よって明清民間宗教の創教者にとって、神聖なる神仏体系や神仏創世の理論を構築した後、遥かなる高み、「実態のない霊界」にいる神仏達は現実の人間界に戻る必要がある。これにより人間世界での立教と人類の救済が完成される。こうした理由により教主の「神化」神話が必要となるのである。神仏創世の神話から教主の「神化」神話まで、いずれも明清民間宗教思想倫理の理論的展開や歴史的発展の統一を現している。明清民間宗教創世理論の叙述や分析、さらに教主の「神化」神話への検討や展開を通じ、明清民間宗教神話理論構築のメカニズムや法則を認識、理解することが可能となる。そして、これら神話理論は宗教教義の基礎、中心となるのである。

第三章は明清時期民間宗教の救済観念である。創世・治世・救世・度世とは明清時期民間宗教信仰体系の四つの理論階層である。第一章において神仏系譜の構築、第二章で神仏創世神話思想について論述してきた。よって本章では治世・救世・度世を軸に展開し、「三仏掌教」「五祖当極」の治世理論、「法船」と「会」の度世思想について詳細な分析や整理をおこない、明清民間宗教の救済観念の形成や発展について述べる。中でも、「三元劫数」の「末世」論および霊異や予言の役割について踏み込んで検討することで、明清民間宗教救済観念を下地として、明清民間宗教救済思想についての感知や認識を増強させる。

　第四章は明清民間宗教の倫理思想である。本章ではまず明清民間宗教倫理観形成の思想的背景について述べる。この背景の下、明清民間宗教は伝統的宗教倫理思想を継承していく。これは民間宗教の忠孝観であり、仏教の影響を大いに受けた報恩思想である。同時に、明清民間宗教の倫理思想は伝統倫理観も超越した。この超越は、忠孝報恩思想において「報世尊恩」「報皇恩」を種々の「報恩」行為より前に置かれる報恩思想に代えた。さらに明清民間宗教思想の女性観（女神崇拝）について論述し分析した。それは特に女性の生理的苦痛の特殊な配慮についてである。これらに明清民間宗教倫理思想の継承性、革新性、超越性が集中して現れている。

　神仏の系譜、神話理論、救済観念、倫理思想は、理論的関連や歴史的発展を相互に有する四つの要素である。神仏系譜は神話理論の思想的淵源であり、神話理論は神仏系譜の必然的発展である。同時に、両者は救済観念と倫理思想の理論や実践の前提となる。つまり神仏の創世、治世を通じて、救世、度世を実現する。さらに数多の神仏の「関心」や庇護により、民間宗教の倫理思想の構築や実践は保障や可能性を得ることができた。この四つの要素は相互に関係しており、相互に輔弼することで明清民間宗教思想の根本を構成する。それらは明清民間宗教信仰体系の重要な内容であるとともに、明清民間宗教思想倫理の基礎や行為を実践するための指南役の役割も果たす。

三、研究の現状と動向

1、国外の研究動態

　宗教および宗教と社会を一つの相互関係・相互影響・相互作用の有機的システムとして全面的で詳細な研究が実施されるようになるのは近代以降である。いわゆる「宗教社会学」誕生以後である。宗教学と社会学の理論は西洋で誕生したため、宗教学と社会学が結合した宗教社会学は西洋学問が大成するための嚆矢となる。

　中国社会の宗教研究に関して、国外の成果が多く見られる。例えば現代宗教社会学の創始者の一人であるドイツのマックス・ウェーバーは中でも特に功績を挙げた人物である。その著作『中国の宗教——儒教と道教』など一連の著述の中で、中国社会における宗教について社会学的意義との比較を行っている。しかし、これらキリスト教文化の下で育った「外国人」にとって、「先入観にとらわれた」文化価値観のために、中国社会と宗教の関係および相互変化の実質、あるいは真髄について詳細で全面的な理解を行なうことはできずにいた。そのため、こうした叙述は一面的で偏りを免れ得なかった。

　例えば、著名な中国系アメリカ人学者の楊慶堃（C. K. Yang）は、ウェーバーが「中国やその社会経済発展モデルの研究という挑戦的思想の根源に富むこと」を賞賛する。同時に、中国宗教や社会に対するウェーバーの考察が全面的ではないがゆえに、研究に対する情熱が刺激されているとする。また、アメリカの著名な中国宗教研究者であるオーバーマイヤー（Daniel L. Overmyer）は「中国宗教の『聖経』を研究した名著——『中国社会中的宗教——宗教的社会功能于其歴史因素之研究』において、『ウェーバーの中国宗教を補填しただけでなく、ウェーバーの議論にまで参加し、善意の批評を行なっている』とした（金耀基と范麗珠の言葉）[4]」。楊氏の影響や啓発を受けたオーバーマイヤーは、自身の著作『中国民間宗教教派研究』において、中

4）　楊慶堃著、范麗珠等訳『中国社会中的宗教』（上海人民出版社　2007年）およびYang, C, K. *Religion in Chinese Sciety*. Berkely, University of California Press, 1961. を参照。

国民間社会の深部にまで及ぶ宗教の重要性を考察し、これら教派の信仰や儀式に詳細な検討を行なった[5]。

上記の著作は様々な問題や不足が存在しているものの、中国宗教や社会の研究に新たな視野を与えたことは間違いない。中国社会の下層部に存在する宗教現象から始まり、いわゆる「正統宗教」現象に注目するだけでなく、これら「正統宗教」の基礎を構成する「民間宗教現象」にも着目した。こうして同研究の結論は広義の意義を有した内在的根拠となり得た。もちろん、これ以前にも多くの中国民間宗教研究が発表されている。中でも日本の学者の研究が多い。重松俊章『宋元時代の白雲宗門』（1930）、『唐宋時代の弥勒教匪』（1931）、『初期の白蓮教会に就いて』（1933）、『末尼教とGnostiquesの二元宗について』（1953）。塚本善隆『羅教の成立と流伝について』（1949）、『宝巻と近代シナの宗教』（1951）。鈴木中正『宋代仏教結社の研究』（1941）、『羅教について：清代支那宗教結社の一例』（1943）、『清中期雲南張保太の大乗教』（1978）。吉岡義豊『羅祖の宗教』（1950）、『近代中国における宝巻流宗教の展開』（1950）。澤田瑞穂『羅祖の無為教』（1951）、『道光白陽教始末』（1954）、『八卦教源流』（1954）、『初期の黄天道』（1955）、『竜華経の研究』（1955）、『弘陽教試探』（1957）『増補宝巻の研究』（1975）。酒井忠夫『明末の無為教について』（1954）、『中国善書の研究』（1972）。野口鐵郎『明代北辺の白蓮教とその活動』（1962）、『明末清初掀起的千年亡国論の宗教運動』（1982）。小笠原宣秀『元代普度の白蓮宗復興運動』（1950）。矢吹慶輝『三階教の研究』（1926）。竺沙雅章『喫菜事魔』（1974）、『中国仏教社会史研究』（1982）等がある。他にも欧米の学者が中国社会における宗教（民間宗教と信仰）に専門的研究をおこなっている。Chan Hok-lam『白蓮、弥勒教義と明清農民起義』（1969）。Chao Wei-pang『明代華北秘密宗教』（1948）。K.S.陳『仏教在中国』（1964）。Chesneaux,Jean『中国的秘密社会』（1965）。約翰・達徳思『晩明起義：農民及観点問題』（1972）。Grootaers,William『現代秘密会社：一貫道書

---

5) オーバーマイヤー著、劉心勇等訳『中国民間宗教教派研究』（上海古籍出版社 1993年）参照。

目提要』(1946) 等等。これら論著は、中国民間宗教教派に関する専門的な研究や論述である。さらに中国宗教と社会に関する一般的な宗教社会史の論著でもある。これら論述の中で「正統宗教」と民間宗教の関係についてはほぼ言及されていない（例えば竺沙雅章『中国仏教社会史研究』では、宋代の白雲宗にわずかに言及されている）。よって、オーバーマイヤー氏の著作は、これらの中でも——中国民間宗教についての研究——という姿勢を最も「公共に資する」「温和的な」ものにした著作の一つである。そこで指摘されるように、「君主専制の中国にあって、中央政府は私的に結成された結社、とくに、これら中央の信仰と異なる結社に非常に疑いを持ち、非合法と見なした。こうした態度により士大夫や官吏たちは民間宗教を敵視するようになった。歴史文献の記載によると、官吏は自らが危険有害行為の証拠を直接目の当たりにしなくとも、慣例に倣いこれら教派を異端・転覆を企てる組織と見なした。当然、こうした敵視の態度は、官僚が下層の一般民衆やその文化を蔑視していたために起きたものである」[6]。

2、国内の研究動向

一方、中国では「正統宗教」が注目されると共に、文化現象の一つとして、思想、哲学、文化芸術などの面から研究が行われている。同時に、これら民間宗教や信仰についても、敦煌で出土した「変文」から「宝巻」にいたるまで日ごとに関心を集めている。鄭振鐸は文学的視点から「変文」と「宝巻」、さらに両者の関係に注目、研究した最初の人物である。（詳しくは鄭振鐸『中国俗文学史』を参照）。また中国の宗教教派に関する専門的研究について、前者（「正統宗教」）は枚挙に暇がなく、一々列挙しない。後者（民間宗教）についても立て続けに研究成果が発表されている。中でも特に知られたものは、呉晗『明教与大明帝国』(1941)。李世瑜『現在華北秘密宗教』(1948)。陳垣『南宋初河北新道教考』。喩松青『明清白蓮教研究』(1987)、『民間秘密宗教経

---

6) オーバーマイヤー著、劉心勇等訳『中国民間宗教教派研究』（上海古籍出版社 1993年）第2頁。

巻研究』(1994)。蔡少卿『中国秘密社会』(1989)。濮文起『中国民間秘密宗教』(1991)。馬西沙『清代八卦教』(1989)、『民間宗教志』(1998)。馬西沙、韓秉方『中国民間宗教史』(1992)。秦宝琦、譚松林『中国秘密社会』(2002)。李尚英『中国清代宗教史』(1994)、『源同流分——民間宗教与结社』(1997)。徐小跃『羅教・仏教・禅学——羅教与"五部六冊"揭秘』(1999) などがある。台湾では、鄭志明『中国善書与宗教』(1988)、『明代三一教主研究』(1988)。戴玄之『中国秘密宗教与秘密会社』(1990) 等が知られている。また、宝巻や民間宗教信仰研究方面では李世瑜『宝巻綜録』(1961)。傅惜華『宝巻総録』(1951)。胡士瑩『弾詞宝巻書目』(1984)。車錫倫『中国宝巻総目』(2000) がある。また台湾の鄭志明『無生老母信仰溯源』、『中国的宗教与社会——通俗思想的研究』(1986) 等もある。

　上述の研究成果の中で宝巻研究について言えば、鄭振鐸が文学の視点から研究をおこなった以外に、李世瑜、傅惜華、胡士瑩、車錫倫などが目録学の手法を用い宝巻を整理した。そこでは大なり小なり宝巻の宗教的特質について説明・紹介されているが、彼らは宗教思想については触れていない。また、こうした民間宗教や教派に関する専門的著作における中国民間宗教教派の研究は、全体的に詳細な研究が行われている。中でも教派の起源や発展、変遷に関して詳しく論述され、宗教思想やその意義の分析や検討について考察されている。喩松青『明清白蓮教研究』、『民間宗教経巻研究』では、様々な教派の経典に見られる「劫変」思想と孝親思想について論述する。馬西沙等『中国民間宗教史』では、民間宗教の「弥勒救世思想」について一章を設け詳細に考察すると共に、各教派の具体的研究において、教義思想について検討する。徐小跃『羅教・仏教・禅学——羅教与"五部六冊"揭秘』では、羅教の『五部六冊』に見られる哲学思想（仏教思想を含む）に詳細な考察と「揭秘」をおこなう。濮文起『中国民間秘密宗教』では、白蓮教の教義思想および神仏系譜に一節を割き簡単な論述を行なう。タイトルに示されるように、台湾の鄭志明は『中国社会与宗教——通俗思想的研究』において、中国社会の「小伝統」文化思想に含まれる民間宗教の教理教義思想について系統的整理と研究をおこない、さらに社会に流伝する通俗思想などにも言及している。

以上は著作を列挙したに過ぎず、関連する論文を含めるとその数は数えきれない。代表的な研究では、宋軍の博士論文『清代弘陽教研究』（2002）、梁景之の博士論文『清代民間宗教与郷土社会』（2004）、張宏明『民間宗教祭祀中的義務性和自願性——祭祀圏和信仰圏辨析』（2002）、任斯亮『明清民間宗教思想研究』（2007）、朱鈞『明代民間宗教思想研究——基于民衆理解力的思想与精神探究』（2009）等がある。さらに宗教と社会の関係、つまり社会学的意義における研究では、梁麗萍『中国人的宗教心理——宗教認同的理論分析与実証研究』、李向平『信仰、革命与権力秩序——中国宗教社会学研究』等の著作や宋玉波『仏教中国化歴程研究』（2004）、王健『近年来民間信仰問題研究的回顧与思考：社会史角度的考察』（2005）などの論文が見られる。

　上述の研究書や論文について、各々注意を引く部分は、研究の深さや広がりの程度、さらに全体的理解や個別の分析などにおいて、いずれも新たな成果を挙げた。特に教派の源流および沿革に関する研究、脆弱な思想研究に対しては任斯亮『明清民間宗教思想研究』（2007）、朱鈞『明代民間宗教思想研究——基于民衆理解力的思想与精神探究』（2009）の二篇の博士論文が系統的な専論である。前者は主に明清民間宗教の思想について、哲学観、宗教実践観および社会歴史観についてそれぞれ述べる。明清民間宗教哲学思想の研究書と言える。後者は、明代民間宗教思想を対象として、「全編にわたり民衆の理解力について分析することで、「民間宗教の本質」を明らかにすることを目標として、明代民間宗教の思想体系、信仰の特徴、信仰体系の構成と内容、正統思想の吸収や改変方法および精神状態などについて詳細な検討を行なっている」（「摘要」より）。これら全ては間違いなく今後の中国社会の宗教（特に民間宗教）のさらなる詳細で系統的な研究のための基礎的研究となるであろう。

　上述したように、社会の絶え間ない発展と進歩に伴い、人類の宗教に対する認識はますます深化しており、関連する研究も人類自身および社会の相互関係などの面が注目されるようになってきた。ここでは「正統宗教」に関心が注がれるだけでなく、「民間宗教」もまた日増しに注目されるようになってきた。よって、本文はこうした流れを受け行った試みである。つまり明清時

期民間宗教の「神仏観」を中心として、民間宗教の宗教思想についての研究と検討を展開した。上述の任斯亮と朱鈞の二篇の博士論文の他、関連する研究は現在の所発表されていない。2006年度国家社会科学課題に徐小跃の『中国民間宗教与仏道二教関係研究』というテーマが見られるが、現在の所、まだ研究途中であるため具体的内容を知ることはできない。

四、研究方法および創新

1、研究方法

上述したように本文は一般的意味の思想史研究書ではなく、厳格な宗教社会学書でもなく、明清時期中国民間宗教思想の宗教神仏観を中心に論述した試論のような研究書である。こうした研究は中国宗教の社会化、「民間化」という背景をもとに行われる。同時に、その宗教思想と社会の発展や変化に関連する。あるいは、こうした意味において明清民間宗教の社会思想史研究書と言えるかもしれない。そこには間違いなく「宗教社会学（Sociology of Religion）と宗教の社会学（Religious Sociology）の区別」があり[7]、本書は後者に属する。しかし、本書では「後者は社会学の方法を用いるが、神学と教学という立場にあり、宗教信仰の伝播を目的とする」[8]という妄言には完全に賛同できない。よって、伝統的歴史学と哲学（現象学）の二つを結合させた方法を用い、宗教学の視点から社会学の理論と方法、文化人類学の理論と方法に拠り、大量の歴史文献を収集、整理、援用することで、これら歴史文献を調査研究のための「肥沃な田野」とする。ここから歴史に入り込むと同時に、民間宗教を一つの特徴的社会現象とみなし、歴史を理解し、歴史の真実を再現する。まさにマックス・ウェーバーのいう「無価値」である。これにより「宗教史」を一つの分野とする。宗教史は歴史上の宗教現象の発展過程を描くだけでなく、宗教の構成や人類にとっての宗教的意義を示す。これが

7）　戴康生等『宗教社会学』「前言」（社会科学文献出版社 2000年）第2-3頁。
8）　戴康生等『宗教社会学』「前言」（社会科学文献出版社 2000年）第2-3頁。

「歴時性」、「共時性」の研究である。前者は宗教学者であると同時に歴史学者であることを求める。後者は宗教学者であり現象学者でなければならない。歴史学者は宗教に対して歴時的研究を行ない、現象学者は宗教について共時的研究を実施する。そうすることで、このような民間宗教思想の研究方法になるのである。

　まず、歴史学と宗教学を統合した方法を用いる。つまり上述の「宗教学者と同時に歴史学者であること」である。本文で言うならば、伝統的一般思想史の筆法である。つまり歴史文献（宝巻）に忠実に照らし合わせ、（明清民間宗教）思想史の過程を復元することである。同時に、これら（宗教）思想に「歴史」的評価を行なうことで、明清民間宗教の宗教思想の思路および変化発展の実態相を再建・再現する。これは葛兆光氏の言う「確立事実」、「真理評価」、「追跡旅行」である[9]。また、宗教または宗教学の視点や方法、これも本文の最も基本的な観点であり方法である。宗教とは何か。宗教はいかに生まれるのか、など一連の問題は、おそらく宗教のこうした現象の存在を信じる者（実際、宗教現象は存在しない、または不可能であると考える者は、宗教には異なる認識がある、と考えるだけである）であれば極めて関心がある問題であろう。しかし、今日まで宗教の定義は様々であり、人により解釈が異なる。宗教現象の特殊性、複雑性に鑑みると、宗教の研究は如何なる視点からのものであっても非難することはできない。だが、これら複雑な現象を通じて宗教の本質を真に理解するのであれば、宗教本来の意義、つまり宗教の宗教としての意義から理解・研究を行うことでのみ期待した結果が得られるであろう。よって、我々は宗教が有する哲学的役割、文化的役割、芸術的役割、倫理道徳的役割から宗教に含まれる種々の意義を探求するのである。しかし、それもまた宗教に付随する役割に過ぎない。宗教という中心的役割を離れてしまうと、本当の意味の宗教を構成することはできない。例えば宗教史を研究する際、哲学・文化・思想（非宗教）、芸術などの面から宗教（思

9）　葛兆光『中国思想史――導論：思想史的写法』（復旦大学出版社 2001年）第51-66頁参照。

想）史を叙述する。これは宗教の哲学史、宗教の文化史、宗教の思想史、宗教の芸術史とも言えるが、宗教の宗教史または宗教思想史と称することはできない。こうした点に基づき本文では、現代宗教学理論を主として、宗教の視点、さらに伝統的思想史の歴史叙述方法を組み合わせることで明清時期中国社会における民間宗教の宗教思想および「正統宗教」間の「相互」の変遷、さらにはそこから発生した影響や結果を検討する。さらに現実——明清民間宗教の神仏思想研究により展開される、真の意義の中国宗教の社会思想史の重要な部分——を模索しようとする「新たな試み」である。

次に、哲学的観点とは弁証的観点であり、最も重要な方法論の一つでもある。本文で注視する点は主にこれら「下層社会」に存在する「民間宗教」の形式やその思想に包摂されるものである。同時に、ここには「正統宗教」（儒・仏・道など）も含まれる。これについて、用いることが可能な史料は主にこれら民間教派の経典——宝巻である。一般にはこうした認識があるにせよ、その実、全ての資料は「残片」にすぎない。しかし、こうした資料を客観的、弁証的に分析することは非常に重要である。陳寅恪先生は次のように述べる。「我々が今日依拠可能な材料は、当時の遺物の最小の一部分であり、こうした残存断片を用いその全体構成を探るのであれば、芸術家が古代の絵画彫刻を鑑賞するような眼や精神を具えていなければならない。そうすることで昔の人々が学説を立てるための意図や対象を真に理解することができる」[10]。よって宝巻等の資料を研究対象にした理由は、そこに備わる原始性とある程度の真実性の故である。たとえ、対象物の年代や距離が離れているとしても、真摯に研究や読解を行なうことで、その宗教教派の宗教活動状況や社会の発展変化における思想の一般的な規律を窺い知ることが可能である。明清時期の朝廷の檔案館所蔵文献や記録および正史資料を参照することは当然のことであるが、それらは補足や傍証にすぎない。それは民間宗教がおかれる立場の難しさであり、これら公式文献の「資料」にみられる「邪教」、「匪徒」など

---

10) 陳寅恪『馮友蘭中国哲学史上冊審査報告』（『金明館叢稿二編』・上海古籍出版社 1980年）第247頁。

種々の「蔑称」や「誹り」にほかならない。よって、どうしてここから歴史的真実を見出せるであろうか。魯迅は早くから次のように述べる。「歴史上、中国の心を記述したものは、将来の命運を示している。それはひどく飾り付けられ、無駄な話が多いために、その詳細を明らかにするのは容易ではない。それはあたかも生い茂った葉の隙間を縫って苔の上に射す月の光の様であり、点々と光の破片が見えるだけである。しかし、野史や雑記に目をやると、容易に明らかになる。それは、これらの書物は史実を司る官吏の書架に並べる必要がないからである」[11]。また、宗教についての「共時性」の研究が、人類および社会という意味を指す時、哲学的手法を用い弁証や分析、概括を行なうことは非常に重要である。当然、これら歴史的「破片」の客観的弁証分析を基礎として、「芸術的再創作」を行なうことは、合理的で自治的な論点や解釈となり得て、決して随意的な「詭弁」やこじつけではない。さらに論を以て歴史に代えるのではなく、それとは反対に、歴史資料の利用法や考証弁証方法に注意を払うよう我々に求めるのである。

　この他、人類学の手法、つまり「フィールドワーク」も不可欠である。それは歴史的文献資料だけでは些か不足である。「非正統宗教」の資料に言及する際、「官修」の類が信頼に値しないのは言うまでもなく、野史や雑記に述べられる内容も全てが真実ではない。よって、実際の「フィールド」調査により、「一次」資料を入手できるのであれば、自ずから文献資料の欠陥や不足を補う事になる。残念なことに、様々な理由により本書では完全な意味の人類学的「フィールドワーク」を実施することはできなかったが、文献資料を積極的に「肥沃なフィールド」と見なすことで、詳細で精緻な「文化人類学」的「フィールドワーク」を行なった。これが「希望のフィールド」となることをただ願うばかりである。

　総じて、宗教は人類および社会の最も古い現象である。人々の「本当の」意義（科学として）における認識は、まだ始まったばかりであり、中国では、

11）魯迅『華蓋集』「忽然想到」四（『魯迅全集』第三巻・人民文学出版社　2005年）第17頁。

その時間はさらに短い。本書では新たな探索の「試み」として、方法論についてのみ言えば、「砂上の楼閣」ではなく、国内外の古の賢人や当代の名士たちから学んでいることは疑いようがない。その成功の可否は、実践の結果から測る。また、異なる方法により同一の結果を得ることは「道は違うが行きつく先は同じ」である。

そうではあるが、やはり本書に存在する不足や欠陥（悔い）を述べるなら以下の通りである。

先ず、宗教学理論および中国宗教史（思想史を含む）、社会史研究の理論と方法論の土着化は、中国の学者が長年にわたり絶えず議論と実践の模索を重ねてきた課題である。今日まで未だそれは達成されていない。本書では、ある意味で検証的試みを行ない、わずかではあるがこれら研究方法の呼び水となったのではないであろうか。

次に、民間社会における宝巻資料は非常に多いが、部分的に残されている場合が多い。加えて、宝巻の「特殊」な位置づけ、さらに伝播過程において間違いがそのまま伝承されていったために、引用する際、詳細に整理し丁寧に校正する必要がある。同時に、明清時期民間宗教の専門的研究、国内外の関連論著は夥しい数が発表されており、先学の研究成果を丁寧に読むには多くの時間を要する。また関連参考文献について、筆者はあらゆる方法を用い入手したため、文中の引用には明確に注記を加えた。それは学術の規範を順守することであり、同時に、先人の苦労に敬服と尊敬を表すものである。これら全ては客観的環境と本人の学術的視野に限られるものであり、多くの遺漏を免れ得ないが、あらゆる事を行なうのも不可能である。

最後に、最も遺憾な事として、明清時期中国の民間宗教および思想についての研究は、文化を越えた比較研究であるべきだが、実際はそうではない。たとえ同一文化下にある異なる宗教間の比較を研究しても得るべきものはない。こうした点に基づき、本書では明清民間宗教および宗教思想の発展状況・基本姿勢を可能な限り「儒・仏・道（とくに仏・道）」という宗教を背景として、比較・系統的研究を行なった。同時に、同時代の多くの民間宗教教派を横方向の視点から可能な限り比較・証明したが、これも便宜的なものでしか

ない。

　以上、社会の絶え間ない発展に伴い、自然や自分自身についての人類社会の認識はますます深く、詳細になってきている。宗教という独自の社会現象についての認識や研究も自覚的・理性的になりつつある。また、中国社会の宗教、とくにいわゆる「民間宗教」の研究においては、牟鐘鑑氏のいう二つの色眼鏡を外すことに殊更注意しなければならない。それは「迷信」と「邪教」である。こうしてのみ、宗教研究において優れた成果を挙げることが可能となる。

2、新たな点

　①　研究内容としては次のようになる。タイトルに示す通り、本書は『明清民間宗教思想研究』であるが、従来の研究（その数はわずかではあるが）同様、哲学、通俗的視点から民間宗教について行った一般的な思想研究であり、明清民間宗教の宗教思想の系統的、専門的研究である。よって本書では特に人々がおおよそしか理解していない明清民間宗教の神仏観を中心に、神仏の系譜、神話理論、救済観念、理論思想のロジックについての歴史的発展プロセスを明確にした。さらに明清民間宗教の宗教思想を展開することで精緻な分析と研究をおこなった。それにより中国宗教（特に民間宗教）の思想研究に新たな視点や内容を提示したと同時に、脆弱な中国宗教（民間宗教を含む）神仏（学）思想の系統や専門研究の空白部分に対して一定の補足を行なった。具体的には、第一章では、系統的研究が行われていなかった明清民間宗教の神仏の系譜を研究した。民間宗教の神仏系譜は「随意の寄せ集め」であり、研究の価値がないと考えられていた間違った認識を正し、これら宗教を統轄、内包する「万教帰一」という宗教目的に新たな結論を付した。第二章では、明清民間宗教の神話思想研究において、従来は「荒唐無稽」で少しの新しさもない民間宗教各派の「教主神化」神話に対して、それを神話体系に組み込み、詳細で緻密な分析をおこなった。それにより明清民間宗教の神仏創世神話から「教主神化」神話までの宗教的意義を明らかにした。第三章は、救済観念の研究において、「霊異」と図讖予言の効果と作用を通じ明清

民間宗教救世思想の研究を行なった。これは中国宗教には「予言が欠けている」、「救済、特に全体の救済という観念が発展しなかった」という認識を問い直すものである。第四章の倫理思想研究では、まず明清民間宗教の性別思想（女性観）も研究範囲に入れ、女性の生理的苦痛についての特別な配慮について論述することで、現実の宗教の目的や意義を明確にした。注意すべき点として、上述の目的を達成するために本書では、明清民間宗教各教派の主要経典文献——宝巻などを真の意味の宗教（宗教学）の視点から読み解くために、中国封建社会後期にみられた民間宗教の——明清両王朝の思想的発展の脈絡および「正統宗教」の影響・「衰退」の結果の考察を通じ、中国社会での宗教が発展するための一般的規則や人類社会の歴史における意義や現実的意義を示した。同様のテキスト資料についても、従来の研究では民間宗教を「新興宗教」それ自身と意味づけ、または「非宗教」性が含まれるものに注目されており——鄭振鐸のように純（俗）文学の視点から宝巻を研究していた。同時に、民間宗教の思想研究において、従来の研究で使用された宝巻資料も限定的であった。前述した二編の明清民間宗教思想研究の博士論文のように、いずれも台湾の王見川等による編纂、新文豊出版の『明清民間宗教経巻文献』(1999)を主たる資料としている。一方、本書では、これらを用いつつ、さらに最新の『明清民間宗教経巻文献続編』(2006)の経巻文献を初めて用いた。それにより資料の使用において、テキスト研究に新たな柱を提供したと考える。

② 研究方法としては次のようになる。上述したように、宗教研究は長きに渡り、見た目に目立つ哲学、文化、芸術などの特徴が真の本質を覆っていた。そのため多くの宗教研究の成果の中には、宗教の哲学史ではなく宗教の文化史、芸術史といったような、本当の意味での宗教の宗教思想史研究ではない物も見られた。よって本書では論述にあたり、宗教学と歴史学、さらに人類学とを統合した研究方法を用いることで、真の宗教的意義の上に、明清時期民間宗教の思想の発展状況や歴史的変遷の研究を試みた。宗教学、歴史学、哲学、人類学といった方法は筆者が発明したものではないが、これら方法を統合することで、特に宗教学の視点から明清民間宗教の宗教思想の発展を考察することは、民間宗教研究の領域では新たな試みであると考える。こ

うした意味において、本文は一つの試みではあるが、新たな方法、挑戦であることは間違いない。

　こうした新たな目的や需要に基づき、本書では明清民間宗教の宗教思想研究に関して、その研究対象——民間宗教について、基本的認識と範囲を規定しなければならない。中国社会は、仏教・道教などの官に属するあるいは王権に承認された「正統宗教」の組織形態や内容が存在するだけでなく、社会の根底に分布する王朝や王権の承認を得ていない様々な宗教形態や信仰内容が存在している。本書で用いる「民間宗教」の概念は、中国社会における宗教現象のうち、合理的で共通の認識や評価可能のシステムを作り上げることが可能であるものとする。それは正にウェーバーが述べる「無価値」である。そうすることで中国社会における宗教（民間宗教を含む）やその中身、さらに社会における地位に新たな定義を与え、「客観」「公正」な結果を得られる。宗教の概念は、かつて種々の論争を引き起こし、現在でも論争の決着をみないが、「民間宗教」という言葉の意義や使用される範囲の論争もまた人により異なる。

　しかし、ここで共通する点として、「民間宗教」と称する場合、多くの民間宗教信仰も「民間宗教」に帰納されることがある。馬西沙等は、民間宗教は下層民衆の信仰に属するとする[12]。また任継愈は「民間宗教とは、正統宗教に対するものとして述べるならば、統治階級に承認されないものであり、ただ民間に秘密裏に伝承され、「邪教」や「匪類」と称されるものである」[13]とする。これらの言葉は民間宗教と民間宗教信仰の区別が曖昧な言葉であり、ともすれば一括りに考えられてしまうかもしれない。また「民間宗教」という言葉の使用を避ける学者もいる。楊慶堃などは「分散型宗教」（diffused

---

12)　馬西沙等『中国民間宗教史』上巻（中国社会科学出版社　2004年）序言部分、第2-9頁参照。
13)　任継愈主編『中国道教史』（下）、（中国社会科学出版社　2001年）第875頁参照。

religion）という用語を用いる[14]。この他、「民生宗教」[15]、「民間仏教」[16]、「民俗仏教」[17]など様々見られる。こうした乱雑な状況に対して、趙世瑜は見事な範囲区分を行なった。

  所謂民間宗教、指的是不被官方認可的、由民衆組織和参与的宗教体系和組織、它們有自己的組織系統、自己的教義、在思想内容上与官方認可的仏教、道教有一定的聯系、可是往往被官方視為危険的邪教和異端。而所謂民間信仰、則指普通百姓所具有的神霊信仰、包括圍繞這些信仰而建立的各種儀式式活動。他們往往没有組織系統、教義和特定的戒律、既是一種集体的心理活動和外在的行為表現、也是人們日常生活的一個組成部分[18]。

　よって、本書では趙世瑜が定めた「民間宗教」という言葉の範囲と区分を同意・採用することで、民間宗教と民間信仰を相互に区別した。さらに中国社会における正統宗教と非正統宗教（民間宗教）の間の関係や影響に明晰で合理的な判断と分析を行ない、宗教的意義における宗教思想研究を行なった。本文の執筆にあたり哲学的方法の「本体論、人生観、認識論」による記述に挑戦し、伝統的思想史の歴史叙述に現代宗教学理論による研究方法を用いた。同時に、分析研究をおこなう資料――宝巻、主には上記の「民間宗教」概念における明清民間宗教各教派の経典を用い、その他史料（宝巻）は参照や補足程度に留めることで、民間宗教思想の性質や意義をより明確にした。
　総じて、研究内容や新たな手法を明確にすることは、従来の多くの研究成果の価値や意義を否定することではない。むしろ、これら（無数の）先哲や

---

14) 楊慶堃著、范麗珠等訳『中国社会中的宗教』（上海人民出版社 2007年）第9-14頁参照。
15) 余欣『神道人心――唐宋之際敦煌民生宗教社会史研究』（中華書局 2006年）第8-17頁参照。
16) 譚偉倫主編『民間仏教研究』（中華書局 2007年）第3-12頁参照。
17) 李四龍『中国仏教与民間社会』（大象出版社 1997年）第3頁参照。
18) 趙世瑜『狂歓与日常――明清以来的廟会与民間社会』（三聯書店 2002年）第13頁。

賢人の深い思索や新たな手法は、その結果、我々にとって尽きることのない思想や知識の宝庫となり、啓発や知恵をもたらす。それにより、我々は「巨人の肩」の上に立つことで、王冠の上に戴く宝珠のような、さらなる高みに登り、より素晴らしく輝く思想や知識を追い求めるのである。そうすることで新たな手法は相対的な物となる。過去の創新は今日の新たな創造に覆われてしまい、今日の刷新は将来の新たな創造に取って代わられてしまう。これこそが学術が備える強い生命力の所在であろう。

第一章　明清民間宗教の神仏の系譜

　宝巻は、宗教の教義や思想を媒介する役割を持っているが、その中にはおびただしい数の、かつ非常に煩瑣な神々の系譜が存在している。特に明清期の民間宗教の経巻においては、さらに膨大な数の神々や仏菩薩を交えた系譜が呈示される。これらの民間宗教における神々の体系は、むろんのこと道教・仏教及びその他の宗教とは相違するものであり、一種独特の系譜を擁するものとなっている。その中に含まれる道教の神々の系譜だけですでに膨大な数であるにもかかわらず、さらに儒教・仏教・道教の三教の神祇を含み、かつネストリウス派キリスト教からマニ教などの神々までも入っている。

　このような体系は、人々に「民間宗教の信仰世界においては、安易に神々を立てすぎ、乱雑きわまりない」という印象を与えるであろう。神々の多くは、どれが主でどれが従であるか、またどれが先でどれが後であるかがわからない。また神々の間にはいかなる取り決めも統轄もなされていないように見える。彼らが神々を祭祀する理由というのは非常にわずかなものであり、それは一般の信徒においてその悩みや困難を滅し、幸福と平安とをもたらす。すなわち下層の庶民たちの「功利主義」に訴える神々のみを祀っているように見えるのである。

　実際のところ、それは表層のみを見ているに過ぎない。あるいはもっと厳格に言うならば、それは偏見に満ちた考え方であろう。前者についてさらに言うならば、それは当時の社会の政治・経済・文化の歴史的な発展と背景について考慮に入れているとしても、なおさらに複雑に入り組んだ社会現象を単純化しすぎている懸念がある。またこういった現象の背後に存在する深く隠された幾重の層に包含される要因については看過しがちである。例をあげるなら、当時の「三教合一」という歴史文化的な発展の趨勢などである[1]。ま

1）　明清の民間宗教が儒・仏・道の「三教合一」の文化思潮の影響下にあるということは、歴代の多くの研究者の豊富な論述が存在する。その中には非常に精緻な論も数多くあり、すでにこの説は定論となった感もある。むろん筆者は「三教合一」の大まか

た当時の為政者の観点からすると、民間信仰は「俚俗にして経ならず」だの、「俗を敗り化を傷す」だのといった呪詛にも近い、いかにも侮蔑的な言辞で非難されることも多かった。全く疑念を持たずに、明清時期の民間宗教の神信仰の豊富で含蓄に富んだその宗教的な意義を理解しようとすることは、かなり難しいと言ってよい。同時に、理論研究上において単純化することは、必然的に実践においてある程度の主観性と盲目性に誘導されかねない事態を招くこともある。そのため、本章の研究目的としては、明清の民間宗教で信仰される神々のそれぞれの来源や信仰の発展の詳細について調べることは控え、明清の民間宗教の神々の系譜およびその構造や階層秩序などに調査の重点を置きたいと考える。そして複雑な局面において展開する多元的な宗教の歴史的な背景、その背後に潜む宗教的な要因、さらに宗教信仰が民衆社会に与える影響について分析し考察を加えたい。

な傾向と影響力については否定することはできない。しかしながら文化的な効能は宗教的な効能を超えるものではない。民間宗教のあり方は宗教であり、その行動と目的はあくまで宗教的なものに向けられるものである。また民間宗教の経巻（宝巻）の撰者については、実のところ目に一丁字もない「庶民」ではないのである。そのため、この「目もくらむような雑多な現象」の背後に垣間見える「宗教的」な要因というものに注意し、ようやく真相にたどり着けるのではないかと考える。なお「三教合一」に関する著述としては、馬西沙・韓秉方『中国民間宗教史』（中国社会科学出版社 2004年）、譚松林主編『中国秘密社会』（福建人民出版社 2002年）等がある。

第一節　明清民間宗教の神仏の類別と
　　　　　その形成についての社会的背景

　明清民間宗教の奉ずる神仏の数は非常に多い。その多くは各教派の認めている経典―すなわち宝巻の中に出現するものである。ある特定の教派からするならば、それ自身は一つの固定的な神々の系譜である。ただ各教派間の神々の系譜は当然ながらそれぞれ異なっている。

　しかしながら全体を通じて見た場合、明清の民間宗教の神々の系譜については、幾つかの基本的な共通点がある。まず第一に奉ずるところの最高神である主神は、必ず無生老母であることである。この現象は、明代の後期にはますます明確な特徴となる。第二に、最高神である無生老母の下には、三尊の仏が存在するということである。すなわち、過去仏の燃燈仏、現在仏の釈迦牟尼仏、未来仏の弥勒仏（あるいは阿弥陀仏）の三仏である。第三には、系譜に含まれる神々の数が膨大であり、その数が非常に多いことがある。幾つかの教派間で、神々の数や名称には違いがあるものの、基本的には大同小異と言ってよい面がある。

　明清時期の民間宗教においては教派が林立し、各種各様の宝巻が出され、汗牛充棟と言ってよいほどの数の宝巻が存在する。そのため、以下では『仏説皇極金丹九蓮正信帰真宝巻』（略して『九蓮経』と称す）を選び、明清の民間宗教の神々の系譜がどのように変遷していったかを総体的に紹介し、分析したい。また別の重要な経巻である『龍華宝懺』を取りあげ、比較対照する。同時にその他の民間宗教の教派における神の系譜について、その構成と基本的な特徴について考察を加えたい。さらに明清の民間宗教の神系譜の構造とその宗教思想的な意義について認識を深めたい。

一、『仏説皇極金丹九蓮正信帰真宝巻』および『龍華懺』の神仏の類別

1.『仏説皇極金丹九蓮正信帰真宝巻』およびその影響

『仏説皇極金丹九蓮正信帰真宝巻』は、また別に『九蓮経』『皇極経』『皇極宝巻』『皇極宝巻真経』『皇極還郷宝巻』『皇極還郷経』『皇極金丹九蓮包巻』『九蓮正信宝巻』『九蓮如意皇極宝巻真経』『金丹九蓮経』『金丹九品正信帰真還郷宝巻』『九蓮宝賛』などと称されることもある。この経典が作成された時期からすると、その世に流伝した版本の数はかなり多いと考えられる。ただ民間宗教の経典は、往々にしてその流通する過程において修改や訛伝を免れない。そのため、その書かれた年代を正確に判定することは非常に困難である。幾人かの研究者は、『九蓮経』が金丹教祖の黄徳輝の撰になるものであり、清代の乾隆年間に刊行されたと見なしている[2]。その判断材料となるのは、彼らの研究対象とする『九蓮経』の版本に関連するものである。しかしながら、『九蓮経』は明代嘉靖二年の刻本が発見されている。ある研究者は、これによりこの経典は遅くとも嘉靖二年には流通していたと見なす。恐らくこの経典が明代に作られたものであることは肯定されてよいであろう[3]。さらに別の研究者は『九蓮経』中に王森の事蹟に関する記載があることから、「『皇極金丹九蓮正信帰真宝巻』は聞香教すなわち清茶門教の経典であり、かつ王森の弟子が作為したものであろう」[4]とする。これらの多くの研究結果などから、また『九蓮経』に多種の版本が存在し、かつそれが二巻二十四品のものと四巻三十二品のものが存在することなどから見ても、『九蓮経』が明代に書かれ

---

2) 喩松青『民間秘密宗教経巻研究』（聯経出版事業公司 1994年）第213頁。さらに林万伝、濮文起及び武内房司・浅井紀両氏もほぼ同様の観点を持つ。これより前に澤田瑞穂は『増補宝巻の研究』において同様の意見を述べている。その影響が大きく、みな澤田氏の説の影響を蒙っているものと考えられる。詳しくは澤田瑞穂『増補宝巻の研究』（国書刊行会 1975）を参照。

3) 王見川『台湾的齋教与鸞堂』（台北南天書局 1996年）、及び路遙『山東民間秘密教門』（当代中国出版社 2000年）を参照。

4) 馬西沙等『中国民間宗教史』上巻（中国社会科学出版社 2004年）第459-463頁。

た宝巻であることは間違いないと考えられる。また三十二品本の版は二十四品を改訂したものであることがわかる。このように改訂された理由は、この経典の流伝する範囲が広く、その影響が大きかったためであると考えられる[5]。以下に『九蓮経』の清代における流通と伝播する版について示す。

表1-1　清代『九蓮経』の伝播地域に関する表[6]

版年代	伝播の地域	経典の名称	所属教派
順治二年	陝西	皇極経	聞香教
雍正十年	直隷灤州	老九蓮続九蓮	
乾隆五十年	湖北	九蓮	収元教
乾隆五十二年	直隷蠡県	九蓮経	白陽会
乾隆五十三年	陝西鳳翔県	皇極経	悄悄会
乾隆五十七年	山西曲沃県	金丹九蓮経	金丹門円敦教
乾隆末年	直隷蠡県	九蓮救度経	収元教
嘉慶十年	甘粛紅水県	皇極還郷経	悄悄会
嘉慶十一年	甘粛皋蘭県	九蓮正信宝巻	悄悄会
嘉慶十二年	直隷安粛県	皇極巻	五郎会
嘉慶十七年	吉林伯都訥	九蓮経	弘陽教
嘉慶十九年	山西平定州	金丹九蓮経	先天教
嘉慶二十年	山西趙城県	九蓮経	先天教
嘉慶二十年	山西曲沃県	金丹九蓮経	円頓教
嘉慶二十年	湖北	皇極宝巻真経	清茶門教
嘉慶二十年	直隷盧龍県	九蓮如意皇極宝巻真経	清茶門教
嘉慶二十年	江蘇儀征県	九蓮如意皇極宝巻真経	清茶門教
嘉慶二十年	直隷灤州	皇極金丹九蓮正信帰真還郷宝巻	清茶門教
嘉慶二十一年	江蘇上海県	皇極還郷宝巻	無為教
嘉慶二十二年	湖北安陸県	皇極金丹九蓮正信帰真還郷宝巻	大乗教
道光十二年	直隷宛平県	皇極経	円敦教
道光二十三年	湖北漢口	九蓮宝賛	金丹道
道光二十五年	陝西	九蓮宝賛	青蓮教

5）『九蓮経』版本及びその関連についての状況は、譚松林主編『中国秘密社会』第三巻（福建人民出版社 2002年）第219-237頁を参照。
6）この表及び関連資料については車錫倫「清政府査弁"邪教"檔案載民間宗教経巻目」（車錫倫『中国宝巻総目』北京燕山出版社 2000年）第391-406頁を参照した。

この表から判明するのは『九蓮経』は清代の順治二年（1645年）から道光二十五年（1845年）に至るまでの二百余年にわたる時期の流伝の状況である。その伝播の範囲は広く、全国の七つの省と十五の州県に及んでいる。またさらに十数個の民間宗教の教派の間で流通している。以上から僅かながらも清代における流伝の状況が判明するが、これは清の政府機関が得た教門の檔案からの情報に過ぎず、政府側が調べ切れていない状況については、資料不足もあり、臆断するのは避けたいと考える。

　ただ、当時の民間宗教の発展の状況と体勢を考えるに、『九蓮経』が清代に流行した実際の状況は、疑いもなくこの表に示された状況の通りであると考えて過不足ないであろう。『九蓮経』の明代の流伝状況については、嘉靖二年の刻本が存在していることから、恐らく嘉靖初年にはすでに流伝していたことがわかる。そうであれば、嘉靖初年から清の順治年間に至るまで、その間すでに一百余年の時間が過ぎる間も、『九蓮経』はずっと流行していたことになる。このことから『九蓮経』の流通範囲の広さと、その影響の大きさが看取できると思う。

　表中に書かれた幾つかの省と教派以外にも、金幢教・青蓮教及び一貫道などの教門があり、彼らも『九蓮経』を用いていた。彼らの実際の活動地は山東・四川・貴州・広西・雲南・江西・浙江・福建・台湾なども含まれていた。「もし一貫道の本世紀以来の東アジア・東南アジア・アメリカなどの伝播地域も計算に入れるのであれば、『九蓮経』は世界の中でも最も影響の大きかった教門の経巻であったことになる」[7]。

2．『仏説皇極金丹九蓮正信帰真宝巻』における神仏の類別

　本文の主要な内容は王見川氏がその『明清民間宗教経巻文献』に収録した『仏説皇極金丹九蓮正信帰真宝巻』（明刊本）を藍本とし、その中に出現する神仏（仏・菩薩）などについて示すものである。これらの神仏（仏・菩薩）

7）　これは譚松林主編『中国秘密社会』第三巻（福建人民出版社　2002年）第219頁に見える。

については、主に「讃揚仏号品第二十八」の中に見えている。その冒頭部分では次のように述べる。

　爾時天真聖祖厳拯衣冠、誠心定意、沐手拈香、潔誠稽首、望空再拝啓祝日、切我弟子、夙生慶倖、罕遇道縁、今為後天玄範、軽泄聖機、致罰過咎、敢不欽蘇、是以謹奉。先天渾源太皇古仏、虚無上徳道祖、弥羅上宮玉皇敕旨、太上丹書即将未来仙仏星祖、大乗清静菩薩、洪名聖号、一一開造皇極巻内、燈燈相続、代代流伝、不為泯滅。三極之道、豈得沈墜。清静之風、伏乞三道知識。諸門善信、及来聞法。洗滌霊源、豁開方寸。当依祖規、至誠信礼。一口同音、讃揚仏号。諸仏雲集於法筵、万聖咸臻於九会。一瞻一礼而三業蠲除、一賛一揚而五濁息殞。字字而露真如妙理、言言而顕殊勝之功。天耳遥聞者、似空穀以伝声、天眼昭明時、如轟雷而掣電。法界六合常睹面、一水涵容。九玄七祖尽沾恩、普天垂象懺前愆、悔後過速脱輪回。除罪縁滅塵労、即逃限部、同登般若慈舟、共済菩提道岸。普願法界衆生、志心称揚聖号。
　　志心帰命礼　南無安養極楽宮無量寿円像日光仏
　　志心帰命礼　南無九蓮浄居宮清静身真空普化仏
　　志心帰命礼　南無三極玉清宮弥陀主一気天真仏[8]

　この経典で述べている「天真聖祖」とは、明清の民間宗教教派が奉ずるところの神界の神霊ではなく、神化された無生老母の化身が地上の代表としての教主の形象を持ったものである。この「教主の神化」については第二章において詳しく論述することとする。さて、「先天渾源先天渾源太皇古仏、虚無上徳道祖、弥羅上宮玉皇」から「未来仙仏星祖、大乗清静菩薩、洪名聖号」までは、それはひとつひとつが神仏の系譜を構成するものである。ここでは

8）『仏説皇極金丹九蓮証信帰真宝巻』（明刊本）は、『明清民間宗教経巻文献』第5冊（新文豊出版公司　1999年）第210-211頁を参照。

道教の「一気が化して三清となる」という考え方を模倣しており、そして三尊の未来仏を形成しているのである。それはすなわち「安養極楽宮無量寿円像日光仏、九蓮浄居宮清静身真空普化仏、三極玉清宮弥陀主一気天真仏」の三仏である。それではいわゆる「未来仙仏星祖、大乗清静菩薩、洪名聖号」は何を指すのであろうか？

　まず「五行八卦」の地理方位観念に基づいて命名された仏、及び加えて金光普摂玄虚接引宝相仏、科聖仏、良聖仏、三仏と共に十三尊とされる仏がある。続けて「天字型大小」の三十三尊の仏が存在する。そしてさらに各種の事象をもって命名した仏、すなわち「節気仏」「忠孝仏」「文昌仏」「成就仏」などがある。これらの仏は伝統的な「儒・仏・道」の三教思想に基づいて命名し形成されたものであると考えられる。この種類の仏はすべてで八十尊となる。その次には「三陽正信普会臻慶仏」の率いる十三尊仏が存在する。ここで言うところの「三陽」とは、明清民間宗教の「三期劫変」思想から形成された「青陽（羊）、紅陽（羊）、白陽（羊）」之「三陽」観である。さらに天盤と雲盤を守護するための諸仏がある。これもまた十八尊となる。ここで所謂「天盤・雲盤」の思想とは、すなわち明清民間宗教の「三才定位」の理論を起源とするものである。たとえば『九蓮経』「元人問道品第七」には次のような説がある。

　　混沌虚無一段空、空能運気気生真。真空開闢生天地、清濁升降定乾坤。乾坤立就分子午、陰陽動静顕天根。無極変化成世界、乙初始素太極分。三才四相生五体、六爻七政立圭心。八卦九宮分内外、木金亀虎会風雲。無極真空生戊己、太極元気化人倫。上有天盤森羅相、日月五門共星辰。下有地盤江湖海、山川樹木共園林。中有人盤乾坤体、男女匹配結婚姻。[9]

9）『仏説皇極金丹九蓮証信帰真宝巻』明刊本（『明清民間宗教経巻文献』第5冊、新文豊出版公司　1999年）第88-89頁。

このほかには「雲盤・天盤・地盤・人盤・水盤」の「五盤」説もある[10]。さらにまた各種の事項をもって名とした仏として、所謂「蘊空仏・鍛煉仏」、「望真仏・自在仏」などがあり、すべてで三十四尊となる。最後にまた七尊の護法仏、及び「龍華三会万真果勝総極仏」「懸明著象天光□応耀霊仏」「紅梅聖会金丹証果普通仏」の率いるところの膨大な神仏のグループに含まれる神仏は、ほぼ百三十八尊となる。その称号は極めて煩瑣にわたり、「三教九流」「天地人事」などの諸概念の多くをその名称に含むものである。詳しくは以下において分析を加えたい。その数量が多いため、ここでは分析に便ならしむために、まず表を用いて示す。

表1-2 『仏説皇極金丹九蓮正信帰真宝巻』（明刊本）仏部分類一覧表[11]

	五行八卦仏	「天」字型大小仏	事象を名とした仏・その一	三陽正信仏	天盤・雲盤擁護仏	事象を名とした仏・その二	護法およびその他の諸仏
仏部	四元故極仏、中央無限仏、坎天通真仏、離天発行仏、震天天体仏、兌天元身仏、乾天理儀仏、坤天万化仏、艮天肇明仏、巽天妙行仏、金光普撼玄虚接引宝相仏、科聖仏、良聖仏、	天仙仏、天用仏、天魁仏、天棟仏、天差仏、天欽仏、天然仏、天佑仏、天坎仏、天良仏、天位仏、天禹仏、天乙仏、天宗仏、天祿仏、天経仏、天寿仏、天剣仏、天庫仏、天宝仏、天門仏、天月仏、天星仏、	寿仙仏、節気仏、淮海仏、普応仏、燈光仏、蓮像仏、天中円光宝月琦勝仏、貴真仏、□経仏、霊用仏、挙香仏、奮志仏、敷山仏、降魔仏、通経仏、保元仏、琦山仏、紀明仏、紳光仏、住雲仏、分霊仏、金華仏、孝正仏、	三陽正信普会臻慶仏、香花仏、黙真仏、金色仏、開賛仏、学効仏、奇光仏、細行仏、妙霊仏、舒光仏、奮真仏、丕明仏、虚静仏、	護擁霊光天盤昭鑒仏、堅固仏、崇信仏、広□仏、蓮真仏、安楽仏、無拘仏、列宿仏、呈月仏、玻璃仏、護擁雲盤九玄上品仏、玉枢仏、転輪仏、宣聖仏、才貫仏、保性仏、海現仏、万寿仏、	浄海仏、升沈仏、天心七宝金光旋繞仏、蘊空仏、鍛煉仏、祥順仏、五明仏、貴極仏、円智仏、理気仏、通変仏、明慧仏、明機正果超凡入理仏、万鎰仏、妙鳴仏、宏道仏、広慧仏、演化仏、慈恵仏、了明仏、浄意仏、	護法功徳天橋雲路洪名仏、護法迎春広済娑婆至聖仏、護法懸明法王浄業会真仏、護法修羅妙相天体本明仏、護法仲吉姣真智広妙能仏、護法経書普周広度妙音仏、護法清微天上虚昊普赦仏、龍華三会万真果勝総極仏、懸明著象天光□応耀霊仏、紅梅聖会金丹証果普通仏、功徳普済仏、普舟渡人仏、普光通照仏、元化成機仏、尚礼進恭仏、潘浪転天仏、春端迎地仏、宿曜門機仏、真空不動仏、毘盧堅固仏、天爵仙祿仏、

10) 梁景之『清代民間宗教与郷土社会』（社会科学文献出版社 2004年）第54頁注①を参照。

11) 表の内容については『仏説皇極金丹九蓮正信帰真宝巻』明刊本（『明清民間宗教経巻文献』第5冊・新文豊出版公司 1999年）第210-218頁を参照。

仏部	天罡仏、明光透竅浄性天徳仏、天運仏、天現仏、天可仏、天正仏、天福仏、天相仏、天林仏、天罡虚空星斗仏、	円明浩浩漢陽妙際仏、景光仏、金蓮仏、進雲仏、朝真仏、忠孝仏、明光仏、文勝仏、永寿仏、挙敬仏、伝盛仏、仁孝仏、仁寿仏、倉義仏、智辨仏、廉善仏、妙法蓮華清澄水月仏、科敬仏、仲春仏、高亮仏、河霊仏、玉真仏、恩義仏、倉宝仏、文昌仏、金月仏、精進受持固本保元仏、漢明仏、魁幹仏、金勝仏、恭献仏、金浄仏、綱領仏、鎮天仏、満月仏、金現仏、霊光遍照三華金勝仏、珠明仏、応元仏、太玄仏、龍慧仏、虎経仏、容浄仏、成道仏、瑞光仏、昶化仏、経録仏、著功仏、輝天鑒地浄業滌霊仏、川源仏、		天君仏、精修道範広宏経論仏、振空仏、□□仏、望真仏、啓聖仏、寧太仏、自在仏、昊明仏、英□仏、慳德懸本空寂静性映真仏、九闕金光接引宝林最勝通天仏	三玄慈恵仏、虚霊無礙仏、縦横太空仏、神通普願仏、究竟真如仏、六天浄欲仏、四九発明仏、万天尊仰仏、扶宗護教仏、昆侖聖王仏、太虚正陽仏、摩尼宝珠仏、雷音灌頂仏、諢一不二仏、迥脱幻城仏、涅槃遁世仏、洗心浄性仏、聖凡覚照仏、回光内顧仏、真空無相仏、無塵不立仏、殊妙仰巍仏、大権開度仏、金門璿璣仏、玉鼎煉一仏、玄爐鎔垢仏、滅尽塵労仏、性地浄明仏、永息障礙仏、能辟鈍根仏、善析知見仏、誓罷三途仏、永除八難仏、水火不侵仏、風災遠遁仏、截断愛縁仏、降服魔王仏、来去自如仏、五形帰太仏、擺脱籠罩仏、超越四華仏、天然本浄仏、水蓮異香仏、随流得妙仏、三世父母仏、万性出塵仏、遠離顛倒仏、撃砕頑空仏、顕現金丹仏、周天纏度仏、雲城引導仏、還原返本仏、永無退堕仏、常住不滅仏、三明四暗仏、混源太古仏、大雄独覚仏、陰陽交感仏、天体周旋仏、法身不壊仏、億劫長鳴仏、出入如如仏、呼吸動静仏、玉輪弥満仏、金花不謝仏、際光焔会仏、南辰司寿仏、斗柄指寅仏、黄芽消長仏、星宿影像仏、法王運世仏、鉄眼銅睛仏、正大光明仏、謝絶人事仏、淘溶無位仏、智伏優劣仏、駆逐無明仏、

| 仏部 | | | 璘異仏、月明仏、文徳仏、□光仏、旭化仏、成就仏、注寿仏、端正仏、 | | | | 掃卻□毒仏、六門蕩寇仏、証明功徳仏、開度十方仏、指陳因勝仏、発明心地仏、留伝経教仏、煉度三乗仏、通身覆道仏、遍満乾坤仏、窮理尽性仏、指明外道仏、返邪帰正仏、漏尽金剛仏、遠離色相仏、証我無形仏、不動不揺仏、永成至宝仏、了明本源仏、豁悟大乗仏、伝燈嗣教仏、無漏因果仏、精進勇猛仏、伝経授道仏、無嗔忍順仏、歓喜道成仏、発大慈悲仏、広揚道化仏、破疑生信仏、決断輪回仏、妙力神威仏、洞明大事仏、了達生死仏、得睹円像仏、激濁揚清仏、面覿摩尼仏、未来華蔵仏、九十六億仏、三天九極仏、玉会洪名仏、太微考較仏、三元定名仏、無量諸天仏、大須弥相仏。 |

　以上の約三百三十五尊の仏の形成するグループについては、その特徴ごとに大きく「五行八卦」「天字型大小」「三陽正信」「天盤・雲盤擁護仏」「事象を名とした仏・その一」「事象を名とした仏・その二」「護法およびその他の諸仏」の七種類に分類した。このほかにも、各種の菩薩（すべてで百十五尊）で構成された菩薩のグループがある。以下の表にそれを示す。

表1-3　『仏説皇極金丹九蓮正信帰真宝巻』（明刊本）菩薩部分類一覧表[12]

	領導する四大菩薩	その他の諸菩薩
菩薩部	星宿世界無上至真仏果大菩提、玉華上会九蓮大悲観世音菩薩、天華勝会東升普照無尽意菩薩、龍華三会西沈普摂朝元地菩薩、	宝月光菩薩、大智慧菩薩、大通辨菩薩、大黙行菩薩、運慈舟菩薩、広悲憫菩薩、続光焔菩薩、承慧光菩薩、恒順光菩薩、玉蟾光菩薩、了塵根菩薩、妙傑光菩薩、熾勝光菩薩、自在王菩薩、蟠桃会菩薩、普明王菩薩、闘慧光菩薩、堅固地菩薩、威巨智菩薩、香霊浩菩薩、妙厳光菩薩、升耀光菩薩、無定光菩薩、舒光映菩薩、広度人菩薩、授記王菩薩、平等王菩薩、普潤光菩薩、昃浄光菩薩、発迅光菩薩、畳約光菩薩、虚永光菩薩、微猟光菩薩、曙玄光菩薩、晋移会菩薩、□邃光菩薩、瑞際奔菩薩、□遍光菩薩、研理性菩薩、究本空菩薩、現通身菩薩、顕妙相菩薩、超彼岸菩薩、端正謡菩薩、無滅光菩薩、大普通菩薩、大賢首菩薩、無住相菩薩、演妙音菩薩、転法蔵菩薩、善柔孝菩薩、大声聞菩薩、大広見菩薩、大悲寿菩薩、広長舌菩薩、清静身菩薩、無限量菩薩、証金剛菩薩、成道果菩薩、精進智菩薩、紹隆宙菩薩、衍法竝菩薩、大慈鑒菩薩、古希聖菩薩、能解脱菩薩、得慶快菩薩、善喜舎菩薩、大福慧菩薩、尊戒律菩薩、守清規菩薩、天隙光菩薩、天竅光菩薩、玉摩尼菩薩、涔賢光菩薩、無揀択菩薩、一貫通菩薩、水月光菩薩、宝樹王菩薩、炳炬光菩薩、金蓮吉菩薩、息念慮菩薩、不退堕菩薩、真如智菩薩、喜力王菩薩、曇花綻菩薩、曇鸞玉菩薩、天仙金菩薩、湛霽岡菩薩、紅藕現菩薩、海潮光菩薩、開幽光菩薩、掃獄王菩薩、万化光菩薩、無為界菩薩、朗慧擄菩薩、閻薐窗菩薩、円明地菩薩、蕩天魔菩薩、秉篤信菩薩、修十歩菩薩、大行願菩薩、定名号菩薩、収性光菩薩、静黙光菩薩、帰正宗菩薩、登雲露菩薩、総回向菩薩、妙応光菩薩、虚空蔵菩薩、無為蔵菩薩、円満蔵菩薩。

　この表1-2と表1-3を比較すると、『九蓮経』の中で奉ずるところの神仏の総体は仏、菩薩の二類にまず分類することが可能であり、仏の部はまた七種類に分類することが可能であることがわかる。菩薩部はほぼ二種の類型の菩薩から構成される。しかしながら仏と菩薩の効能は其本的には同じである。中でも事象を名とした仏、その他の諸菩薩については、両者の功能（ここでいう功能とは、その名称の意味から考えられるもの）は非常に似ており、ま

---

12)　表の内容については『仏説皇極金丹九蓮正信帰真宝巻』明刊本（『明清民間宗教経巻文献』第5冊・新文豊出版公司　1999年）第218-220頁を参照。

第一章　明清民間宗教の神仏の系譜

た互いに補い合う関係であり、極めて汎用性と包含性に富むものである。

3．『龍華懺』に見られる神仏の類別

　仏教や道教と同じく、民間宗教もまた自身の懺法と儀軌を有している。その懺法で使われる懺文については、ほぼ壇を設けて香を焚いて唱誦する儀式を行い、そして数多くの仏菩薩を招請する。さらにこの仏菩薩の面前にて悔過謝罪の儀を行い、神仏の諒解と赦罪を求めるのである。このため、こういった懺文の中には膨大な数の神仏の名号が出現する。たとえば『龍華懺』の「霊山普請第二」の中には、百三十余もの神仏の名号が列挙される。ここでは「先天十方普遍一金蓮諸仏」の他、以下の神仏が奉請される。

　　奉請元妙飛花仏、奉請明亮金花仏、奉請都総長根仏、奉請当陽央□仏、
　　奉請三空随壇仏、奉請九天応元仏、奉請奥妙元徳仏、奉請本来元徹仏、
　　奉請蘊空徳慧仏、奉請家郷天住仏、奉請亮光太慧仏、奉請玲瓏顕光仏、
　　奉請元陽太保仏、奉請保安護身仏、奉請拖天大劫仏、奉請如意保劫仏、
　　奉請分真宝公仏、奉請治世無当仏、奉請空徹元明仏、奉請本空上清仏、
　　奉請廓天太清仏、奉請理性玉清仏、奉請竅通太易仏、奉請光焔太初仏、
　　奉請運用太始仏、奉請金蓮太素仏、奉請揮晃太極仏、奉請掌教太虚仏、
　　奉請逍遥燃燈仏、奉請天皇盤古仏、奉請地皇九州仏、奉請人皇掌教仏、
　　奉請龍華三会仏、奉請釈迦牟尼仏、奉請達摩掌教仏、奉請玉霄金花仏、
　　奉請三八諸天仏、奉請元空虚花仏、奉請東華帝君仏、奉請始老青霄仏、
　　奉請太老真光仏、奉請穹老黄炁仏、奉請玉老金花仏、奉請化老元天仏、
　　奉請木帝真君仏、奉請火帝真君仏、奉請土帝真君仏、奉請金帝真君仏、
　　奉請水帝真君仏、奉請混元一炁仏、奉請因由二義仏、奉請本元理性仏、
　　奉請発慧四生仏、奉請月光六爻仏、奉請土五七星仏、奉請上下十方仏、
　　奉請五方五百仏、奉請三世三千仏、奉請当来弥勒仏、奉請一切天宮仏、
　　奉請管天轄地元廓仏、奉請顕化三教天空仏、奉請過去未来三千仏、
　　奉請現在都総皇燃仏、奉請南天長生三宝仏、奉請北天主生人元仏、
　　奉請東天帝君甲乙仏、奉請西天世尊清浄仏、奉請穹通土後五性仏、

奉請普運乾坤八人仏、奉請四恩三宥九性仏、奉請龍霄三十三天仏、
奉請六欲諸天顕聖仏、奉請摩夜天宮領袖仏、奉請兜率天宮亦虚仏、
奉請花落天宮金花仏、奉請中光天宮宝陽仏、奉請鶯長天宮無極仏、
奉請極楽天宮立山仏、奉請遍晶天宮霊応仏、奉請無相天宮綠葉仏、
奉請福生天宮妙元仏、奉請広果天宮太宝仏、奉請梅吒天宮理性仏、
奉請桐針天宮無金仏、奉請帝釈天宮無宣仏、奉請率楽天宮無清仏、
奉請善現天宮後玉仏、奉請五浄天宮太亮仏、奉請玉清天宮木金仏、
奉請大法天宮太宝仏、奉請天祭天宮金玉仏、奉請浄居天宮金霄仏、
奉請非相天宮金光仏、奉請大羅天宮化鴻仏、奉請蓬萊天宮化極仏、
奉請華蔵天宮化金仏、奉請大梵天宮金門仏、奉請牣利天宮元陽仏、
奉請非非天宮白光仏、奉請不夜天高混元仏、奉請霊山会上世尊仏、
奉請太山金光如意仏、奉請天斉天管城隍仏、奉請陰城地蔵王仏仏、
奉請一殿秦広後空仏、奉請二殿楚江後浄仏、奉請三殿宋帝后明仏、
奉請四殿五官後照仏、奉請五殿閻羅後通仏、奉請六殿変成後白仏、
奉請七殿太山后玉仏、奉請八殿平等後山仏、奉請九殿都市後輪仏、
請十殿転輪後曹仏、奉請掌教世尊登宝仏。[13]

ここで「奉請」される神仏は、この『懺文』の排列順から大きく六部分に分類できる。第一部分は、各種の名相から命名された仏である。すなわち「元妙飛花仏」から始まって「空徹元明仏」に至る十九尊である。第二部分は天中に位すると考えられる仏である。これは「上清・太清・玉清」(これは道教の「三清」に基づく)から、「太易・太初・太始・太素・太極・太虚」(伝統的な「宇宙観」に基づく)までの九尊の仏を指す。第三部分は「燃燈・釈迦・弥勒」の「三世仏」に領導される諸神仏である。その中には道教の「帝君・真君」に由来するものも多い。また仏教の「達摩」「龍華三会」や、「天皇・地皇・人皇」などの名称もあり、すべてで二十七尊である。その他にも「上

---

13) 『龍華懺』(『明清民間宗教経巻文献』第5冊・新文豊出版公司 1999年) 第754-757頁。

第一章　明清民間宗教の神仏の系譜　37

下十方」「五方五百」「三世三千」などの神仏がある。第四部分は十六尊の天地、人生、乾坤を管轄する仏である。第五部分は各種天宮に位する仏である。第六部分は、人間の生死を管轄する冥界に関する仏である。「太山・城隍・陰城」から「十殿閻王」に至るものであり、これらは仏教と伝統的な冥界観を来源とするものである。

　上述の多くの神仏の中には、各種の数目で数多くの神仏を概括的に命名したものもある。

　　奉請二十四天牟尼仏、奉請三千四十八元仏、奉請一十八界衆諸仏、
　　奉請三百六十感応仏、奉請七十二位四季仏、奉請二万九千無数仏、
　　奉請三十六万一億仏、奉請五百恒河沙浄仏、奉請八百聡明智慧仏、
　　奉請星宿天宮一切仏、奉請大地微塵劫千仏、奉請江河両岸流沙仏、
　　奉請七日七夜細雨仏、奉請天下園林樹木仏、奉請枝枝葉葉光明仏、
　　奉請両辺一切諸仏。

　仏の名称から、明らかにこれは「儒・仏・道」の三教及び伝統的な民間信仰が融合した思想的産物であることが看取できる。特に各種の数目を名号とした仏については、疑いもなく『仏説仏名経』の諸仏の名号にならっている。例えば、『仏説仏名経』の中に見える「八万四千名自在幢仏」「五百日仏」「三万三百称声王仏」に類するものであることがわかる[14]。これはかなりの程度、仏教から深く影響を受けていることを示唆するものと考えられる。

　『龍華懺』の中に提示された神仏の系譜を見るに、そこでは「寂浄安壇独立先天十方普遍一切金蓮諸仏、現前に在り、菩薩人間に降る」とは説明されているものの、その中でただ列挙されるだけの数多くの仏の名号があり、また具体的な名号がみえない。これらの仏の名号の中で、あるものは『九蓮経』に出現する仏の名号と一致する。しかしさらに多くの異なる名号の仏も存在し、それは同じ所から出たものではないことを示すものと考えられる。そも

---

14)　菩提流支訳『仏説仏名経』（十二巻・『中華大蔵経』第21冊）第801-970頁を参照。

そも『龍華懺』と『九蓮経』は異なる民間宗教の教派で使われたものであり、そのために異なった神仏の体系であるのは当然ともいえる。ただし、この二者には共通の特徴がある。それはその神仏の系譜がともに膨大なもので、かつ様々な神仏を含むということであり、明清の民間宗教が多くの宗教文化を包摂し、包容的な宗教精神に溢れているということである。

二、明清の民間宗教神仏系譜が形成された社会的思想的背景

　民間宗教は中国社会の産生物である。しかしそれは明清時代から始まったものではない。そのもっとも早い淵源は、魏晋南北朝時代の仏教結社に遡ることができる[15]。その頃から、仏教の中国化と一般化が進むに従い、先後に仏教側からは「異端」と称される多くの宗教組織が発生した。たとえば大乗弥勒教・白蓮宗・白雲宗などである。これらが「異端」の教派であることから、正統的な宗教からは排斥され、またしばしば歴代の統治者からは弾圧された。そのため、これらの教派は民間社会の中でのみ伝播することになった。明清の民間宗教の前身は、白雲宗や白蓮教などの仏教の「異端」教派であったのである。

　明清時期の数多くの民間宗教の教派は、中華の大地の土壌と気候のもとに成立した。そのためその発展と神仏の系譜の形成は、必然的に中国社会および歴史文化の大きな影響のもとに行われた——時にこの種の影響は直接的であり、かつ決定的なものがあった。そのため明清の民間宗教とその神仏の体系の形成においては社会政治（経済も含む）的な要因があり、かつまた思想文化的な要因も影響した。

---

15)　譚松林主編『中国秘密社会』第一巻（福建人民出版社 2002年）第11頁。ここで言及されているのは一般的な見解に過ぎない。その主たる対象はいわゆる「秘密教門」を指す（ここでいう「秘密教門」は筆者の用いる「民間宗教」とはやや異なる面がある）。ただ筆者は道教成立の前に存在した民間道教が中国の民間宗教の起源であるかどうかも考えている。もしそうであるなら、その淵源はさらに早く、戦国時代まで遡れるのではないだろうか。これについては馬西沙等『中国民間宗教史』上巻（中国社会科学出版社 2004年）第2-3頁も参照。

1. 社会・政治的な環境

　明清両朝の時期は、中国の封建社会の発展の最後の段階である。両朝は異なる民族によって創立されたものであるが、社会方面においてはほぼ類似した伝統的な社会構造を保持している。ただ同時に徐々に深い意義を有する重大な変化も起こっている。清代の民間宗教の教派は、その多くが明代の民間宗教教派の延長上にあり、その敷衍により発展した。ここではまず主として明代の社会政治環境について見てみたい。

　明朝の国家制度は、すなわち「秦以来の中央集権的なもので、国家権力は皇帝の所在たる帝都より全国各地に向かって社会の各層に照射され、またそれが反射するという性質を持っている」とされる[16]。中国社会では宗教は、欧州の宗教のような世族王権の上にあるという性格を有したことはなく、そのために中国の歴代の統治者は宗教に対しては比較的寛容な態度をとり続けることができた。もちろんその間には「三武一宗の法難」のような宗教弾圧に近い政策が行われることもある。しかしながら、歴史上の皇帝たちの態度を見れば、宗教におもねった者のほうが宗教を滅ぼした者よりもはるかに多い。明朝の宗教政策は、建国初期においては朱元璋がこれを制限する政策を行ったものの、基本的には幾つかの宗教についてはこれを奨励する包容的な政策をとっており、それはほぼ明末にまで継続している。

　中国においては、漢の武帝が董仲舒の「罷黜百家、独尊儒術」という儒教奨励策を採用して以来、儒家の思想が統治思想として使われるようになった。いっぽうでその他の道教・仏教などの宗教は「教化」の道具であるとされ、統治を補助するものであり、そのために寛容的な政策がとられたのである。そのため中国にあっては、土着の宗教である道教はもちろんのこと、外来の宗教である仏教・イスラム教・キリスト教なども比較的自由な発展の空間を有していた。また各宗教勢力の間ではほとんど宗教戦争に当たる闘争も起きず、平和裡にそれぞれの位置を確保していた。このような宗教に対する寛容

---

16) 趙軼峰『明代国家宗教管理制度与政策研究』（中国社会科学出版社 2008年）第15頁。

な政策を形成した政治的な土壌が、いっぽうでは各種の「正統」的な宗教を発展させると同時に、その「正統」的な宗教が敵視する「異端」的な多くの民間宗教を産みだしたのである。

社会の発展に従って、明代の社会においても重要な変化が起こっていった。商品貨幣経済は発達し、都市と農村の関係は密接となり、そのために人と人の関係や身分についてはそれまでのあり方が崩壊していき、そして社会の流動性が増加していった。専制的な制度は非常に強化され発展していったものの、いっぽうでは、「形式上ではすでに全ての人民を代表するという意義は失われ、社会の下層をコントロールする能力も弱まってしまった。民衆はますます自らの運を明君・賢相・清官といった不確かな存在に期待するようになり、また自ら教派を産みだしてそれに頼るということをせざるを得なかった。このような状況が民間宗教の隆盛を導く社会的な条件となったのである」ともいわれる[17]。そして民間宗教の神仏の体系が作られ形成された背景には、まさにこのような社会環境の影響がある。民間宗教の教派の興起と協調による配合は、まさに運に応じて生じたものであるといえよう。

2．思想文化の環境
① 「三教合一」思想とその位置づけ

「三教合一」に関する話は老先生たちの好んで行う議論となっており、また非常に話題性の高いものでもある。その詳しい状況については、すでに中国でも外国でも多くの研究者によって論じられており、かつまた数多くの議論があるため、紙幅に限りがあり詳しくは述べない。ここでは、中国の伝統思想史におけるその地位と位置づけの問題についてのみ述べる。あくまで参考のために、ここで筆者の考えを示しておきたい。

いわゆる「三教合一」とは、中国伝統の思想文化（主要なものは儒家文化である）と仏教・道教の哲学思想を相互に融合し、徐々に形成された一種の思想体系である。まず魏晋の玄学と仏教が結合し、唐代に至り道教の「重玄

---

17) 牟鐘鑒等『中国宗教通史』下巻（社会科学文献出版社 2003年）第849頁。

学」が興起した。そして唐・宋においては官僚士大夫の「三禅問道」が流行した。宋・金・元の時期には道教の全真派が起こり発展した。さらに宋明理学が起こり、後に王陽明の心学が流行した。

　もちろん儒・仏・道の三教にあっては、互いに相手の思想の精華を吸収し、取り入れ、もって自分らの需要に適応するということが不断に行われてきた。同時にまた自分らの教における改革と調整を継続的に行い、もって相手方および全体の要求に合わせて環境を整えることも続けられてきた。「三教合一」の思想は流伝することすでに久しく、また儒・仏・道三教の連続的な社会化（その間、インドから伝来した仏教については、さらに大きな波乱を含む「中国化」の過程を経ている）の進行において、日々ますます大きくなり、成熟化していった。明代においては、三教合一は中国思想文化の主流の地位を占めるまでになり、さらに社会とその構成人員すべてに対して極めて大きく、かつ深遠な作用と影響を及ぼすに至った。

　明代に至って中国の伝統文化は「三教合一」という大きな文化的成果を得たといえよう。宗教の意義については、儒・仏・道の三教は継続して融合し、互いに吸収しながらも自分らのために用いていた。思想文化的な意義としては、それは一種の主流の意識形態であり、社会において産生された自身の作用と影響を有するものである。そうであれば筆者としては、これまでの明代に至る「三教合一」思想のやや浅く、静的な認識は改められるべきで、それはつまり「主流伝統」的な思想と称すべきではないかと考える。社会的な思想体系の全体の歴史発展の環境を考えるに当たっては、正確な判断とその位置づけが求められよう。明清社会における思想文化の発展過程においては、特に当時の多くの民間宗教および思想の形成と発展の影響について考慮し、客観的な観察を行うことによって正確な理解と認識が得られるであろう。

② 「三教合一」思想と民間宗教の神仏の系譜

　歴史上から見て、特に宗教面に注意して述べるなら、いわゆる「三教合一」とはその発展結果のような──「主流伝統」思想といったもの、すなわち儒・仏・道の「三教」の真に平等な融合と統一というものではなかった。彼らは

そもそも各自身の立場にばかり立脚し、他の二教について反駁し論を立てて退けて、そして自分の教をひたすら顕彰するという方法をとっていたのである。たとえば、仏教方面では漢代の『牟子理惑論』、宋代の張商英の『護法論』および元代の劉謐の『三教平心論』などは、皆そのような著作である。明代の場合は、朱元璋が帝王の身分で著した『三教論』と『釈道論』以外では、道教の袁了凡と儒教の陽明心学者、それに仏教では「明末四高僧」などがさらに鮮明な「三教合一」思想を唱えるに至っている。

　ただし、明清時期の民間宗教はすでに発展し成熟した「三教合一」思想の影響を受けており、自己の宗教思想体系に取り込んだのであるが、しかし三教のうちどれが優れているか、どれが劣っているかという位置づけは行わず、並置してそれぞれに完全に平等な地位を与えているように見える。明清の民間宗教において受容されたものは完全に成熟した「三教合一」思想であって、すなわち「主流伝統」思想を指すのである。それは一般的な「三教合一」思想の中のある一方の思想を偏重するようなものではない。民間宗教の神仏の系譜が形成されていく過程においては、深くこの種の「思想」の影響を受けており、またそのことが明清の民間宗教の神仏体系の鮮明な時代的特色となっている。実際の宗教の修行や実践における中では儒・仏・道のある一つの教の特色に偏ることもありえるが、それは多くの人に一種の似て非なる感覚と印象を与える。

第二節　明清民間宗教の神仏の系譜の階層構造

　明清の民間宗教の神仏の体系の建立は、民間宗教の各教派が興起し、衰亡するなかで、融合と発展の段階を経て徐々に形成されたものである。それは直接的にその宗教目的に適合させるために行ったものである。

　『仏説皇極金丹九蓮正信帰真宝巻』に見える数多くの神仏を見るに、その主要なものは二つの部分から成っている。すなわち「1．仏部」と「2．菩薩部」である。また『龍華懺』に列挙される主要な存在としては、奉請される諸仏があり、またやや詳細な名称が冠されるものがあり、さらに多くの菩薩・金剛などの「聖衆」がある。ただ、ここでは簡略に述べるにとどめ、詳細に列挙することはしない。

一、神仏の系譜内の種別について——仏と菩薩

1．仏部

　仏教の教義において、仏の称号はサンスクリット語のBuddha（仏陀）から来ている。その意訳は「覚れる者」あるいは「覚悟せる者」となる。仏教の宗教体系において、仏は最高一級の地位を有する神仏である。その次が菩薩、羅漢、天龍八部などの諸神となる。仏教と異なり、明清時期の民間宗教においては、その神仏信仰の中で「仏」という呼称を用いてはいるが、それはあらたに名前を付与されたものであり、さらに煩雑なものとなっている。そしてその体系は、仏教のみならず他の多くの宗教（たとえば道教・儒教・ネストリウス派キリスト教・マニ教など）の神々を含んだ体系となっている。またさらに、中国の伝統文化の思想における「天干地支」「陰陽五行」「五嶽四瀆」「城隍土地」などもすべて自己の神仏の系譜に取り込み、それに「仏」の称号を与えている。そのため「仏」というのは民間宗教の神仏の系譜にあっては、主神であると同時に、さらに広汎な役割を有するものであり、これも一種の別の側面での仏教の影響であるといえるのである。

さて『仏説皇極金丹九蓮正信帰真宝巻』の中において、仏の数は異様に多く、三百四十六尊も名称の異なる仏がある。この三百四十六尊の仏は、八種類に分類することが可能である。

第一の種類は、「三尊未来仏」である。それは「安養極楽宮無量寿円像日光仏」「九蓮浄居宮清静身真空普化仏」「三極玉清宮弥陀主一気天真仏」の三尊から成る。

第二の種類は「五行八卦仏」である。これは伝統的な「五行八卦」の思想に基づく「四行」「中央」と「坎・離・震・兌・乾・坤・艮・巽」の八方に応じた十尊の仏である。さらにこれに「金光普摂玄虚接引宝相仏」「科聖仏」「艮聖仏」の三仏を加えて、すべてで十三尊の仏となる。

第三の種類は「天」字型の大小の仏たちである。すべてで三十三尊の仏がある。すなわち「護擁天盤・雲盤」および「天心七宝」「明機正果」「精修道範」などの五十尊の仏である。このほか、「本空寂静懸性映真仏」と「九闕金光接引宝林最勝通天仏」を首とする十二尊の護法仏がある。

第四の種類は、事項によって命名された仏の一である。これは各種の事項によって命名され、具体的な行為と特定の能力を付与された諸仏である。これは八十尊ほどの仏がある。

第五の種類は「三陽正信仏」である。これは「三陽正信普会臻慶仏」が領袖となり、「香花仏、黙真仏、金色仏、開賛仏、学効仏、奇光仏、細行仏、妙霊仏、舒光仏、奮志仏、丕明仏、虚静仏」が含まれる、すべてで十三尊の仏である。

第六の種類は「護擁天盤・雲盤」仏である。十八尊の仏がある。

第七の種類は事項によって命名された仏の二である。三十四尊の仏がある。

第八の種類は護法およびその他の諸仏である。七尊の護法仏および「龍華三会万真果勝総極仏・懸明著象天光□応耀霊仏・紅梅聖会金丹証果普通仏」の率いる膨大な神仏の隊伍によって組成される、一百三十八尊ほどの仏である。その中には「四方上下」「三教九流」などの各方面の名称を包含し、さらに仏教の「摩尼宝珠」「雷音灌頂」、道教の「黄芽消長」「顕現金丹」、儒教の「窮理尽性」「謝絶人事」なども含まれており、非常に多くの種類の要素を持

つものとなっている。

　懺法の経典について見ると、『龍華懺』の奉請する諸仏は、相対的に『仏説皇極金丹九蓮正信帰真宝巻』よりも少なく、百三十一尊である。これは懺法の経典が法会の儀礼活動において唱誦されるところのテキストであり、教団内の信徒との間で儀式を行う時の活動に使われるものであることが影響している。すなわち法会で行われる儀式の活動においては、その時間は限られているのである。それは宝巻のように、その教の宗教教義を強化し凝聚して教徒に伝えるという道具として使う以外にも、さらに多くの民衆を引きつけて誘導し、その教に属さない民衆や、別の宗教を信ずる信徒に向かって教義を伝えるという目的があるのとは異なっている。『龍華懺』の百三十一尊の仏は二つの種類に大別される。

　第一の種類については六十尊の仏がある。このうち主要な仏については、儒・仏・道の三教および民間宗教においてそれぞれ設置された各尊を主としている。たとえば「家郷天住仏」「東華帝君仏」「龍華三会仏」「釈迦牟尼仏」、さらに「上下十方仏」「五方五百仏」「三千三世仏」「当来弥勒仏」などである。

　第二の種類には、奉請された主要な仏、これまで述べた諸仏の下に位置し、各個の具体的な事務を司る仏が配されている。たとえば天宮の内に存在する各尊仏、地獄の十殿を主管する十尊閻羅仏、及び山河樹木を管理し、土地や城隍などの諸仏があり、すべてで七十尊である。

2．菩薩部

　具体的な菩薩の称号は、わずかに『仏説皇極金丹九蓮正信帰真宝巻』に見えるだけで、すべてで九十五名がある。『龍華懺』では言及はあるものの具体的な菩薩の称号は見えない。この九十五名の菩薩は「星宿世界無上至真仏果大菩薩」「玉華上会九蓮大悲観世音菩薩」「天華勝会東升普照無尽意菩薩」「龍華三会西沈普摂朝元地菩薩」の四名の菩薩を首とし、その他の菩薩はそれぞれその適応した位置にあって、その効能を顕しながら四名の首の菩薩とともにあり、上述した諸仏に協力して補佐する役割を担当する。

二、明清民間宗教の神仏の系譜とその階層構造

『仏説皇極金丹九蓮正信帰真宝巻』と『龍華懺』に示される神仏の系譜から判明することは、明清の民間宗教の信仰世界において、その神仏の主に仏・菩薩および羅漢・金剛などから構成されている。ただここでのいわゆる「仏」「菩薩」とは完全に仏教でいうところの「仏」「菩薩」とは異なった存在である。またさらに数多くの名称の仏・菩薩が登場してその内容を豊富なものとしている。

ただし、このように膨大な神仏の体系は、それだけではまだ明清の民間宗教の神仏の体系についてのすべてを説明しているとはいえない。まだ一つの重要なカギとなる存在を欠いている。その存在は、すなわち最高神である。どのような宗教であっても神を有する以上、必ずといってよいほど主神の存在は絶対欠くべからざるものである。一神教はむろんのこと、多神教の大半でも主神は重要な存在となっている。そして多神崇拝であるところの民間宗教も、当然その例外ではない。

明清民間宗教の最高神は、すなわち名高い著名な神である「無生老母」である[18]。このようであってようやく、明清の民間宗教信仰の神仏の系譜は完全なものとなる。その体系については、「無生老母（最高神）→仏→菩薩→羅漢・金剛」といった関係になる。上述した『仏説皇極金丹九蓮正信帰真宝巻』のなかには、無生老母に関する言及はないものの、しかしその化身である「天真聖祖」は見えている。

明清の民間宗教の神仏の信仰体系においては、一見、その他の宗教のような明確な階層をもたず、神々の上下の関係はかなり混乱しているようにも見える。しかしながら、より深い観点から分析を行うならば、基本上は次のような三層の構造になっていることは明らかである。図示すれば次の通りである。

---

[18] 無生老母についての研究は、内外の多くの学者がすでに詳細かつ精緻な説明と論証をおこなっている。そのためここでは贅言を費やさない。具体的には馬西沙などの『中国民間宗教史』上巻（中国社会科学出版社 2004年）や鄭志明『無生老母信仰溯源』（文史哲出版社 1985年）などの文献を参照。

図1-1　明清民間宗神仏の階層構造

　図1-1で示した通り、その第一階層にはすなわち最高神の無生老母がある。民間宗教の宇宙観において、無生老母は世界万物の創造者であり、また人類の始祖でもある。たとえば『龍華経』のなかでは「古仏出現安天地、無生老母立先天」と称される[19]。無生老母はただ世界を創造しただけではなく、また人類をも創造しているのである。次のような一節がある。

　　天真古仏在太皇天都鬥宮坐定、請無生老母同来商議、命女媧伏羲。叫伏羲叫男女成婚。無人作保、令金公黄婆会他做媒。黄婆曰、無影山下有一塊鴻濛混元石、用先天剣一把、劈破鴻濛、取出陰陽二卵、従須弥山上滾将下来、滾在鵝眉澗中、咯当響亮一声、搭橋対鼇、陰陽配合。這便是男女成婚、懐養聖胎。乾道成男、坤道成女、産下九十六億皇胎児女。無生老母吩咐児女、因為乾坤冷静、世界空虚、無有人煙住世、你往東土住世去吧。[20]

また次のようにもいう。

---

19)　『龍華宝経』（『明清民間宗教経巻文献』第5冊・新文豊出版公司 1999年）第649頁。
20)　『龍華宝経』（『明清民間宗教経巻文献』第5冊・新文豊出版公司 1999年）第651頁。

想当初、混沌時、原無一物、従無中、生有相、一段光明。
円光中、化仏身、結光成体、化古仏、現金身、置立乾坤。
無生母、産陰陽、先天有孕、産先天、懐聖胎、変化無窮。
生一陰、生一陽、嬰児姹女、起乳名、叫伏羲、女媧真身。
李伏羲、張女媧、人根老祖、有金公、合黄婆、匹配婚姻。
戊己土、又取出、陰陽二卵、須弥山、滾下来、響亮一声。
有金光、和霊光、搭橋対竅、這便是、治人倫、男女成親。
混元了、又生出、九十六億、皇胎児、皇胎女、無数仏星。
無生父、無生母、金口吩咐、因東土、無人住、冷淡乾坤。
差皇胎、九十六、東土住世。……[21]

　無生老母はただ創世の主であるのみならず、また苦難を受けている人類を救済し、忘れられている「家郷」に連れ戻してくれる存在である。また失踪している九十六億の「皇胎児女」を父母と引き合わせて一家団欒させ、幸福な生活を約束してくれる神である。無生老母は東土の九十六億の「皇胎児女」に対して次のように教え諭す。

　　知恩不報、抛灑五穀、米・麺・油塩、剪砕綾羅、呵風罵雨、怨天恨地、不敬三宝、欺神滅像、毀僧謗法、欺圧善良、数弄好人、不孝父母、六親無情、心如狼虎、悪意傷人。……、三災八難、瘟疫流行。末劫臨頭、折磨衆生、百般苦楚、難為好人、累劫冤愆、積到如今。[22]

　このような「皇胎児女」たちは無生老母の救済によってのみ、ようやくこの世の劫難を脱し、平安な幸福の境地へと至ることができる。当然ながらこの種の救済は、一方通行のものではないし、かつ無条件のものでもない。この

---

21) 『龍華宝経』(『明清民間宗教経巻文献』第5冊・新文豊出版公司 1999年) 第652頁。
22) 『龍華宝経』(『明清民間宗教経巻文献』第5冊・新文豊出版公司 1999年) 第730-731頁。

ような自力の基礎のうえで、他力による救済が可能となる。これは自力と他力の弁証的な結合となる。いわゆる「自力」のなかで最も基本的かつ最も重要な一つは、すなわち「三道」の修行である。これについて『出西宝巻』では次のようにいう。

　　　　古玉仏、見衆生、双眼流涙、末劫到、時候極、災難斉臨。
　　　　勧衆生、早回頭、持斉念仏。休行邪、帰正道、逞好光陰。
　　　　日夜裡、勤念仏、加功進歩、行皇極、置立門、修煉長生。
　　　　二六時、代天行、勧人為善、若要躱、末劫難、正道修行。[23]

　明らかに「三道」の修行においては、またその前提となる条件がある。それは「信」すなわち「信仰」である。創世主でもあり救世主でもある無生老母は、すなわち明清の民間宗教における最高神となった。そして自然に信徒たちの尊崇と礼拝を受けるようになったのである。
　第二の階層に属するのは、最高の主宰神である無生老母の三位の使者である。すなわち燃燈仏・釈迦仏・弥勒仏（あるいは阿弥陀仏）の三尊仏である[24]。
　この「燃燈仏」は、またの名を錠光仏という。仏教経典『大智度論』での解釈によれば、「燃燈仏、生時一切身辺如燈故、名燃燈太子、作仏亦名燃燈。旧名定光仏也」とされる[25]。さらに『太子瑞応本起経』の記載によれば、釈迦仏は菩薩であった時（錠光仏の時代）名を「儒童」といった。その錠光仏に仕える態度は敬虔そのものであり、後に錠光仏は授記して九十一劫の賢劫において儒童が仏となり、その名も釈迦仏となると予言した。これによれば燃燈仏（すなわち錠光仏）は過去仏であり、釈迦仏は現在仏であり、そして未

---

23) 『古仏当来下生弥勒出西宝巻』（『明清民間宗教経巻文献』第7冊・新文豊出版公司　1999年）第159頁。
24) 明清時期の民間宗教教派では弥勒を奉ずることが多く、ある教派は阿弥陀仏を奉じていた。仏教の浄土信仰とはやや異なるところがある。
25) 鳩摩羅什訳『大智度論』巻九（『中華大蔵経』第25冊）第58頁。

来仏が弥勒仏と阿弥陀仏であることがわかる。

　上述したように無生老母は深く自分の「発配」により東土に赴いた九十六億の皇胎児女のことを思い、彼らがその地で不安にかられていないか案じ、同時にまた自分の過去の行為に対する反省があるため、責任をはたすのは自分のみであると考えた。そこで三名の使者を派遣し、九十六億の皇胎児女が居住する東土凡塵の地に赴かせ、彼らを救済し苦難から脱出させ、本源である幸福に溢れた「家郷」に回帰せしめ、無生老母と「団円」させることとしたのである。これに基づき、明清の民間宗教の思想体系のなかには、いわゆる「三仏応劫」の救世の体系が生ずることになった。この信仰体系においては、「三仏」はすなわち燃燈仏・釈迦仏・弥勒仏あるいは阿弥陀仏を指し、この三仏はそれぞれ過去・現在・未来の三世を担当するとされる。たとえば『皇極金丹九蓮還郷宝巻』は次のように述べる。

　　蓋聞古仏顕教、治下乾坤世界、留下金木水火土、分定五行、内生八卦開天閉地、化生陰陽、産生万物、聖玄中古仏、造定三元劫数。三仏臨流掌教、九祖来往当機。分定過去、見在、未来三極世界、各掌乾坤。[26]

　ここでいわゆる「三元劫数」とは、その三極世界（過去・現在・未来）の三仏（燃燈・釈迦・阿弥陀）が掌教するところで起こる三回の劫変をいう。過去から現在、また未来に至る時期、世界は三回の大きな劫難を経る。大劫が過ぎたのち、世界には巨大な変化が起こる。この三大変化を称して「三元劫数」という。そのなかでも最後の一劫は、人類が経験する最大の劫となる。すなわち末劫である。

　同時に、燃燈・釈迦・弥勒あるいは阿弥陀仏が司る「過去・現在・未来」は、それぞれ「無極・太極・皇極」に対応している。過去仏の燃燈仏は無極

---

26)　『皇極金丹九蓮還郷宝巻』明刊本（『明清民間宗教経巻文献』第4冊・新文豊出版公司　1999年）第875頁。

第一章　明清民間宗教の神仏の系譜　51

となり、現在仏の釈迦仏は太極となり、未来仏の弥勒あるいは阿弥陀仏は皇極となる。このような基礎のうえに、明清の民間宗教の経巻では仏教の「龍華三会」の内容を吸収し、「過去・現在・未来」すなわち「無極・太極・皇極」の三会を分別して「青陽・紅陽（または弘陽）・白陽」の三会とした。またこれを「黄陽・清陽・洪陽」の三会とも称す。たとえば次のような記載がある。

　　　道過去、無極聖。号燃燈、九劫帰。
　　　黄陽会裡三蓮位、三千二億登上品。
　　　永証金身福寿斉、雲台同転長生偈。
　　　天花劫金蓮圍繞、古霊山体掛仙衣。
　　　道見在、老太極、釈迦仏、度群迷。
　　　霊山掌教五蓮位、清陽会上十八劫。
　　　三千大千坐蓮池、当陽執掌乾坤世。
　　　法現出風雲雷雨、両輪日催趲群迷。
　　　道未来、弥勒無為主。立天根、洪陽会裡人。難信仙仏、迷失不認母。
　　　大羅天主墜凡籠、菩提北岸埋名性。
　　　造法船垂鉤暗釣、有縁人早認双親。
　　　道三会、赴龍華。大地人、乱如麻。
　　　時来就把皇極掛、知識個個都称祖。
　　　不知誰人了了法、吾今当指無生話。
　　　道当来玉華聖会、万寿母普散天花。[27]

むろん仏教の「龍華三会」からすれば、またあるいは『皇極金丹九蓮還郷宝巻』の三極および「黄陽・清陽・洪陽」からいえば、それはすべて世界の発展および変化の「過去・現在・未来」の三つの時期を示すものである。し

---

27)　『皇極金丹九蓮還郷宝巻』明刊本（『明清民間宗教経巻文献』第4冊・新文豊出版公司　1999年）第895-896頁。

かしそのなかでも特に未来の時期は、すべてが円満である理想世界を示したものである。そして人々の心から求めるものの終極といえる。もしこれを仏教のなかで説くとすれば、その終極の出現は、相当な遠い彼岸、あるいは来世での話となる。だからこそ『皇極金丹九蓮還郷宝巻』は、明清時期の多くの民間宗教の経巻と同様に、理想の終極をすぐ近くの時期に引き寄せることによって、その宗教的な伝播と人々を引きつける優れた力を持つこととなった。

　『仏説皇極金丹九蓮正信帰真宝巻』に見える神仏の系譜にしても、その性質は注意すべき点がある。その先頭となる「志心帰命礼」すべき三尊仏は、「安養極楽宮無量寿円像日光仏」「九蓮浄居宮清静身真空普光仏」「三極玉清宮弥陀主一気天真仏」であり、すべて未来仏の化身である。そしてこれらの仏たちは阿弥陀仏の掌教せる世界を司るものたちであり、受難せる九十六億の皇胎児女を救済するために来たのである。無量寿仏とはすなわち阿弥陀仏のことであり、これによって阿弥陀仏はまた無量寿仏とも称される。阿弥陀仏の住する浄土は安養国である。また安楽国・極楽国とも称される[28]。そして九蓮浄居宮清静身普光仏もまた阿弥陀仏の化身である。

　明清の民間宗教信仰の思想のなかで、さらに「過去・現在・未来」を「三蓮・五蓮・九蓮」と称するものも存在する。たとえば前述した『皇極金丹九蓮還郷宝巻』のなかには「黄陽会裡三蓮位」「霊山掌教五蓮位」「同続当来九葉蓮」という説が見えている。ここでの「三蓮」「五蓮」「九蓮」とは、すなわち「過去・現在・未来」を表している。また『普静如来鑰匙通天宝巻』のなかにも類似の説が見えている。

　　　　　四囑咐、善男女、回心向善、三世仏、輪流転、掌立乾坤。
　　　　　無極化、燃燈仏、九劫立世、三蓮葉、四字仏、丈二金身。
　　　　　太極化、釈迦仏、一十八劫、五葉蓮、六字仏、丈六金身。

28）　阿弥陀仏の浄土に関しては、康僧鎧訳『無量寿経』二巻（『中華大蔵経』第9冊）第589頁を参照。

第一章　明清民間宗教の神仏の系譜　53

　　皇極化、弥勒仏、八十一劫、九葉蓮、十字仏、丈八金身。[29]

　さらに別の宝巻『普明如来無為了義宝巻』には次のような記載がある。

　　古真天、本無二、一性円明、有金公、空王殿、巍巍不動。九蓮池、
　　無生母、盼望児童、在東土、愛財色、貪塵妄想。怎躱他、無常鬼、
　　地府閻君、今遇著、古弥陀、通伝大道。[30]

　このように、明清の民間宗教の信仰においては、「三蓮・五蓮・九蓮」はすなわち「過去・現在・未来」に対応するものとなっている。未来を代表する円満な理想世界、そこに居住する無生老母より「返郷」する権利を与えられた九十六億の皇胎児女からすれば、九蓮もまた最高の階位を示すものであり、最後に獲得される円満な印でもある。上述の『仏説皇極金丹九蓮正信帰真宝巻』で展開される神仏の系譜においては、「九蓮浄居宮清静身普光仏」とは疑いもなく阿弥陀仏の化身を指す。そこで出現する「三極玉清宮弥陀主一気天真仏」も、当然ながら阿弥陀仏の化身である。
　ただ、ここでは阿弥陀仏の居住する安養国は、「三極玉清宮」に変じている。「三極」とは、すなわち先に述べた「無極・太極・皇極」の三極のうちの第三極である「皇極」のことである。ここでの「玉清宮」とは、明らかに道教の「三清信仰」から来たものである。道教においては、三清は分かれて「玉清・上清・太清」となり、「元始天尊・太上道君・太上老君」がそれぞれ居る天である。玉清境は道教の最高かつ最勝の天である。『仏説皇極金丹九蓮正信帰真宝巻』では、ここが阿弥陀仏の居住の地であると称されたのは、阿弥陀仏に対する尊崇と敬意が背景にある。
　第三の階層には、膨大な数の神仏が隊伍をなしている。これらの神々は仏・

---

29)　『普静如来鑰匙通天宝巻』日據抄本（『明清民間宗教経巻文献』第4冊・新文豊出版公司　1999年）第770頁。
30)　『普明如来無為了義宝巻』（『明清民間宗教経巻文献』第6冊・新文豊出版公司　1999年）第143頁。

菩薩および金剛・羅漢などの称号を有しているとはいえ、その内実は非常に雑多であり広汎にわたっている。儒・仏・道に由来するものもあり、そのなかには三教九流の人物・神それに仏教のなかの仏・菩薩・羅漢も含まれる。さらに達摩・禅宗などの諸派および少林派の神や人物、甚だしきに至っては摩尼宝珠や雷音灌頂などの法物や儀式すらもすべてそのなかに含まれ、すべてみな仏の称号で呼ばれている。たとえば『銷釈接続蓮宗宝巻』では次のように述べる。

　　無極聖祖在家郷都鬥太皇宮中敬請古仏無生、蓮台坐定、敬請九蓮天五晶宮円通教主、観音老母同来、商議著誰来置世。観音母答曰、待我請七仏同来治世。母掐定玉訣、手持玉篆霊符、用真気一口吹在虚空、乃是飛符請聖。敬請西方教主阿弥陀仏駕道円光同来治世、敬請玉清宮中先天老子同来治世、敬請大羅三天無当老祖同来治世、敬請霊山会上法中王仏同来治世、敬請浄土宮中無量天真古仏同来治世、敬請雪山頂上孔雀明王仏同来治世、敬請極楽宮中消災延寿薬師尊仏同来治世。[31]

　ここで奉請される七仏のうち、玉清宮の「先天老子」「大羅三天無当老祖」「浄土宮中無量天真古仏」の三仏は道教を来源とするものであるが、それ以外の四仏はすべて仏教を来源とするものである。そのなかにはチベット密教（雪山頂上孔雀明王）系のものもある。またすべて「王仏」あるいは「尊仏」敬称を有しており、その包容性が示されている。そののちには次のような記載がある。

　　臨済老祖掌法門、徒子法孫起法名。
　　一字一輩伝法演、寂照普通道円明。

---

31)　『銷釈接続蓮宗宝巻』（『明清民間宗教経巻文献』第5冊・新文豊出版公司 1999年）第484-485頁。

曹洞老祖立教宗、晝夜三禅悟明心。
　　祖道興隆伝法眼、男女帰一続禅宗。
　　少林老祖掌法門、揺山晃海一歩功。
　　打出山門通線路、習文演武祖為尊。
　　雲門老祖立禅宗、趙州吃茶運修行。
　　三透清風共明月、画餅充饑是何人。
　　雪峰老祖伝修行、木人開山一歩功。
　　開関展竅当人現、劈破崑山現円明。[32]

　ここでは「臨済・曹洞・雲門」という仏教の禅宗の派の名が見えている。また少林は中国仏教の重要な名称の一つである。「趙州・雪峰」もまた禅宗の著名な禅師の名である。これはまた仏教が明清の民間宗教に影響を与えた別の側面である。
　またさらに宝巻は仏教の「六道輪廻」の地獄の思想を吸収し利用している。民衆の間に広く伝わる『目連救母』の故事を用い、地獄のいわゆる「十殿閻王（十王）」も遵法の神とし、人々に精進修行を勧めるものとなっている。そしてもし地獄に落ちたとしても、彼らの守護を得て、刀で切られたり油で煮られたりする責め苦を避け、早くに転生できるようにすることが可能となるのである。『仏説利生了義宝巻』にいう。

　　造罪如山受罪難、目連救母到無間、饒你神通多広大、十八地獄受周
　　全。
　　目連僧、聴見他、各獄来報、報導者、尽都是、推諉之情。又是愁、
　　又是怒、又是煩悩、想親娘、不得見、涙似泉傾。少不得、親自去、
　　各獄尋找、好共歹、死共活、要見娘身。第一位、秦広王、将人碾搗、
　　第二位、楚江王、鉄磨生魂、第三位、宋帝王、刀山剣樹、第四位、

32）『銷釈接続蓮宗宝巻』（『明清民間宗教経巻文献』第5冊・新文豊出版公司　1999年）第512頁。

五関王、鋸解分身、第五位、泰山王、業鏡来照、第六位、平等王、火熬油鐺、第七位、都市王、鉄床坑火、第八位、転輪王、送入寒冰、第九位、閻羅王、割舌打髄、第十位、変成王、蛇狗呑人、十八層、地獄苦、堪堪遊尽、……。[33]

　この目連救母の故事は、仏教経典の『盂蘭盆経』から来ている。そこでは釈迦牟尼仏の弟子である目連が亡くなった母を地獄から救済する故事が語られる。「目連」はもと「大目犍連」であり、略称して「目連」と称する。『盂蘭盆経』は西晋の竺法護の訳である。

　目連が初めて六神通を得たのち、父母の養育の恩に報いようとしたところ、図らずも亡くなった母は餓鬼道のなかに墜ちていた。目連が食事を母に捧げようとすると、食物は口に入るまえに火炭と化してしまい、母は食べることができなかった。目連は嘆き悲しみ、釈迦仏に助力を願った。釈迦仏は目連に、「汝の母の罪業は深く、一人の力のみで救うことができない。十方の衆僧の力に頼ってようやく救済を得られるであろう」と答えた。ここにおいて目連は七月十五日を僧の「自恣日」とし、父母のために十方の大徳・衆僧を供養した、この功徳によってその母は餓鬼の苦しみから脱し解脱することができた。仏教が中華の地に伝入し、不断に社会化していく過程のなかで[34]、早くも唐代の変文に、この故事は唱誦されて広まっていった。そして社会のなかに広まるとともに、群衆のなかに深く根を下ろしていった。特にその故事のなかで語られる地獄の血なまぐさく恐ろしげな場面は、人々を恐怖のどん底に陥れ、驚き恐れさせることとなった。そのためにこの故事は広汎に知られ、地獄の閻魔王はその系譜に加わり、明清の民間宗教の体系のなかで整合させ

---

33) 『仏説利生了義宝巻』（『明清民間宗教経巻文献』第5冊・新文豊出版公司 1999年）第410-411頁
34) 『盂蘭盆経』の基本思想は僧侶に対しての功徳で亡くなった父母を救済するというものである。孝道思想を強調するものであり、そのため中国において非常に重視された。梁の武帝は大同四年（538）七月十五日に、同泰寺において初めて盂蘭盆会を開催した。唐代になると、盂蘭盆会は広く民間において流行し、今日に至っている。盂蘭盆会の盛行により、目連救母の故事も民間に広く流伝することになった。

られ、かつ民衆の通俗思想における良心の象徴として定着することになったのである。

　道教の「天尊・帝君」などの神仙、さらに「金門璿璣」「玉鼎煉一」などの概念や修練の方式も系譜に含まれるようになり、同様にみな尊称して「仏」と呼称されている。この傾向は、いままで本文に挙げた両部の経巻のなかでも明らかに見いだすことが可能であるが、その他にも『林子三教正宗統論』のなかに次のような記載がある。

　　老子清尼氏賛、其一、金台玉局繞彤雲、上有真人称老君。八十一化
　　長生訣、五千余言不朽文。其二、弥羅万梵列諸天、太上酋居元始前、
　　自本自根自造化、真常得性道自然。其三、有物混成天地先、起乎虚
　　無体自然、不雕不琢守其朴、為無為兮玄更玄。其四、杳杳冥冥開衆
　　妙、恍恍惚惚保真竅、斂之潜蔵一粒中、放之弥漫六合表。其五、数
　　不得限命不拘、翱翔天外鶴為輿、身中自有一天地、造化天地体太虚。
　　其六、道在混元無始先、総司玄妙統万霊、函関西出青牛駕、神沼舟
　　成別有天。其七、浮空結炁凝真容、変現神通不可窮、曾托胎於玄妙
　　女、複寄跡為河上公。[35]

これは明らか道家の祖である老子と、その『道徳経』が神格化されていることの表れである。

　また『護国佑民伏魔宝巻』では、ひたすら「関老爺」すなわち関帝の神通力を讃えることが行われる。そこでは「関爺は神通大にして、号して武安王となる。天下の黎民を救い、北京にて君王を保つ」[36]といわれる。なかでも『関老爺転凡成聖品第四』では『山坡羊』の節に合わせて次のように語る。

---

35) 『林子三教正宗統論』(『明清民間宗教経巻文献』第4冊・新文豊出版公司 1999年) 第169頁。
36) 『護国佑民伏魔宝巻』(『明清民間宗教経巻文献』第5冊・新文豊出版公司 1999年) 第8頁。

山坡羊

関老爺転凡成聖、普天下人人共敬事、老爺神通有感、把当今叫得応、万歳爺禦敕封、一年年累就功於皇家、安邦定国、降四方不敢動。一来也是万歳洪福、二来是関爺神通、大衆耳聴、六国不乱天下寧、大衆耳聴、国泰民安正好行。関老爺神通広大、邪魔在那各不怕、因為他実心答、本有玉帝敕封下也、是他因果種就耿直、神不戀榮華長長時。慧眼遥観見天下乱如麻、聴咱破苗蠻、把倭賊殺、聴咱擋邪魔不犯中華。関老爺広大神通、指山山崩、指水水滅、呼風風来、喚雨雨至、上管天兵、中管神兵、下管陰兵、三界都招討、協天都元帥相伴。菩薩金身、護仏金相、凡聖双修、従授師羅点化也。得皇天聖道、采天地骨髄、仏祖命脈、日精月華、風中有広、按定五気、煉得行神入妙与道合真。行者如風、坐者如鐘、立者如松、睡者如弓、具四微意、天得亮、地得清、人得養、物得増。[37]

同時に、また儒教の聖人である孔子・孟子などの人物、また「窮理尽性」「正大光明」などの観念も神格化される。たとえば『鑰匙経』には次のような記載がある。

点絳唇

明天地人行魂和魄、生於玄妙、日月天是地玄黄、諸衆生幾個知因。古弥陀能玄妙、講三教、万法俱通、能除他諸邪雑祖、是妖魔膽戦心驚。憑著我降魔大杵、有護法韋陀跟随。講天地玄中妙理、九経書乎之千文、上大人可知礼也。孔乙己、両小生、化三千、七十二、八九子、佳作而仁。孔夫子、投凡下世。曾子曰、万玄道、又日新、又月明道。唐明皇、昔是賢人、又有他古之大学、坐朝問道、夕死可也。中庸名賢集、但行好事、剖八卦易経、開通有詩経、並合理性、雑字

---

37)『護国佑民伏魔宝巻』(『明清民間宗教経巻文献』第5冊・新文豊出版公司 1999年) 第8頁。

内日月星辰、白文論語、孟子有宝鑒、明心細細行、天為人生於在世、住中国歴代安民。[38]

ここでは儒家の孔子・曾子・孟子を教門に引き入れ、その神の系譜のなかに位置づけていると同時に、さらに唐明皇（唐の玄宗）をも神としている。さらに『衆喜粗言宝巻』においても次のように述べる。

初分天地、先立俗教、後到周時才有老君、夫子、釈迦三教、所以俗家之道、是伏羲、神農、黄帝、唐虞、夏商始伝周公文武、項橐、項橐伝孔子、孔子伝曾子、曾子伝子思、而現中庸隠流於子上、子上伝孟子、後絶其真、故将允執之法、率性之伝、一貫之通、一理之合、一定之玄、一慮之得、都変万事入世之論、所以夫子心中不安、化性光度世、于大明万暦季間、続伝儒門性道、以得六祖単伝。[39]

明らかに、これは「儒門性道」を宣揚する民間宗教の教派であり、その経巻においては、孔子・曾子・子思・孟子と続き、伏羲・神農・黄帝・唐虞および周の文王・武王・周公と儒家の道統を継ぐ聖人たちを称揚している。彼らが伝える教とは「天地が初めて分かれた時」の「俗教」であると説く。明清の時期にはこのように儒教思想に特化し、かつ孔子や孟子の神格化を積極的に行っていく教派も多かった。彼らは次のように述べる。

空聖臨凡号儒童、千賢万聖緊随跟、子路顔回伝書信、曾子孟子講三乗、三千徒衆伝法客、七十二賢考修行、不住升堂常説法、行住坐臥転法輪。[40]

---

[38]『鑰匙経』（『明清民間宗教経巻文献』第4冊・新文豊出版公司 1999年）第868頁。
[39]『衆喜粗言宝巻』については、譚松林主編『中国秘密社会』第三巻（福建人民出版社 2002年）第85頁を参照。
[40]『龍華宝経』（『明清民間宗教経巻文献』第5冊・新文豊出版公司 1999年）第718頁。

このような儒・仏・道の神仏以外にも、さらに「天神地祇」「民間雑祀」「歴史人物」「四方上下」「天干地支」「陰陽五行」「六爻八卦」「五嶽四瀆」「龍王河神」「城隍土地」「天宮地獄」といった世間の一切を包含するがごとく、想像できる可能な限りの各方面の神や概念を取り入れている。さらにこれらにすべて仏、あるいは菩薩の尊号を奉り、敬虔にこれを信奉している。この第三層に位置する神仏は、「仏」を称するものが多いが、それは『仏説皇極金丹九蓮正信帰真宝巻』や『龍華懺』のなかで展開される系譜から見て、その排列は恣意的なものではなく、かなり整然と秩序立てられている。またこの第三層に属する諸仏においては、どの仏の地位が高く、どの仏の地位が低いかという差異があまり明確には示されていない。いっぽうで、第三層に属する仏たちの排列については、すべての仏の地位は平等で、無生老母を最高主神とし、その将として扱われている面もある。そのためその地位については同じように扱われている面がある。その前後の順序に差異があるように見えるのは、経典を書いた者たちの考える「方便」であると考えられる。そのため、たとえば阿弥陀仏（ここでは阿弥陀仏としたが、その他の経典では弥勒仏であることも多い）が無生老母の任命による元帥であるとしたら、諸仏は疑いもなく元帥の配下の将軍たちに相当すると思われる。同時に、多くの菩薩らはその間に配列されているものの、それは諸仏とは称号も異なるゆえに、諸仏を補佐する役割を与えられているものと考えられる。

第三節　明清民間宗教の神仏の系譜の思想内容とその特質

　これまで明清の民間宗教の信仰世界における神仏の系譜の分析を行った。その結果、基本的にはピラミットのような形の三層の構造となっている（図1-1を参照）。
　すなわち、無生老母→三仏（燃燈仏・釈迦仏・阿弥陀あるいは弥勒仏）→諸仏・諸菩薩（三教九流・十方上下・事件人物などを含む）となる。なかでも、無生老母は最高の主神であり、ピラミットの頂部にある。その下には三尊の仏たちがある。すなわち過去仏の燃燈仏、現在仏の釈迦仏、さらに未来仏の阿弥陀仏あるいは弥勒仏である。彼らはピラミットの体系の中部にある。またピラミットの底層には多くの神仏と菩薩などが配される。構成する神仏のなかの大部分を占めるのは彼らであり、この系譜の主体であるといってよい。これらの神仏は階層が分かれていて等しくはない。たとえば無生老母が最高級の主神であり、次に三仏になり、その下に多くの神仏がある構造である。しかしながら三仏のあとの大多数の神仏は、必ずしも隷属する関係とは一致しておらず、場合によっては同じ階層に属することもある。ただ宝巻のなかに登場する順序がその他の神仏の前に来ているだけの時もあり、「三仏応劫」の体系のなかで位置づけられている時もある。全体的には重要な地位を有することが強調されていると考えるものである。
　明清の民間宗教の神仏の系譜がこのように整えられていることは、すなわち恣意的に配列されたものではなく、また機械的に並べられたものでもなく、明らかにその内在せる思想的な根拠がある。
　この思想的な根源は伝統的な道教思想にある。道教から見た場合、道家の「道」はすなわち宇宙および天地万物の最高の、最終的な本源であり本体でもある。それはまた永続的に発展していくものである。その本質的な属性は天地宇宙を生じせしめ、かつ万物人類を育成するものである。また三界を出入することは自由であり、自在に万霊衆神を逍遥し、それは大道運化の傑作である。『老子』の「長生久視」の思想、および『荘子』の「上は造物者と遊

び、下は死生を外とし終始無き者を友となす」[41] といった生活哲学を含み、かつ顕彰せざるはなき「大道」の万能と神奇をあらわすものである。そのため「道」にならい、「得道」することにより、すなわち「道」の超然性と永続性を得られるのである。またこれにより「生」と「死」の間の矛盾対立を克服し、生命が有限であるという悲劇を脱することができるのである。そしてすべての束縛から超然として外にあり、万物と一体となり、大道と結合して至高の境界に至ることになる。明清の民間宗教の神仏の系譜のなかの最高神——無生老母とは、まさにこの神奇かつ万能である「道」の象徴と化身なのである。その身において顕彰せざるはなき大道の玄奇なる造化と超然たる永続性が示されている。たとえば『淮南子』の「原道訓上」には次のような記載がある。

　　夫道者覆天載地、廓四方、拆八極、高不可際、深不可測、包裹天地、稟授無形……山以子高、淵以子深、獣以子走、鳥以子飛、日月以子明、星暦以子行、麟以子遊、鳳以子翔、太古二皇得道之柄、立於中央。神与化遊、以撫四方。是故能天運不滞、輪転而無廢、水流而不止、与万物終始、風与雲蒸、事無不応、雷声雨降、並応無窮。鬼出電入、龍興鸞集。[42]

唐の呉筠はまた「天地人物、仙霊鬼神、道にあらざればもって生ずるなく、徳にあらざればもって成ることなし」と述べる[43]。つまり伝統的な儒・仏・道の三教、および民間信仰のもろもろの神仏、さらに明清の民間宗教で新たに造られた神仏、それらをすべて「道」の信仰のもとに「無生老母」という最高主神の崇拝のもとに統合したものである。この神学の体系およびその教理・教義は、正に民間宗教の伝統文化および「道」の信仰の肯定と継承を体現するものである。

41) 『荘子集釈』巻十・下（『新編諸子集成』中華書局 1961年）第1099頁。
42) 張君房編、李永晟点校『雲笈七籤』巻一（中華書局 2003年）第7-8頁。
43) 張君房編、李永晟点校『雲笈七籤』巻一（中華書局 2003年）第11頁。

ここで注意すべきことは、神仏の系譜で主要な部分を占める第三層の神仏のなかには、先に述べたように儒・仏・道の三教およびその他の諸方面の多くの神仏・菩薩などがある。これらの神仏は、もともとの神仏の体系のなかにあっては、その性格や特徴はそれぞれ異なるものであった。そのために、その地位や階層にも差異があった。たとえば仏教の仏と菩薩、道教の天尊と諸仙聖[44]、儒教の孔子と弟子の顔回などである。すでに知られているように、仏教のなかでは「仏」は最高の地位を有しており、菩薩はそれに次ぐ地位である。両者の間にはむろん、大きな差異がある。そもそもその能力や神通力に明らかな違いがある。当然ながら、中国の「民間仏教」信仰においては、観音菩薩の崇拝が釈迦仏を超えているという現象はある。ただ、これはまた別の論議となる。つまり中国の郷土社会の民間信仰が「功利性」を尊んだための現象と考える。

　道教についてはさらにいうまでもない。その膨大な神仙の体系のなかでは、階層と地位とは歴然として存在している。これはある程度世俗の官僚制度の反映であり、その原理に基づいている。また孔子と顔回であれば、これは師弟関係にあたる。中国の伝統的な礼教体制のなかで、自然と長幼尊卑の区分は存在している。しかしながら、明清の民間宗教のなかで形成された神仏の系譜においては、こういった差異のある神仏も共に一個の集団に「分配」されてしまう。そこには尊卑の順もなく、地位もほぼ同じである。その特徴がほぼ同じである神仏については、みな冠するに「仏」または「菩薩」の称号を与えている。これらの神々はともに一つの神殿のなかにあり、すべて無生老母の教導を受けている。またこれらの神々はともに多くの信徒の尊崇と拝礼を受けており、無生老母と「三世仏」と共に「迷失家郷」に陥っている九十六億の皇胎児女を済度し、「家郷」に連れ戻して幸福な生活をおくらせるという役割をになっている。まことに万神がともに協調し、「大同」へ赴いて超

---

44)　道教の膨大な神仙の系譜において、すべての神仙の地位と順序は異なっている。その他についてはいうまでもない。小乗仙だけでも九等品がある。たとえば『道教義樞』巻一の『位業義』では、「小乗仙有九品あり。一は上仙、二は高仙、三は大仙、四は神仙、五は玄仙、六は真仙、七は天仙、八は霊仙、九は至仙」とする。

生を得るということを表している。

　中国の民間宗教の神学思想におけるこの種の独特な概念は、キリスト教の惟一神信仰の影響下にある西洋の学者たちに漠然としてとらえどころのない感覚を抱かせるものであった。かつて多くの中国と海外の研究者たちは、中国のこの種の多神教の構造について調査し、その意義を調べたあと、ほぼすべての研究者が似たような結論を出すに至った。つまり、この種の神々の組織は、現実生活における地上の官僚機構が信仰体系のなかに反映し再現されたものであるとするのである。かれらは古い中華帝国の悠久な歴史のなかで、完全に成熟した官僚体制を見、それが伝統的な政治思想に影響したと同時に、必ず宗教思想のうちにも影響し、多くの神々を崇拝する信仰世界をも左右したと考えるのである。

　これについては、余欣氏が充実した回顧と総括を行っている。余氏は博士論文を基とした著作『神到人心―唐宋之際敦煌民生宗教社会史研究』の一文において、次のように指摘する。

　　アンリ・マスペロは、早くから道教の万神殿が官僚政治の特徴を持ち、それが中華帝国の行政機構に根ざすものであることを指摘している。アンナ・ザイデル（Anna Seidel）は道教の特徴を帰納して「一つの最高神が官僚機構を統治し、陽界も陰界も統制するものである」とする。またミシェル・ストリックマン（Michel Strickmann）は、早期の道教について「官僚機構が巨大であり秩序ある帝国の範例となる」もので、それはひとつの「文書の王国」であると断じる[45]。またその次に、「これらの見方は、ある意味からすると当然ながら合理性をゆうするものである。ただ宗教面におけるその本体が具有する整合性も考える必要がある」とする[46]。

---

45) 余欣『神道人心―唐宋之際敦煌民生宗教社会史研究』（中華書局 2006年）第70頁。
46) 余欣『神道人心―唐宋之際敦煌民生宗教社会史研究』（中華書局 2006年）第71頁。

確実にいえることは、思想には必然的に現実が反映されるということである。中国社会においては、長期的に封建的な統治が行われ、皇帝一人の統轄のもとに整然たる官僚政治の組織が形成された。これはまた必然的に人々の社会生活の各方面に影響を与え、人々の思想や意識において必ず一定程度の反映があるのは間違いないと考えられる。そして宗教も一種の思想観念であり意識の形態である以上、また例外ではない。宗教思想のなかの信仰世界（ここでは主に神仏の系譜を指す）も、すなわち現実の実在の創教者の意識に反映されたものである。それは必ずしも直接的な反映ではないかもしれないが、あるいはすでにある程度の「宗教化」（神秘性や神聖性をもつ）されたものの影響かもしれない。注意すべきことは、このような反映は「普世」の意味を有するものであるということである。多神教であって、この種の説はようやく意味を持つと考えられる。ただこれにはひとつの重要な前提がある。すなわち現実の政治体制において一定規模の「官僚」機構が運営されていることである。これは一神教からすると、また別の議論となろう。ただ表面上から見れば、中国社会における宗教はこの点には符合する。特に道教がそうである。道教信仰における神々は、ほぼすべて中華の地で起こったものである。これはすでに常識であるので、ここでは詳しくは論じない。ただ道教の神々の体系については、すでに存在したものではない。道教が絶え間なく官僚化、体制化する過程において、徐々に完成され成熟していったものである。一般的な認識によれば、道教が正式に成立したのは、仏教の正式の伝入の時期とそう離れていない。すなわち前漢の時期である[47]。そして道教の神々の体系の整備と成熟は、陶弘景の『真霊位業図』をその基準とすると、おそらく六朝（南朝の斉・梁）の時期に行われたと考えられる。

47）　ここでいわゆる「一般的な考え」というのは、歴史資料に示される道教教団の正式な出現時間を考えている。すなわち後漢の張道陵の「五斗米道」および「太平道」の出現である。しかし道教は先秦や戦国時代に形成されたと称する意見もある。たとえば台湾学者の蕭登福などである。これについては、任継愈主編『中国道教史』増訂本（中国社会科学出版社　2001年）や同氏主編の『中国仏教史』（中国社会科学出版社1985年）を参照のこと。

道教の「体制化」「官僚化」が進行するにつれ、その神々の信仰体系もすでに原始道教のような雑多で無秩序な状態ではなくなり、そして専門の宗教家が熱心に手を入れるようなものとなっている。ここでは伝統的な神々の信仰を民間社会の「雑神」や「淫祠」と整合させ、徐々に秩序化された構造を有する、ひとつの体系化された道教の神々の系譜（その他の体制化された宗教からみても、この系譜はなおかつ煩雑であると見なされる）が形成されている。このような神々の体系の特殊な性質は、現実の官僚体制の模倣であり再構成だということは、疑いもなく理解できる。それは多くの中国学の研究者の得た結論と変わらない。まさに道教のこのような体制的な多神教の研究の結果に合致する。これは余欣のいう「当然かつ合理的な一面」である。

　ただ、道教の信仰体系は、伝統的な神々の崇拝、それに民間社会の「雑神」「淫祠」の進行と同じく、その信仰が体現するものに対する現実の政治秩序の反映は、直線的、簡単、消極的、受動的なものではない。彼らが確立しようとする神々の体系が存在する現実の基礎であると同時に、さらに複雑な現象を背景に持ち、表に出てこない「隠蔽」されたその背後の宗教思想と動機およびその所期の目的を持つものなのである。すなわち「中国の天界とは受動的な政治秩序の隠喩ではなく、また社会階層の単純な具体化でもない。確実なのは天界が示すものは社会における協調である。中国の神々はある程度現実の生活秩序を反映しているのは確かであるが、しかし彼らもそれを作りうるものであるし、それを補充したり改変したりもするのである。彼らは権力を獲得して運用しようとするし、それはまたその他の社会と同じく、中国の特性を確立するもの[48)]」なのである。

　本章で示した二つの宝巻と、明清時期の民間宗教で展開されるその他の多くの経巻から見るに、まさにこれらも「中国の特性」を体現するものである。先に述べたように明清時期は中国の歴史において唐宋を継ぎ、思想文化はひ

---

48) Meir Shahar and Robert P. Weiier, "Introduction: Gods and Society in China", in meir Shahar and Robert P. weller (ed.), *Unrely Gods: Divinity and Society in China*, Honolulu: University of Hawaii Press, 1996, pp.1-36, esp. pp.3-16. また余欣『神道人心―唐宋之際敦煌民生宗教社会史研究』（中華書局 2006年）第71頁。

第一章　明清民間宗教の神仏の系譜　67

とつの空前に繁栄した時代である。魏晋以来徐々に形成された「三教合一」の細々とした流れは、隋唐と宋元の時期にも不断に発展し、この時期にいたって巨大な流れに変じたものである。そしてその影響は社会すべて、上は帝王将相、官僚貴族、下は農民や漁父、庶民百姓に至るまで及ぶものとなったのである。同時に、明清時期は宗教において「黄金時代」が形成された時期でもある。

　この時期は、伝統的な儒仏道の三教は体制と教義上ではやや「衰微」する傾向があるものの、その他の宗教は空前の発展を得た。たとえばイスラム教・キリスト教などがそうである。特に各種の民間宗教の興起は、まさに「雨後のタケノコ」のごとくと称してよいほどである。民間宗教の蜂起も数多く起こり、非常に多元的な状況となっている。このような多元性は信仰方面において、多種の信仰の同時並存を示す。この種の混乱した局面において、それぞれの民間宗教の教派は、一種包容力を発揮してその他の信仰体系と自身の教とを整合させることに努めた。そして新たに自身の教と適合させて神仏の系譜を作り上げると同時に、不断に「それを補充し改変し」、もって他者と適合させたのである。これらの民間宗教の経巻を作為した者たちは、目に一丁字もない「農村の愚夫」ではなく、彼らの信仰世界の神仏に取捨選択を行う者であった。また彼らは純粋に「功利」を目的として活動していたわけではなく、一定の宗教目的を有していた者であった。民間宗教の特殊な地位（「正統」な宗教から「異端」として排斥されたこと、および統治者から「邪教」として迫害されたこと）により、彼らはいっぽうでは郷土の一般民衆の信仰意識を高めて、より高度な宗教思想に赴かせ、またいっぽうでは「正統」宗教からの排斥と抑圧を脱するために、彼ら自身が十分に生存および発展可能な空間を探し求め、衆生を救済して苦難から脱離させ、安寧なる世界に導くという本物の「救世宗教」（これは民間宗教およびその教主の創世神話に関わるもので、後章において述べるため、ここでは詳しくは説明しない）となった。これはいわゆる「権力を獲得して運用しようとする」ものであると考える。そのため、民衆信仰と各種宗教（「正統」な宗教である儒仏道など、また各種の民間宗教を含む）のなかの神仏の体系を整理し、さらに一歩進んで超

越性によって昇華させ、包容性に富んだ「万神ともにおり、和諧大同す」という神仏の信仰世界を作り上げたのである。これは明清の民間宗教の神仏の系譜がわれわれに対して示す、一見膨大かつ乱雑に見える神仏の体系の背後に隠された宗教的な動機なのである。そのなかに最も重要な思想的な内実が現れている。

　また宝巻の示す明清の民間宗教の神仏の系譜は、先にいくつか分析してみたように、ピラミットのような三重の層の構造を持っている。これは簡単明瞭であり、理解し暗唱しやすく作られたものである。ここにも経巻を作為した者たちの信徒を領導するため、さらに広泛に群衆に広めるため思想が示されている。この三重の構想を持つ神仏の系譜は、一神教の宗教を除いては、多くのその他の宗教のなかでも最も理解しやすいものであろう。それは道教の神仙の系譜のような膨大な雑多なものではなく、また仏教の神仏の体系のような複雑な構造を持ってはいない。仏教の仏と菩薩および羅漢・金剛などはむろんその地位には違いがある。本来地位が異なる神仏であっても同一の階層にある場合は、その高低はなくなってしまう。『仏説皇極金丹九蓮正信帰真宝巻』においては仏と菩薩は同列にあり、うち三百四十六尊の仏と九十五尊の菩薩がある。無生老母と三世仏（燃燈・釈迦・弥勒あるいは阿弥陀）の第一・第二階層の神仏を除いては、第三階層にある多くの神仏は、その地位には高低の差はなく、一律にみな平等でその職責もほぼ等しい。これは明らかに数多くの信徒たちに対して理想かつ平等な「天国世界」を示したものである。現実の世界においては、社会の最低層を形成する民衆は、国家の最高統治者である皇帝の圧迫を受けており、また様々な官僚から周囲を取り巻かれ、さらにこれらの官僚やその手先から様々な場面で脅され、ゆすられるなどのことから、生活は苦難を極めた。しかしかの彼岸である「天国世界」においては、無生老母などのいくつかの神仏の統治に置かれているとはいえ、現実世界のような階層に縛られることもなく、多くの神仏は人々を欺くこともなく圧迫することもなく、苦難に満ちた現実世界から脱出させ、安全に天国世界に招き入れ保護し、幸福な生活をもたらしてくれる存在なのである。これぞ「何の楽か、なさざらんや」というものである。同時に、儒・仏・道

第一章　明清民間宗教の神仏の系譜　69

の多くの宗教の仙人や神々もその神仏の系譜に含まれており、かつそれらの神々も平等な地位を有している。また彼らのどの教が優れているかという優劣の争いを避けて（「三教合一」の歴史潮流からして自然にそうなってきているが）、そのなか（儒・仏・道およびその他の宗教組織）の信徒を引き入れている。このようにして、ただ広大な郷土にあまねく存在する民衆を引きつけただけではなく、さらに儒・仏・道などの正統の宗教信仰の信徒も受け入れるようになっている[49]。明清の民間宗教の神仏の信仰が群衆に基礎を置いていることはこれからもわかる。

　さらに、明清の民間宗教の万神の系譜の建立には、宗教方面における作用以外にも、大きく教団外に訴えかける意義があった。これだけの多くの神仏が影のごとく従っており、また多岐にわたっている。これは世間に身を置く一般の人間からすると、非常に大きな道徳における訴求力があるといえる。神仏の観念は宗教のもっとも重要な要素のひとつであり、また重要な指標でもある。神仏体系が形成されると、信徒たちは赴いて礼拝し、神仏の加護を得て救済を得る。これは一般にどの宗教も同じである。ただし救済の方法は、仏教においては現世で非常に苦しい修行に励むことによって、来世にようやく極楽世界に入り、やがて涅槃成仏に至るものである。道教においては服食修煉を行い、長生の術を会得し、羽化登仙を目指すというものである。これに対して民間宗教では、信徒に改心をうながし、入教し修行を行い、神仏の助けのもとに「法船」に乗って「家郷」に帰ることを求める。しかしながらこのような「救済」は無条件に認められるものではない。また潜心修行すると同時に、戒を遵守し、教に背く間違いを犯してはならないとされる。あまねく存在する神仏は時々刻々、信徒個人の一挙一動を観察しており、その言行のすべてを記録しており、すぐにでも懲罰が可能なようにしている。現実の生活においては必ず諸処に心をとどめ、善事をなし、もって責任となるこ

---

49)　羅教始祖の羅夢鴻の『五部六冊』は、臨済宗の二十六代の僧である藍風和尚とその法嗣の王源静の信奉を受けており、注釈が作られている。これに関しては『明清民間宗教経巻文献』第1冊（新文豊出版公司　1999年）第401-847頁を参照。このたぐいの例は多いが、紙面に限りがあり、詳しくは述べない。

とを免れ、「返郷」する資格を永遠に失ってしまうことを恐れる。『龍華宝懺』の内容から明確に見いだせるのは、すべての信徒に対して、常に九十五尊の仏の称号を唱えさせ、過ちを犯すたびに深く懺悔を行い、もって神仏の寛恕と加護を得ることを求めていることである。いわゆる「懺」とはすなわち「懺悔」「悔悟」のことである。このような懺悔の文は明清の民間宗教の経巻にきわめて多く見られる。ただここでは紙幅の都合もあり、これ以上は述べない。このように多神教の神々の体系が形成されたということは、明清の民間宗教の包容性を高めるとともに、同時にその宗教道徳思想の普及にも寄与したのである。

第一章　明清民間宗教の神仏の系譜　71

第一章むすび

　「宗教進化論」の観点からすれば、宗教の発展の進化の趨勢は、低級なものから高級なものへと向かうのが一般的である。自然崇拝の自然宗教から多神崇拝の多神教へと発展し、さらに多神教から一神教へ発展する。その一神教の段階が、宗教発展の高級な形式であるとする[50]。しかしながらこのような理論方式は西洋の考え方に基づいたものであり、それは西洋の宗教の認識と分析のうえに成り立つものである。東洋の宗教にしてみると、「水土不服」であり適合しにくいかもしれない。ましてや明清時期に起こった数多くの中国の民間宗教に当てはまるかは不明である。

　本章では明清時期の多くの民間宗教の経巻である「宝巻」を主として、そのなかに示される神仏の系譜を分析することにより、長期以来ずっと見なされてきた中国の民間宗教（特に明清時期）の宗教思想の「俚俗にして経ならず」といった「荒唐無稽」なものであるという認識が誤りであることが判明したと考える。そこに示された膨大な神仏の信仰の系譜は、雑多な寄せ集めのものであり、価値のないものだとする見方は非常に偏ったものである。それは彼らが適当にひねり出したものであり、恣意的に様々な神を集めた結果であり、ただ下層の庶民たちの「唯霊是信」[51]といった実用主義の態度を体現しただけのものであると見なす考え方である。それでは宗教思想がないという形になってしまうが、そんなことはあり得ない。

　明清時期の民間宗教の神仏の体系の形成の目的は、宗教の各層を整合し包容することにより、すなわちその他の宗教神仏の信仰をその宗教の目的から吸収し、改造し利用することによって、さらに多くの信徒を引き入れ、最終的には「苦海」から脱し、ともに「家郷」に帰り、幸福に満ちた生活を送る

50）　この問題については呂大吉『宗教学通論新編』（中国社会科学出版社　1998年）、同氏著『西方宗教学説史』（中国社会科学出版社　1994年）などを参照。
51）　韓森著、包偉民訳『変遷之神——南宋時期的民間信仰』（浙江人民出版社　1999年）第27-44頁を参照。

ことを目標にしていると結論づけた。また同時に神仏の系譜は深く以下のような性格を有している。

1、宗教的な整合性を有すること。各種宗教の神仏の系統を吸収、利用し、改造して一切を包含する神仏の体系を形成した。そしてその権威を利用して運用することによって、多くの神が共にあって調和し、最終目標に共同して当たるという状況を生み出した。

2、簡明直裁な神仏の系譜を持つことにより、大衆が覚えやすく理解しやすくしたこと。このような調和的で平等である神々の系譜を有し、現実世界の階層差の厳しい官僚の統治体制を否定し、同時に多くの信徒に安全を提供し、暖かく安心な家を整えることによって帰郷したいという気持ちを起こさせるのである。これは多くの人々を勧誘して教団に引き入れる作用を持つものとなった。

3、このような多くの神仏の信仰体系を建立することは、信徒たちに対する神仏の保護を強め、またその信仰心と自立心を高めることに寄与した。そして多くの神仏が監視すると見なすことにより、信徒の間の道徳に対する向上心を高めることになった。また同時にそれは信徒の言行に対して、道徳的また宗教的な意義を向上させることにもなった。

第二章　明清民間宗教の神話理論

　神話の起源とその定義について、いかに大きな相違や論争が存在するにせよ、神話と宗教に密接な関係があるという点については疑問を挟む余地はない。あるに意味において、神話が無ければ宗教は存在し得ないとも言える。つまり、神話と宗教の起源に関する認識という結論を得ることが可能である。宗教の起源について、最初の神話（原始神話）と最初の宗教（原始宗教）は同時に誕生している。さらに両者の信仰と観念は一致する。魯迅は『中国小説史略』において次のように述べる。

　　神話大抵以一「神格」為中枢、又推演為叙説、而于所叙説之神、之事、又従而信仰敬畏之、于是歌頌其威霊、致美于壇廟、久而愈進、文物遂繁。故神話不特為宗教之萌芽、美術所由起、且実為文章之淵源。[1]

　魯迅が、神話とは神霊物語の叙述と詩歌であり、宗教的萌芽であると認識していたことは明白である。近代宗教学の創始者とされるマックス・ミュラーが提唱した「自然神話論」も、宗教とは自然神話に由来し、表現形態も自然神話である、とする。これら宗教や神話にみられる神霊は、いずれも一様である。全て風雨雷電、日月星辰などは、自然の力や自然現象を人格化したものである。この中で太陽神話が特に多く見られる。これは中国でも同様である。「中国古代の夏の民は、蟾蜍神（ヒキガエルの神）と月の神を崇拝しており、これらを女神の象徴としていた。つまり原始宗教である。古代夏人の蟾蜍神、月神の神秘的力の故事は原始神話へと変遷した」[2]。つまり、原始神話と原始宗教は同時に誕生した。両者は二つで一つであり、二者の結び付き

1）　『魯迅全集』第九巻（人民文学出版社　1982年）第17頁。
2）　呉天明『中国神話研究』（中央編訳出版社　2003年）第5頁。

により古代の宗教神話が誕生する。そのため、これら「宗教神話」は「話」の段階に留まるのみである。それは、宗教には儀礼が必要であるために、この神話の宗教的使命は不十分であった。

これら女神を崇拝する原始民族は、女神の神通力を自らの身体あるいは一族に取り入れるために、宗教儀式を行い祈祷を行い崇拝した。こうした宗教儀式を通じてのみ、神の神通力を得ることが可能であった。それは彼ら（原始先住民）は人であり、神ではないためである。彼らにしてみれば、こうした儀式や祈祷、崇拝を行うことでのみ、神は神通力を与えてくれるのである。よって、彼らは自ら神霊を真似た装いをし、神霊の動きを模し、生贄を捧げることで、神の力を授かる。これこそが宗教神話が「話」から「化」へと変遷する段階であり、神霊を遵奉することで「神の力」を特定の人物または物事へと転移させる過程である。

よって、宗教神話の形成過程は、自然物の人格化であり神格化の過程でもある。宗教神話が子々代々に伝承されるプロセスも発展していく。明清民間宗教の神話体系は、まさにこうした歴史的規律を順守し、「神話」から「神化」への演繹を実現することである。その具体的表象として「創世」神話や「教祖神格化」神話が誕生した。

第一節　明清民間宗教の創世神話

　上述したように、原始神話思想は、原始宗教信仰の基本的形式や内容を構成している。それは創世論を宇宙論、本体論として宗教について述べる。世界のあらゆる民族は、独自の創世論思想を有する。ヨーロッパの神は人類と世界を創造し、神は全知全能なる唯一の創造者であるという「神が人を創造した」という創世思想とは異なる。

　中国古代の創世思想は、自然神という特徴を有する。この創世者はいずれも自然の能力的特性を付与されている。伝統儒家や道家の創世思想は、この点についてより一層明確にしている。さらに仏教の伝入以降、インド仏教の創世思想をその内に包摂した。つまり、明清民間宗教の創世神話とは、伝統的創世神話思想および儒・仏・道三教を吸収・利用した宇宙論本体である。そして、新たに伝来したキリスト教の創世説を参照することで、伝統思想に富み、時代的特色を具えたものへと改変、再構築されていく。

一、明清民間宗教創世神話の思想的淵源

1．古の創世神話

　中国古代の創世神話の中で、最も広く知れ渡り、人々に知られているものは「盤古の開天僻地」「女媧の捏土造人」であろう。「盤古開天僻地」は多くの神話資料がある。例えば『芸文類聚』巻一に『五運歴年記』を引く。

　　天地渾沌如鶏子、盤古生其中。万八千歳、天地開闢、陽清為天、陰濁為地。盤古在其中、一日九変、神于天、聖于地。天日高一丈、地日厚一丈、盤古日長一丈、如此万八千歳。天数極高、地数極深、盤古極長。後乃有三皇。数起于一、立于三、成于五、盛于七、処于九、

故天去地九万里。[3]

また「女媧の捏土造人」故事は『太平御覧』巻七、八に『風俗通』を引いて言う。

> 俗説天地開闢、未有人民、女媧捏黄土作人、巨務、力不暇供、乃引絚于泥中、挙以為人[4]

この二つの物語は、「盤古」と「女媧」の創世神話であり、中国古代先住民の自然神化の宇宙生成論と本体論における自然哲学的要素を意味する。ここでの「女媧人を作る」思想は、その後の伝統創世思想において女性の生殖能力に由来して誕生した女神（母性）崇拝の創世論思想が誕生する際の指標となっている。明清民間宗教の最高女神――「無生老母」の誕生は、この思想の影響を直接に受けた結果である。

2．道家の創世思想

『老子』二十五章に云う。

> 有物混成、先天地生。寂兮寥兮、独立而不改、周行而不殆、可以為天下母。吾不知其名、字之曰道、強為之名曰、大、大曰逝、逝曰遠、遠曰反。故道大、天大、地大、王亦大。域中有四大、而王居其一焉。王法地、地法天、天法道、道法自然。

ここで老子は、天地万物の発生を「道」が運行した結果であるとする。この名前も知らない「道」を「以て天下の母と為すべし」。つまり「天地に先んじて生ず」、さらに「独立して改らず、周行して殆まらず」である。そのため

3）（唐）欧陽詢撰『芸文類聚』（上海古籍出版社 1965年）第2-3頁。
4）（宋）李昉等撰『太平御覧』（上海古籍出版社 2008年）第748頁。

天地万物の一切は道から生じたのである。道が万物を生じる過程は「道は一を生じ、一は二を生じ、二は三を生じ、三は万物を生ず」とされる[5]。

『老子』では、道を有と無が一つになったものとする。二は「同に出でて名を異にする」ことで、「天下の物は有より生じ、有は無を生ず」[6]という命題を提示する。天下の（万）物には均しく名が冠せられるが、万物に名を与えた道については名付けることができない。よって「無名」の「道」は宇宙の始まりであり、天地万物から生じた「有名」の物である。つまり無名が有名を生じる。よって「有は無より生じる」。

『老子』の創世思想は、原始創世神話を高度に抽象化した哲学的概括であり、「先に天地生じる」の「道」を本体論として高度に昇華させている。さらに『老子』に「谷神は死せず、是れ玄牝と謂う。玄牝の門、是れ天地の根と謂う」[7]という。「谷神」とは、生殖の神であり、「玄牝の門」とは女性の生殖器を指す。つまり天地万物は等しくここから生じる。ゆえに「天地の根と謂う」「天下の母と為る」[8]のである。

つまり、老子は「道」を世界の根本や実態であるとする。実体としての「道」は「無」であるために、ここから生じる宇宙万物は「有」である。有は「無」から生じる。同時に、「道」が万物を生じるがために、生殖の能力と役割を有する。「玄牝の門」と呼ばれるのも、女（母）性の出産能力崇拝を表す思想である。後の道教やその他宗教では、老子のこの思想を継承・発展させることで、独自の宗教創世論を作り、宗教教義の重要な構成要素となった。

3．中国仏教の本体論

仏教は、他宗教のいかなる創世問題に対しても、多くの関心を払わない。仏教が注視することは、現実世界を構成する一切の事物の根本的性質の問題、つまり存在論の問題である。より厳密に言うならば、仏教にはいわゆる「創

---

5) 『老子』四十二章。
6) 『老子』四十章。
7) 『老子』六章。
8) 『老子』六章。

生」論はなく、ただ存在論のみがある。仏教は、インドから伝来した外来宗教であるために、中国仏教の存在論は、インド仏教の存在論を根本として、中国の伝統思想を融合して新たに生み出された。

インド仏教は部派仏教以降、特に大乗仏教思想が勃興してから、宇宙万物の究極的本質、あらゆる存在の真実の本性、衆生の根本、成仏の根拠などについての検討や解釈を行なうことで、豊富な内容を有する存在論を作り上げた。それは、世界の一切の事物や現象についてであり、ある特定の独立的実体や自性を決定するものではない。そのため、創造性を有する如何なるもの、一切を主催しえるもの、恒久性、実体の根本などは存在しない。これらは「創世神」の存在も根本的に否定している。

同時に、一切の事物や現象に自性が備わらないにしても、いずれも究極的本性を有する。この究極的本性こそが存在であり、「空」である[9]。ここでの空とは空無一切の意味ではなく、無自性・無自体、つまり自性、自体の非存在を表す。空もまた縁起であり、宇宙万物は全て縁起によって成り立つ。これも無自性、無自体である。つまり空である。よって「縁起性空」なのである。

中国仏教の存在論思想の形成は、インド仏教の存在論思想を基礎としており、中国固有の伝統文化思想、特に伝統哲学の存在論思想の影響を強く受けている。それにより土着文化の特徴を多分に有する中国仏教存在論思想が形成された。方立天氏によれば、中国仏教の存在論形成過程において、インド仏教本体論の「空」の範疇との相対性を追求するために、中国伝統思想における「無」の概念を「空」と比した。「『無』の内容は自然無為であり、相対を超越した絶対である。形而上は、『無』を『空』に代えることで『空』の意義を改めた」。同時に、「中国仏教学者は、魏晋玄学の本末、体用の概念を取り入れ、宇宙発生論と関連付けることで、無または空は宇宙の先にあるとした。宇宙万物は全て無から生じており、こうした認識は『空』の本義からま

---

9) インド仏教の存在論では、「存在性空説」以外に、「本体『実有』説」、「本体心識説」などがある。本文は主に「本体性空説」の立場をとる。つまり明清民間宗教の創世思想において主に取り入れられたものは、仏教の本体論思想の「空」の観点である。

すます離れることになった」[10]。

　このように、中国固有の哲学思惟の影響を受けることで、中国仏教はインド仏教の存在論と対比・融合していき、浅から深へ、低から高へと中国的特徴を有する存在論を形成した。そして、宗教界や思想文化界には深遠で重要な影響を与えた。

4．儒家の宇宙生成論

　儒家思想の創始者である孔子は、宇宙論において最高主宰神である「天」の存在を認めている。そして社会生活を支配する目に見えない他己の力を「命」とする。また、「鬼神」の存在を否定するが、それは敬うがためである。孔子は「子に三畏有り。天命を畏れ、大人を畏れ、聖人の言を畏る」[11]と述べ、さらに「民の義を努め、鬼神を敬して之れを遠ざく、知と謂うべし」という[12]。「天命を畏れ」「鬼神を敬す」など、初期儒家で存在論が述べられることは極めて少ない。宋代に至り、宋明理学が登場すると、周敦頤がついに哲学存在論の問題の新たな段階に至る。周敦頤『通書』「理性命」にいう。

　　　二気五行、化生万物。五殊二実、二本則一。是万為一、一実万分。
　　　万一各正、大小有定。[13]

　「万」とは事物の多様性を表し、「一」とは事物の多様性の統一を指す。「是万為一」とは、事物の様々な状態が備える統一性である。また「一実万分」とは、統一の本義が万事万物へ分化したことを意味する。よって、周敦頤は「万物」は金、木、水、火、土の五種類の物質から生じたものであり、五種の物質は陰陽二気が変化したものとした。陰陽二気は「一」が変化したものであり、「一」とは万物の根本であり実体である。つまり「太極」と「無極」で

　　10）　方立天『中国仏教哲学要義（下）』（中国人民大学出版社　2002年）第746-747頁。
　　11）　『論語』「季氏」。
　　12）　『論語』「雍也」。
　　13）　（宋）周敦頤撰『周子通書』（上海古籍出版社　2000年）第38頁。

ある。

　また、周敦頤は『老子』の「無極」と『易』「繋辞伝」の「太極」という二つの概念を結び付けることで「無極而太極」という存在論を作り上げた。『太極図説』にいう。

　　無極而太極。太極動而生陽、動極而静、静而生陰、静極復動。一動一静、互為其根。分陰分陽、両儀立焉。陽変陰合而生水、火、木、金、土、五気順布、四時行焉。[14]

『太極図説』では、「一」から「万」まで、つまり実態から現象までの順序を、無極（太極）→陰陽→五行→万物とする。また「万」から「一」の現象から実態へは、万物→五行→陰陽→無極（太極）とする。正反対の両者の結びつきは、まさに「無極之真、二五之精、妙合而凝。乾道成男、坤道成女、二気好感、化生万物。万物生生而変化無極焉」である。まさに周敦頤の『太極図説』における宇宙生成論思想は、明清民間宗教の創世論に極めて大きな影響を与えた。

二、明清民間宗教の創世神話

　明清民間宗教の創世論には、教義思想が集約されている。その信仰体系のロジックを展開させる基礎として、明清民間宗教哲学の宇宙論・存在論は構成されている。明清民間宗教が描く創世の過程は、一層ごとに変化する過程である。最初の宇宙存在論は虚無である。それが進化して人格化することで最高神が創造された。よって、宇宙生成論が発展することで人類誕生論となり、宇宙と万物の自然生成は、人格化の血縁生成と関連する。例えば、羅教では、宇宙万物は全て「太虚空」から生じるとする。

14）（宋）周敦頤撰『周子通書』（上海古籍出版社 2000年）第48頁。

想当初、無天地、無有名号。本無成、亦無壊、不増不滅。
太虚空、無名号、神通広大。太虚空、生男女、能治乾坤。
太虚空、不動揺、包天包地。太虚空、変春秋、五谷能生。15)

　ここでは、宇宙万物の根源は太虚空とする。天地、万物が生じる前、太虚空は存在した。そして太虚空が天地・万物、はては人類（男女）を創生した。ここでいう太虚空とは、仏教哲学思想における「空」の概念であることは疑いようがない。では、太虚空の本質とは何であろうか。羅教では、この天地万物の前に太虚空とは、渾沌が未だ分化せず、虚空の広大な世界である、とする。

説太極図作証。未有天地之時、混沌如鶏子。溟滓始芽、鴻濛滋萌。太極元気、函万物為一。太極是生両儀、両儀生四像、四像生八卦、八卦為乾坤世界。理即是道, 道即是理。理即是善, 善即是理。理即是太極、太極即是理。太極即是善、善即是太極。未有天地、先有太極。16)

　ここでは天地が生じる前の太虚空を渾沌として、その様はあたかも鶏卵が鴻濛としたような世界であるとする。さらに道家、儒家の宇宙観における「渾沌造天地」と太極図説の解説を援用することで世界の生成過程を述べる。「渾沌造天地」は『荘子』「応帝王」に見られる。その大意は、南海の天帝「忽」と北海の天帝「儵」は、中央の天帝「渾沌」と交流があり、忽と儵は「渾沌」に多くの迷惑をかけていた。迷惑をかけた代わりに、忽と儵は渾沌に七竅（眼、耳、鼻、口）が無いことを知ると、渾沌に七つの竅をあけた。その結果、「渾沌」の身体には七竅が備わったが、そこから流血が止まらず死んでし

---

15)　『大乗苦功悟道経』雍正七年合校本（『明清民間宗教経巻文献』第1冊・新文豊出版公司　1999年）第139頁。
16)　『巍巍不動泰山結果深根宝巻』雍正七年合校本（『明清民間宗教経巻文献』第1冊・新文豊出版公司　1999年）第377頁。

まった。この故事は「渾沌開竅、世界生成」の寓意を表す。
　明清民間宗教では、羅教のみならず収元教にも同様の創世思想が見られる。『仏説皇極結果宝巻』に「該聞三仏治世、乃渾元一気之根。五祖当極、是先天鴻濛之続」[17]という宇宙観が述べられる。
　仮に上述した太虚空創世宇宙万物の視点が曖昧模糊としているのであるならば、以下の創世思想は、完成され系統的であるといえる。羅教は『苦功悟道巻』の『巍巍不動泰山結果深根宝巻』で次のように述べる。

> 無極是太極、太極是無極。無極是鶏子、鶏子是太極。無極是鶏子、都是假名、假名叫做太極。無極鶏子、即是無辺太虚空。天地日月、神羅万象。五谷田苗、春秋四季、一切万物、三教牛馬、天堂地獄、一切文字都是無極虚空変化。本来面目就是真無極、本来面目、相連太虚空、臨危之時総顕身。一体同観無二門、但不知根基都是忘恩背祖人。[18]

　ここでの宇宙万物は、天地日月、春秋四季、三教牛馬、一切の文字を含み、世界のあらゆる有形、無形のものは全て虚空の運動により変化して生じたものである。虚空とは、無極、太極であり、つまり本来の姿である。よって、この宇宙生成過程は、太虚空、本来の姿、無極、太極、宇宙万物としてまとめることができる。
　明清民間宗教の創世神話では、黄天教の創世論が特に系統的で完成されている。『鑰匙経』にいう。

> 鶏卵乾坤、威音以前者、無極生根本。崑崙上下一塊混源之石、三万六千頃大、内生一卵、名叫混源一気、外白里青。青者、青気為天、

17）『仏説皇極結果宝巻』、『宝巻初集』第十冊、第223-224頁。または譚松林主編『中国秘密社会』第三巻、（福建人民出版社　2002年）第255頁を参照。
18）『巍巍不動泰山結果深根宝巻』雍正七年合校本（『明清民間宗教経巻文献』第１冊・新文豊出版公司　1999年）第376-377頁。

白気為日、濁気化地。卵中生黄、哺出鶏、顕出青紅黄白黒、而分五
気。卵生鶏、次鶏生卵。青生天、白生地、紅生人、乃天地人三才。
黄生万物、黒返濁気、五気而生。一杳生二儀、二儀生三才、三才生
四象、四象生五行、五行生六爻、六爻生七政、七政生八卦、八卦生
九宮、九宮生十干、乃為混源一気而生。無極生太極、太極生皇極。
無極生于三皇立教、太極生于儒釈道立教、皇極生于善男子善女人立
教。[19]

　この創世神話体系では、鶏卵のような伝統的な渾沌とした乾坤の概念を取り入れただけでなく、羅教の太極図説「一気、二儀、四象、八卦および太極、無極」に基づく。さらに「五気」「一杳」「三才」、「五行」、「六爻」、「七政」、「九宮」、「十干」、「皇極」といった思想観念を包摂することで、神話体系をさらに細分化・具体化し、内容を豊富にそして仔細にする。

　仮に、表面だけに着目するならば、数字ゲームのようであるが、教義を詳細に研究すると、あらゆる理念を含むことで、数多の教派と整合していることに気づく。こうして多くの信徒を集め、宗教の最高目標に近づき到達するのである。黄天教のこの思想は、明清民間宗教教派に大きな影響を与えた。清代の金丹道は、黄天教の創世神話の基本的内容をそのまま継承する。『皇極金丹九蓮還郷宝巻』に創世神話について述べられる。

　三仏化現諸真相、五祖当極置斗星。渾沌未分元一炁、真空出現定浮
沈。清濁判断生天地、陰陽交感産乾坤。三才四象出八卦、五行顛倒
化人倫。天高八万四千里、地後千万二千二百程。日月周円四百、光
照八十一万零。東極日出西極没、南極日午北極沈。東西径過二億二
万三千五百里、七十一歩是余零。南北径過二億三千五百里、七十五
歩足無零。天体三十五万七千里、乾坤八億一十一万四千程。上透清
霄空界外、夏至九幽洞淵中。皇天至底一千二百一十八万里、灌通三

---

19) 『鑰匙経』（『明清民間宗教経巻文献』第 4 冊・新文豊出版公司 1999年）第863頁。

界満乾坤。世外無明黒光処、陽光不照物不生。太上道生元始化、開
闢渾沌顕天真。亘古亘今年深遠、直至皇明戊午中。共計三百二十七
万八千五十零六載、三教師真内中分。天皇地皇人皇氏、伏羲軒轅共
神農。仏留生老病死苦、儒留仁義礼智信。道留金木水火土、三教元
本是一根。五斗杓星各有数、収来放去潤秋冬。天恩雨露生寒暑、地
徳山川江海林。万聖千真輪流転、数度循環計不清。[20]

金丹道は黄天教の宇宙生成論を継承しただけでなく、そこに含まれる抽象的概念までも具体化している。最も特徴的な点は、人類が住む地球に備わる科学が萌芽するための新知識である。例えば「東極日出西極没、南極日午北極沈。東西径過二億二万三千五百里、……南北径過二億三千五百里」とは、予測であり正確な数字ではないが、地球が円形で楕円の形状をしているという概念を示す初期の認識である。こうした認識は長きに渡り「地平説」という単純で直観的な誤った認識により否定されている。

清代に至り、西洋の現代科学技術思想が伝来すると、金丹道の創始思想にも影響を与える。金丹道の創世思想は神話であるが、神話思想にも科学的理念の要素が含まれる。そのため、その思想は説得力を具え、時代的特徴を有するようになる。当然、そこに含まれる「仏留生老病死苦、儒留仁義礼智信。道留金木水火土、三教元本是一根」という認識は、「三教合一」という時代的背景の影響を直接的に受けた結果の思想である。

さらに黄天教は女媧、伏羲が人を生み出したという神話思想を自らの創始神話体系に取り込む。これにより伝統創世神話における「重生（殖）」という民族的特色を強く体現し、明清民間宗教神霊信仰体系の最高神——無生老母の思想的理論の基礎を作り上げた。『鑰匙経』にいう。

渾沌初分、無天無地、無我無人。自無始以来、元始天尊立世、即是

---

20) 『皇極金丹九蓮還郷宝巻』明刊本（『明清民間宗教経巻文献』第4冊・新文豊出版公司 1999年）第886頁。

無極之母、無極転化。威音以前、空性以後、渾沌初分、赤白気両道、無日月三光。女媧伏羲治世、三皇五帝呈神農、掌立五穀。天地万物、有生立人根者、女媧伏羲也。兄妹輥磨成婚、乃是涼宗員外張第一。一娘生九種、等等各別有口。立于家眷後、次分居。立于百家姓中、支于千門万戸。三千七百八十余年。至今灯灯相続、祖祖相伝。一父枝叶無改変、日月東西、周転山河、至今流通。……一父一母精、生下多弟兄。長大分門住、挣競你我心。鑰匙古仏開人根、女媧伏羲是祖尊。一家治成百家姓、千門万戸生有生。開宗本是張第一、三皇五帝有神農。渾沌初分無天地、也無日月共人倫。紅白二気両道、無長無短上下昇。不是無極能変化、無生老母生老君。東西南北分明暗、安立日月定乾坤。九宮八卦団団転、三極周転立人倫。[21]

さらに『皇極金丹九蓮還郷宝巻』にいう。

当初因為乾坤冷浄、世界空虚、無有人烟万物、発下九十六億仙仏星祖菩薩、臨凡住世。化現陰陽、分為男女、匹配婚姻。貧恋凡情、不想飯根赴命。沈迷不惺、渾沌部分。無太二会下界收補四億三千元初物性、帰宮掌教。今下還有九十二億仙祖菩薩、認景迷直、不想帰家認祖。你今下界、跟找失郷児女、免遭末劫、不堕三途。[22]

しかし、民間宗教における創世論の宇宙観では、一般的意味の哲学世界観は見られず、自己の宗教信仰体系のみ存在する。そのため、世界の創造神の多くは人格化された要素を多分に有し、道徳的属性を具えた至上神こそが最も重要とされる。よって、これら道徳神が出現したのである。

我念的、大千仏、一体真身。大千界、天和地、無極執掌。我念的、

---

21) 『鑰匙経』(『明清民間宗教経巻文献』4冊・新文豊出版公司 1999年) 第858頁。
22) 『皇極金丹九蓮還郷宝巻』明刊本 (『明清民間宗教経巻文献』第4冊・新文豊出版公司 1999年) 第877頁。

無極源、一体真身。五湖海、大洋江，無極変化。我念的、無極源、
　　　一体真身。天和地、森羅像、無極神力。我念的、無極源、一体真身。
　　　日月転、天河転、無極神力。[23]

さらにいう。

　　　無極聖主現化而生太極、太極生両儀。清気者上昇為天、濁気者下降
　　　為地。中立者真如仏性、為之天地人三才。三才而生四象、上立東西
　　　南北、下定四大部洲。四象而生五行、乃是金木水火土。雖有水火、
　　　不能既済、陰陽不能転運。将陰陽分為八卦、按立方位上、立日月星
　　　斗、風雲雷雨、下定五穀、花果、樹木、園林、陰陽転運、万物滋生、
　　　皆無極聖主之所化也。[24]

　これらは本来、いかなる属性も持たない宇宙本体——虚空（無極、太極）
であったが、人格属性としての創造主を具えた——無極聖主である。無極聖
主は、万物を創造するだけでなく、世界の物事の運動変化の秩序さえも掌る。
つまり「陰陽運転、万物滋生」などは、全て化生した結果である。さらに次
のように述べる。

　　　大慈大悲、恐怕衆生作下業障、又転四生六道不得翻身。故化現昭陽
　　　宝蓮宮主太子、嘆退一切浮雲、一切雑心。顕出真心参道、究這本来
　　　面目、出離生死輪回苦海[25]

23）『正信除疑無正自在宝巻』雍正七年合校本（『明清民間宗教経巻文献』第1冊・新文
　　豊出版公司 1999年）第309頁。
24）『彩門科教妙典巻』光緒抄本（『明清民間宗教経巻文献』第8冊・新文豊出版公司
　　1999年）第140頁。
25）『正信除疑無修正自在宝巻』雍正七年合校本（『明清民間宗教経巻文献』第1冊・新
　　文豊出版公司 1999年）第303-304頁。

第二章　明清民間宗教の神話理論　87

　よって、無極聖主――極めて人格的属性を有する創造主自身にも道徳的属性が備わる。
　これら人格属性と道徳属性の二つを兼ねる創造主神が創世する世界の理論には、宗教的色彩の付加が必要となる。明清民間宗教の創設者は、仏教の仏の概念を取り入れることで、万物を創造する最高神を創りあげた。これが無極古仏である。『龍華宝経』にいう。

　　却説混沌初分者、混者不辨清濁、沌者以無上下。初者元初一守、分
　　者初分杳冥、不分南北与東西、這便是混沌初分也。想当初、自従初
　　分以来、爾時混元一炁之中、杳杳冥冥、氤氤氳氳、清清湛湛、塵塵
　　刹刹、清浄本原。琉琉家郷、一物所無。織塵不染、一塵不立、寸絲
　　皆無。不辨清濁、霧気漫漫、混沌五千四十八載。先天真気受返、以
　　無上下、一片寒光、凝結以後天真気具足。一塵妄動、聚気成形、気
　　中生極、円光初現、従無中生有。自従無始以来、本無仏無祖、無陰
　　無陽、無天無地、無日無月、無上無下、無東無西、無南無北、無春
　　無秋、無寒無暑、無男無女、円明覚海、澄清以後、清濁分判、従真
　　空中、練出一段金光、結光成体、聚気成形、光光刹刹、利利分明、
　　化出一尊天真古仏来、乃是宝網交羅、光騰朗耀、便後多般。却是真
　　空化現、能置万物先天一炁而生。炁能生雲、雲能生雨、雨能生土、
　　土能生石、石能生火、火能生光、光中化仏。一体皆同一仏出世、化
　　化無窮。古仏立世、直至如今、能置乾坤、安立世界。一炁発生、真
　　日先天真炁凝結、結成金丹一粒、点化衆盲。将金丹菩提種子、掌在
　　手中、用真気一口、吹在水中。従波中涌出戊己真土来。土者母也、
　　無土不生、万物従土中生来。[26]

　羅教では元来、太虚空は諸仏の法身であるとする。それは人々の心の中に存在する本性、つまり本来の姿である。羅教の『破邪現正鑰匙経』にいう。

---

26)　『龍華宝経』(『明清民間宗教経巻文献』第5冊・新文豊出版公司　1999年) 第648頁。

本来面目不虚妄、本来面目真西方。
本来面目不虚妄、本来面目是家郷。
本来面目不虚妄、本来面目真仏堂。
本来面目不虚妄、本来面目是安養。
本来面目不虚妄、本来面目古家郷。
本来面目不虚妄、本来面目古仏堂。[27]

　ここで羅教は、太虚空と諸仏法身を一体の心境という本来の姿「真西方」、「真仏堂」、「安養」、「古家郷」とすることで、社会に仏教の浄土思想を広く流布させた。その宗教思想に通俗性が増すことで、より多くの民衆に理解、受容されることになる。これに関して、羅教では次のように述べる。

　　虚空架住大千界、虚空本是諸仏身。諸仏法身在心中、本性諸仏一体
　　同。認得本性共虚空、本性即是諸仏身。認得自己諸仏会、諸仏境界
　　在心中。[28]

　では、真空から化生した天真古仏とは、具体的にどのように人類を創造したのであろうか。『龍華宝経』にいう。

　　天真古仏在太皇天都斗宮中座定、請無生老母同来商議。命女媧伏羲、
　　叫伏羲命男女成婚、無人作保、令金公黄婆会他作媒。黄婆曰、無影
　　山下有一塊鴻蒙混元石、用先天剣一把、劈破鴻蒙、取出陰陽二卵、
　　従須弥山上滾将下来、滾在鵞眉澗中、咯当響亮一声、搭橋対籔、陰
　　陽配合、這便是男女成婚、懐養聖胎、乾道成男、坤道成女、産下九

---

27)　『破邪顕正鑰匙経』（『明清民間宗教経巻文献』第 1 冊・新文豊出版公司　1999年）第221頁。
28)　『破邪顕正鑰匙経』（『明清民間宗教経巻文献』第 1 冊・新文豊出版公司　1999年）第219頁。

十六億皇胎児女。[29]

　これによると、人類の誕生は、九十六億皇胎児女に由来する。つまり天真古仏と無生老母の両者が先天真気と後天真気の象徴となり、共同で陰陽つまり女媧と伏羲を創生した。そして、さらに女媧と伏羲の婚姻結合を通じて人類が生まれた。ここでは、創世の最高主神は本来、太虚空が人格化された象徴——天真古仏を基礎として、さらに「無生老母」が加えられている。これは民間宗教の創世論に宗教的雰囲気を強く纏わせるとともに、信頼性と説得力を持たせる。

　つまり、人類自身の生活実践において、女性の参与がなければ人類の繁栄は不可能であった。人類誕生の当初、母性を強調することで生じた結果であり、ただ父性の役割を用いるよりも強い説得力を持つ。『正信宝巻』に批評していう。

　　愚痴之人説本性就是嬰児、説阿弥陀仏是無生父母。阿弥陀仏小名号
　　曰無諍念王、父親是転輪王。阿弥陀仏也是男人、不是女人、他幾曽
　　生下你来。阿弥陀仏生本性、本性是誰。爺爺生父親、父親生児子、
　　児子生孫子、大道門中、本無此事。[30]

　上述の『龍華宝経』に天真古仏と無生老母の関係が存在するのであれば、女媧と伏羲に化育された九十六億「皇胎児女」は二つの相い対する独立した系統になる。換言すれば、無生老母が有する絶対的で至高無常の創世に関わる一切の地位が曖昧となる。しかし、別の宝巻である『文昌帝君還郷宝巻』では、無極老真空（天真古仏）と無生老母は「二を合して一と為す」と明確に述べられ、無極老真空とは無生老母であると断言する。無生老母とは無極

---

29) 『龍華宝経』（『明清民間宗教経巻文献』第5冊・新文豊出版公司 1999年）第650-651頁。

30) 『正信除疑無修正自在宝巻』雍正七年合校本（『明清民間宗教経巻文献』第1冊・新文豊出版公司 1999年）第322頁。

老真空の号であり、無生老母信仰の唯一無二の至上神としての地位が確立された。

> 混沌初分之時、三才未判之際、有一位無極老真空、因他自天而生、名曰無生老母、座在九十九天之上、黙運陽中軽清之気、鍛錬一万八百年、使之上昇而成天体。復推運陰内重濁之気、又鍛錬一万八百年、令其下降而成地形。此時既生天地、空空蕩蕩、無人住世、無生老母又逆運陰陽二気于八卦炉内、鍛錬一万八百年之大候、工足結成嬰姹、散在宇宙之中、而為九六霊根、故曰三才者、天地人也。[31]

これにより、明清民間宗教の創世神話思想において、無生老母を最高主神とした世界生成体系が最後に形成される。それは人と自然、人と神（仏）、子と母親の関係を発展・変化させることで、哲学的創世論を宗教的（神話的）創世論へと転化させ、最終的に人を本とする宗教創世論を作り上げた。また、無生老母から生まれた九十六億皇胎児女の運命は、無生老母が作り上げた諸仏が秩序を掌る治世理論と「法船普渡」の救世思想の理論的基礎となった。

三、明清民間宗教創世神話の影響

明清時期の民間宗教創世神話は、民間宗教教派の宗教信仰世界観に新たな内容が付加され、時代的特色を備えた内容や魅力を大いに有しており、その後の中国社会における宗教や信仰に極めて強い影響を与えた。中でも「無生老母」という最高の女神の確立は、明清民間宗教が民間郷土社会に立脚し、人を本とした考え方を表している。これ以後、「無生老母、真空家郷」は、ほぼ全ての民間宗教教派の理想であり目指すべき思想の楽園となり、それら宗教生活を貫徹する「八字真言」と称される。

---

31) 『文昌帝君還郷宝巻』、梁景之『清代民間宗教与郷土社会』（社会科学文献出版社 2004年）第49頁より引用。

明清民間宗教の最高神——無生老母の出現は、研究によると羅教の経典『五部六冊』[32]が最初であるという。経典では「無生父母」と述べられるのみで、後に広まる「無生老母」ではない。よって、ある者は、羅教では「無生老母」の概念を備えておらず、羅夢鴻も「無生老母」思想の創始者ではない[33]、との意見を示す。しかし、筆者は、羅教の「無生父母」は文字としては「無生老母」と異なるが、そこには「無生老母」の思想を孕んでいると考える。

羅教の『五部六冊』において無生老母が述べるものは、創世の最高神仏の出現である。それは、世界と人類の創造であり、男女両性の参加と完成が必要である。父母として「生育」に関わることは至極当然の事であり、情理に適ったことである。さもなければ「爺爺生父親、父親生児子、児子生孫子、大道門中、無有此事」とされる。よって、羅祖は人類の生殖繁栄の実情に基づき、「無生父母」という創世論を作り上げた。仮に羅教の「無生父母」思想が明らかに質素で飾り気のないものであれば、「無生父母」から「無生老母」への変遷は、民間宗教の創世思想が具体から抽象へと飛躍したことを反映している。つまり羅教の「無生父母」概念は、明清民間宗教の「無生老母」思想の「誘い水」となったのである。

「無生父母」と「無生老母」は、わずかに一文字の違いであるが、明清民間宗教の創世神話を具体的直観から高度に抽象化されたものへと昇華させた。それにより「無生老母」を最高主神とする絶対的地位が確立され、宗教神話の神聖と威厳が増加することになる。また、「無生老母」を最高神とした明清民間宗教の創世神話体系は、中国伝統宗教文化思想を包摂することで、多くの神話思想とともに再編され、形成されていったという点を忘れてはならない。

しかし、この思想体系には多くの神話思想と異なる点がある。それは「無生老母」を絶対至上とすることである。「無生老母」はキリスト教の造物主と同様に、全知全能、万能神であり、宇宙の一切（人類も）を創造した至上神

---

32) 濮文起『中国民間秘密宗教』（浙江人民出版社 1991年）第149頁。
33) 馬西沙等『中国民間宗教史』上巻、（中国社会科学出版社 2004年）第161-166頁を参照。

である。これは「無生老母」という神が生み出された当時、西洋キリスト教の伝入による影響を見て取ることができる。しかし、これについては資料が十分でなく確証もないため、推察の域に留まる。後日の研究が待たれるところである。

　神の形象は、人が作り上げ完成させたものである。「無生老母」という至上神の確立は、世界と人類の創造という絶対的な力により人々を畏怖させ敬慕させる。同時に、女性神を最高神とすることは、中国伝統社会における再「生（殖）」思想における女性神の遵奉を表し、人々の血や魂に深く刻まれた「マザーコンプレックス」（フロイトの「エディプスコンプレックス」とは異なる）をも意味する。よって「母親」のイメージにより表される「無生老母」神や、このイメージにより生じる「真空家郷」などの彼岸の楽園という描写は、「至れり尽くせりの歓待を受け、故郷に戻った」ような精神的帰着を人々に与えるため、なぜ人々が先を争わないことがあろうか。また、これは明清民間宗教の創世神話が抽象から具体へと思想的段階を一段登り、昇華したものである。

　中国の封建社会における家父長制は、封建統治の基礎であるとともに、家父長観念は社会制度が依拠する生存のための精神的支柱でもある。そのため、こうした家父長制度と家父長観念は、おのずから社会の全ての構成員の思想や行動に影響を与える。また、血縁的紐帯による家族や家族集団により構成される村落組織である中国伝統社会では、人々の伝統的観念の中で「極めて重要な物は『郷里』と『母親』である。望郷の念と母親への想いは、人々が最も気に掛ける思想的感情」[34]である。

　明清民間宗教の創世神とは、まさにこの「母親への想い」と「望郷」という人々が最も心に留め置く思想的感情を用いることで、人類共同の母親――「無生老母」という仁恵のイメージを作り上げた。無生老母は人類世界の創造者であり、人類の救世主でもある。同時に、人類の共同の故郷――真空の郷里を生み出した。ここは人々が生まれた場所であり、人類が最終的に帰着す

34）馬西沙等『中国民間宗教史』上巻、（中国社会科学出版社　2004年）第162頁。

る場所でもある。こうしたマザーコンプレックスの表出、友愛や平等に満ちた新たな世界の創造は、現実の苦難に対して不満や抵抗を顕すとともに、美しい理想世界への憧憬や思慕である。

　このように、明清民間宗教の創世神話の影響は極めて大きい。特に「無生老母」を最高位の女性神とすることで、民間郷土社会に生活する多くの人々の信頼や保護を受けた。無生老母はその他宗教の、例えば道教の王母娘娘、碧霞元君、さらに仏教の観音菩薩などと共に、日増しに人々の心の中に受け入れられ、中国の民衆に熱心に尊崇され、生活の中で崇拝される重要な神仏となった。

第二節　明清民間宗教の「教主神化」神話

　神話に述べられる物語とは、様々な神仏に関する故事である。よって神話の性質がその神話を用いる宗教の特徴を決定する。そのため如何なる形式の信仰活動（特に宗教）に関する神話であっても、全て代替不可能であり、極めて重要な意義を有する。明清時期に教義の伝達手段として作成された大量の宝巻が刊行されることで「宝巻による民間宗教の布教」[35]が行われるようになる。同時に、各教派の思想体系が次第に形成されていき、これに対応する神話体系も日ごとに完成されていく。前述したように、こうした民間宗教の宝巻では、「無生老母」を最高創世主神とする創世神話を述べるだけでなく、各教派について言えば、多くの「教主神化」神話が作り出される。仮に、創世神話が世界の創造、人類の誕生、社会秩序の構築のために、神話化された宗教観念や信仰を用いたのであれば、「教主神化」神話とは、教主の創教に関わる内容や種々さまざまな神異を語るものである。

一、羅教の「教主神化」神話

　羅教は無為教とも呼ばれる。創始者は羅夢鴻（羅清）であり清静無為による教えを立てたためにこの名を得た。後に、信徒が羅夢鴻を教主としたため「羅祖」と呼ばれる。無為教は「羅祖教」または「羅教」と称される。

　羅夢鴻は五つの経典により羅教を創設した。それは『苦功悟道巻』、『嘆世無為巻』、『破邪顕聖鑰匙巻』（二冊）、『正信除疑無修正自在宝巻』、『巍巍不動泰山深根結果宝巻』であり総じて『五部六冊』と称される。羅夢鴻がいかにして道を悟り『五部六冊』を著したのか、また羅教（無為教）を創設したのかについて、明代万歴年間の密蔵道開の『蔵逸経書目標』「五部六冊」の条に次のように記される。

35）梁景之『清代民間宗教与郷土社会』（社会科学文献出版社　2004年）第28-33頁。

遇邪師、授法門口訣、静坐十三年、忽見東南南一光、遂以為得道、妄引諸経語作証、……。[36]

また『苦功悟道巻』に拠れば、まず心からの瞑想を行ない、それでも結果を得られず「心中煩悩」となる。その後、一人の師匠から「阿弥陀仏」と念じよと告げられる。そして八年にわたり座禅を組み思案するも未だ「心中煩悩不得明白」である。さらに三年にわたり『金剛科儀』を学ぶも未だ結果を得ることが叶わず、遊学すること二年、ついに「悟道」する。

これが羅夢鴻の「悟道」および創教説話である。前者は「奇異」であり、教外の言葉であるが、少しもその意味を損うものではない。後者は教団内で伝えられているが、神異の要素は少しも見られない。

羅祖の悟道、つまり創教については神化の要素が付加され『太上祖師三世因由総録』に記載される。序文では、羅夢鴻の境遇について述べる。

羅祖家、在山東、莱州人氏。我住在、即墨県、一里離城。有親娘、生下我、兄弟両個。我俗名、爹娘喚、叫作羅因。我祖上、只留下、軍丁一戸。在北京、錦衣衛、我去当軍。一撇下、有老母、誰人看顧。到如今、在軍中、胆戦心驚。思量起、陽世間、人身難得。好光明、不得従、眼涙紛紛。我如今、把軍丁、尽皆退了、無昼夜、念弥陀、不肯放松。[37]

羅因つまり羅夢鴻は当初、北京で軍卒として兵役に就いていた。そこで人生の無常と苦短など悲観的感情が交錯する中で遂に兵役を退き修道の道に進む。そして「無為真人」と悟るのである。悟りを開いて以降、羅祖は、ある日、錦衣衛総都の推参を受け、その理由を尋ねる。総都が言うに、北京では

---

36) 密蔵『蔵逸経書』「五部六冊」(馬西沙『民間宗教志』・上海人民出版社 1998年) 第83頁。
37) 『太上祖師三世因由総録』(『明清民間宗教経巻文献』第6冊・新文豊出版公司 1999年) 第243頁。

ある者が総都の身を護っていると夢に見た。目覚めた後、総都は軍を率いこの「真人」を探しに出た。そして羅家の前にさしかかると、果たして夢で見た通り羅夢鴻が「全身光に包まれ現れ、紫の気が立ち込めていた」。この時、「外国には十万八千もの外国人の軍隊がおり、現在では北京城下に至り、中国の軍隊に大きな損害を与えている」。そのため「五本の真香を携え」羅夢鴻に援軍を願うために参拝に訪れた次第である。そこで羅祖は「大いに慈悲を発し、朝廷を救い、功労を立てた」。救援に向かう前、羅祖は矢をつがえ弓を張り、立てつづけに三度矢を放った。「番兵はこれを三輪の蓮の花が空から舞い降りてきたように覚え、果たして外国の兵馬は本国へ連れ戻された。そしてこの国に安寧がもたらされた」。人々は羅夢鴻のこうした「神通」を目の当たりにし、すぐさま国王に報告した。そのため、国王は羅夢鴻を王宮の大広間に召し出し、この神通は何に由来するのか尋ねた。すると羅夢鴻は神通力について否定し、「私は天子様の俸禄で生活しておりますゆえ、天子様を助けるために力を尽くしました。総都様も五本の真香で祈りをささげたゆえ、龍天も私をお護り下さりました。それゆえ江山万代の福力を得て番兵を退けることができました」[38]と述べる。

ここでは、「三本の矢により番兵を退ける」事について、羅夢鴻は自ら誇示せず、その功は天子に帰すとする。さらに龍天を敬い尊ぶことで得た福力の致す所であるとも言うことからも、心を砕き気を配る様子が伺える。

羅夢鴻が敵兵を退けた功績および「神通力」を身に付けているということは、すべて天子の福禄に帰すため、羅夢鴻にはより多くの褒賞や高い待遇が与えられるべきである。しかし、「神奇」な弓術により君王に妬みの心が生じ（経典では「君王聴得説一声、心驚胆戦不菲軽。他是山東人民氏、如何那得這神通。聞卿説縁因、心下胆戦驚、仔細思量起、不容這等人」とある）、事は望み通り運ばず、謀殺されるところであった。

---

38)『太上祖師三世因由総録』、『明清民間宗教経巻文献』第6冊（新文豊出版公司 1999年）第246頁。

第二章　明清民間宗教の神話理論　97

羅祖上弓弦、両眼泪紛紛、生死只在此、無常在目前。一箭当空不順情、蓮花朶朶満天心。生死今朝難分訴、不覚無常在目前。一箭当空不見宗、蓮花発落在虚空。弓箭斉斉都在此、蓮花朶朶上青天。弓箭三枝好驚人、満朝文武不順情。我王一見心頭怒、要斬羅公罪不軽。羅祖聴得説一声、枉費功労罪在身。早知今日這般苦、何不深山遠埋名。君王分付衆臣聴、長枷鉄鎖不離身。分付牢官断水飯、与我餓死這般人。[39]

　囚われの身となった羅夢鴻は、「長枷鉄鎖不離身」の状態ではあるが、「四句真言不曽離、昼夜常転妙法輪、忽然心頭頓悟醒、心花発朗放光明」となった。悟りを開いた羅夢鴻は、牢番に対して五巻の経典を世の中に流布させ、仏祖の行教の代わりとしたい、と告げる。すると牢番は、この事は張公公に助けを求めるがよろしいだろう、と答える。そして朝晩に羅夢鴻は五色の気を身にまとい様々な神異が顕れていると張公公に告げる。張公公はこれをきくと大いに喜び、牢獄にやってきて羅夢鴻に見えた。さらに羅夢鴻の弘教を助け「指明心地、永不忘恩。若有毀斎破壊、泄漏仏法、当時身化血光」[40]と誓った。
　張（永）公公の援助の下、羅夢鴻は福恩と福報の二人の弟子を五台山から招来し、口述により獄中で『五部六冊』真経を完成させた。
　同時に、張公公は党尚書と魏国公に羅夢鴻の経典の承認を求め、天子に『五部六冊』が正統の経典であると認めるよう上奏した。さらに党、魏の二人が羅夢鴻の身元を保証し、羅夢鴻は修道に邁進し、謀反の心は持ち合わせないと証明した。よって君王は羅夢鴻を召し出し、経典を暗唱させ、些かの唱え違いもなければ天下に刊行すると述べる。
　しかし、羅夢鴻は一文字も違えず暗唱したものの、再び獄に捉えられ自害を迫られた。さらに党、魏両名の一族にまで災いは及ぶ。これについて経典

---

39)　『太上祖師三世因由総録』（『明清民間宗教経巻文献』第 6 冊・新文豊出版公司 1999 年）第246頁。
40)　『太上祖師三世因由総録』（『明清民間宗教経巻文献』第 6 冊・新文豊出版公司 1999 年）第247頁。

にいう。

> 祖奏道、我発下、真香五分、羅祖跪、在金塔、朗背従頭。将大蔵、
> 衆諸経、挑成六冊。祖師背、我王聴、仔細参詳。五部経、従頭背、
> 法輪同転。証諸人、明心性、普渡群生。大蔵経、有五千、四十八巻。
> 我如今、五部経、単証諸人。苦功巻、十三春、単帰万法。嘆世巻、
> 勧諸人、作急回頭。鑰匙巻、破諸邪、心宗開悟。正信巻、単勧人、
> 正路帰家。太山巻、明真性、掃除万法。認祖機、了無為、続祖心灯。
> 君王見、這道人、経巻倒背。猛然間、怒気沖、胆戦心驚。這等人、
> 実非凡、豈容在世。一心要、治重罪、永禁其身。龍眼睜、将此人、
> 依然受罪。転解他、天牢内、枷鎖臨身。[41]

　羅夢鴻が皇帝の御意に従い経典を唱えた際、徹頭徹尾一文字も念じ違えないだけでなく、後ろから逆に暗唱さえした。しかし、この「逆」のために皇帝の怒りを買い「枷鎖臨身」、「依然受罪」となり他人にまで災難が及ぶ。しかし、表面的には、この度の災いの根源は「逆」に経典を唱えたために引き起こされたが、その根本的原因は君王の「ねたみ」の心による。君王が最も憂慮したことはやはり「謀反の心」であった。

　羅夢鴻が再び投獄され刑罰を受けている時、羅祖の弘教の道に再び転機が訪れる。ある日、七人の外国のラマ僧（番僧）が一体の古い銅の仏像を献上した。そして、仏像の「奥義」を詳細に説明するよう求めた。さらに「もし誰も解明し得ないのであれば、北京を我が国に返還してもらう。我が国が君主、彼の国が属臣である」[42]と述べた。

　国難に直面した君王は為す術もなく、ただ羅夢鴻に助けを求めるのみであった。羅祖は朝廷に赴き、朝堂でラマ僧達と舌戦を繰り広げ、ラマ僧を一人

---

41) 『太上祖師三世因由総録』（『明清民間宗教経巻文献』第6冊・新文豊出版公司 1999年）第249-250頁。

42) 『太上祖師三世因由総録』（『明清民間宗教経巻文献』第6冊・新文豊出版公司 1999年）第250頁。

ずつ説得していく。さらにラマ僧は首を垂れ拝謁し、羅夢鴻に帰依した。同時に「弟子若有背義忘恩、泄漏仏法、開斎犯戒、当時身化血光」との誓いを立てさせた。

番　僧：你真是無為羅道人嗎？

羅　祖：天下人、不識真、邪道外覓。我無為、明達了、天然自身。

番　僧：你説這等大話。

羅　祖：這巻真経本不難、未分天地原在前。運動往来無間断、華厳海会広無辺。

番　僧：如何不念経？

羅　祖：先天大道本自然、亘古至今性同天。無字真経常転念、普天匝地説真言。真経従来不離身、迷人不識念多羅。自然現出無為法、水流風動演摩訶。

番　僧：如何不供仏？

羅　祖：哇哇銅仏不能度炉、木仏不能度火、泥仏不能度水。自己不能度、何能度得你。若要来度你、還須度自己。真仏時時現、対面你不知。塵塵就是仏国土、刹刹都為法中王。山河大地為仏像、何須捏弄便雕装。

番　僧：如何不焼香？

羅　祖：迷人不識、執着草木假香、乃是引進之法。各人自己有五分真香。

番　僧：今在何処？

羅　祖：戒香、定香、慧香、知見香、解脱香，此為五分真香。

番　僧：如何不供花？

羅　祖：走年年四季、一切萌芽、未曾開花結果。仏祖空中先降甘露、受之為等衆生、収在家中。塵塵刹刹、先新後旧、依然発現、豈能鑑納。

番　僧：如何不揚旛挂榜？

羅　祖：你問揚旛挂榜、一切花紅柳緑、亦是家郷変化。迷人執着、

　　　　　不得還原。
　番　僧：縁何不作仏事？
　羅　祖：大道聖賢、常作仏事。人人都為法中王、本性真空是道場。
　　　　　一年四季作仏事、迷人不識閃中蔵。
　番　僧：如何没有経堂？
　羅　祖：你的経堂是假相、我的経堂不見踪。無極聖祖妙難量、包含
　　　　　法界普放光。祥雲渺渺家郷路、虚空無辺是経堂。
　番　僧：如何不動響器？
　羅　祖：正法眼蔵不動尊、雷音嘹亮絶人聞。無生唱出空王調、不解
　　　　　宗通返誹嗔。識得真経不用多、名師直指見弥陀。自然現出
　　　　　無相法、水流風動演摩訶。雷震太虚為法鼓、風雲雪水顕神
　　　　　通。万物発生苗結果、人遇正法得真空。
　番　僧：如何不点灯燭？
　羅　祖：地為灯盞水為油、青天権作紙灯毬。日月喚作灯光焰、照破
　　　　　閻浮四部州。一盞明灯在内蔵、通天徹地亮堂堂。里明外光
　　　　　人不識、挙歩挪移普放光。
　番僧見説果是無為大道、妙義無窮、低頭下拝、求師救出迷津。[43]

　このように、羅夢鴻は自ら悟り得た「無為大法」に依りラマ僧の質問に応じ、最終的にはラマ僧を心服させる。ここで言う「ラマ僧」とは、羅夢鴻にとっての様々な「外道」を指す。文献資料が残されていないため、当時、「番僧」による詰問が実際にあったかどうかは判断のしようがない。しかし、後代の羅教の教主達が経典において「教主神化」神話により宗教的信仰の権威づけを行なおうとした点について、様々な苦心を見て取ることができる。当然、この神話は最終的に大円満で喜劇的性質のものである。経典に以下のように述べられる。

43）『太上祖師三世因由総録』（『明清民間宗教経巻文献』第 6 冊・新文豊出版公司 1999 年）第250-252頁。

聖上見了祖師果有神通機妙、智変千般、七個番僧尽皆皈依，寡人歓喜、宣張永党魏二臣、封他為無為宗師、五部宝巻開造印板、御制龍牌、敕五部経文頒行天下、不得阻擋。叩頭謝恩、万歳万歳万万歳。総報四恩三有、風調雨順、国泰民安。[44]

 上述してきたように、羅教の教主、羅夢鴻の「神化」神話では、羅祖は度々国家のために困難な局面を解決するも、その度に迫害を受ける。そうした逆境にあっても最後まであきらめることなく、最終的に朝廷の認可を得て、羅祖が作り上げた「無為大法」(『五部六冊』) が世の中に広く流布する様子を描く。これは、民間宗教が国家政治権力体制や正統宗教の強い弾圧に「直面する状態」である。同時に、この内容は社会制度や権力機構の運用における国家意識形態と民間思想意識の相互補完について暗示する。これらを前提として、民間宗教は王朝権力との衝突回避に努め、「正統」の地位や生存発展の余地を獲得していった。そうした中で表れた「御製龍牌」の獲得は、こうした意識が反映された最も良い例であろう。

二、東 (聞香教)、西大乗教の教主創教神話

1．聞香教 (東大乗教) の教主、王森の創教神話

 実の所、聞香教は清代に創設されたものではなく、歴史的淵源を遡ると明代の東大乗教に至る。東大乗教、つまり聞香教の創教者は王森である。王森は北直隷順天府薊州の人、明の嘉靖十五年 (1536) に生まれ、万暦四十七年 (1619) に卒す。王森は二十八歳で大乗教を創設し、京畿一帯で布教した後、永平府灤州石仏口に中心地を移す。当時の人々は東大乗教と呼び、呂菩薩 (呂尼) が伝えた西大乗教と区別した。

 東大乗教が聞香教とよばれる理由には多くの説がある。黄尊素『説略』

---

44) 『太上祖師三世因由総録』(『明清民間宗教経巻文献』第6冊・新文豊出版公司 1999年) 第254頁。

や岳和声『餐微子集』では、王森を「妖狐異香」と称しているため、この名を得た。例えば『餐微子集』では次のように記載される。

　　王森于先年間曽路遇妖狐、被鷹搏撃、口作人言求救、王森收抱回家、
　　遂断尾相謝、伝下異香妖術、後称聞香教主[45]

嘉靖年間以降、陝西等の地域では玄狐教が流行した。そのため聞香教を玄孤教の分派と見なす人々もいた。明末の談遷は『北游集』で次のように述べる。

　　『康対山集』云、「咸陽、醴泉、三原、三水、淳化、高陵処処有之、
　　但不若涇陽多耳。此教風行二十余年、妖師所至、家家事若祖考、極
　　意奉承。一飲一饌、妖師方下箸入口、其家長幼大小即便跪請留福、
　　奪取自食。……」按今聴聞香教、即妖狐也。（四庫本『対山集』刪此
　　条）[46]

玄孤教については現存資料が少なく不明な点が多い。しかし、民間宗教組織として、陝西関中一帯で特に盛んに信仰され「風行二十余年、……家家事若祖考、極意奉承」とも述べられる。王森が創設した東大乗教の神話は、東大乗教と長きに渡り流行していた民間宗教組織——玄狐教とも関連しており、自らの歴史的淵源を証明しようとしていた。同時に、狐を救ったために伝授されたとされる「異香」の法術は、教理と多くの点で異なる。

周知のとおり、中国人にとっての狐は、聡明ではあるがずる賢いというイメージである。そのため中国古代の様々な神話の主人公として、さらに神霊の強力な法力を付与され、また人類の慈愛を胸に抱く美しいイメージとして描かれる。

45）　嶽和声『餐微子集』巻四、『護解妖首到京疏』、連立昌等『中国秘密社会』（元明教門）第二巻（福建人民出版社 2003年）第222頁より引用。
46）　談遷『北游録』、『紀聞上（玄狐教）』、（中華書局 1985年）第318頁。

一方、香は中国伝統文化において美しさや崇高の象徴とされる。特に宗教にあっては、香は凡聖の架け橋として、円満や智慧の象徴とされる。そのため東大乗教では、教派の起源は「神狐」から異香を授かったことに由来するとする。これは明らかに極めて大きな宗教的感化力である。また資料には「凡聞此香者、心即迷惑、妄有所見、森依其術、創為白蓮教、自称聞香教主」[47]とある。ここでの偏った見解を差し引いたとしても、神話に取り入れられた一端を知ることはできる。

また、聞香教の経典『皇極金丹九蓮正信帰真還郷宝巻』でも次のように述べる。

　　吾将九蓮信香与你遍満乾坤、灌穿法界、天内天外、名山洞府、仙仏
　　星祖、聞香而至、都来選仏場中証道。[48]

2．西大乗教教主、呂菩薩（呂尼）の創教神話

西大乗教教主である呂菩薩の創教神話は、主に呂尼がいかに「救駕」となり、その後、皇帝に勅封され順天保銘寺を創建したのかについて述べられる。その大部分は様々な文人による記述や地方志の記録が残される。馬西沙氏の研究では、「一部の民刊本『普渡新声救苦宝巻』に、呂菩薩の生涯の事跡について整理した神話故事が見られる」[49]とある。

万暦年間に北京に寓居した蒋一葵は『長安客話』に以下のように述べる。

　　自平坡東転、望都城平沙数十里、中経黄村、有保明寺、是女道尼焚
　　修処。寺建自呂姑。呂、陝人、雲游于此、正統間駕出御虜、姑逆駕
　　阻諫不聴、及蒙塵虜営、上常恍惚見姑陰相呵護、皆有詞説。後復辟、

---

47)　黄尊素『説略』、馬西沙等『中国民間宗教史』上巻、（中国社会科学出版社 2004年）第415頁より引用。
48)　『皇極金丹九蓮正信還郷宝巻』（馬西沙『民間宗教志』・上海人民出版社 1998年）、第132頁を参照。
49)　馬西沙等『中国民間宗教史』上巻、（中国社会科学出版社 2004年）、第492頁。

念之、封為御妹、建寺賜額、故又称皇姑寺雲。自後凡貴家女錙髪、皆居其中、有寺人司戸、人不易入。[50]

蒋氏の記載は田舎から聞き伝えたものであろう。崇禎年間の劉侗の記載に些かの変化が見られる。

正統八年、駕出紫荊関、親征也先、日不利。上怒、叱武士交搥、尼趺坐以逝。及蒙塵虜営、数数見尼、時時授上餅餌。駕返、居南宮、数数見尼、娓娓有所説。復辟後、詔封皇姑、建寺賜額曰順天保明寺。或曰隠也、如雲明保天順焉。後殿祀姑肉身、趺坐愁容、一媼也。万暦初年、未飾以金頂、猶熱爾。姑著繡帽、制自宮中。殿懸天順手敕三道、廊絵己巳北征之図。今寺尼皆発、裏巾、緇方袍、男子揖。[51]

この他、『天府広記』、『棗林雑俎』、『日下旧聞考』、『順天府志』などにも記載が見られ、その内容は大同小異である。これらの内容は、あるものは神化されているが、一つの歴史事実を根拠としている。それは明の正統十四年（1449）にモンゴルのオイラトの首領が大軍を率い明朝に侵攻した際、明の英宗が十五万の軍を率い親征したことである。明軍はモンゴル軍に大敗を喫し、英宗も捕虜となった。歴史的には「土木の変」と呼ばれる。

『普渡新声救苦宝巻』では、土木の変を基に、呂尼が皇帝を救い、順天保明寺（皇姑寺）を創建し、西大乗教を創設した神話として描かれる。濮文起氏の研究では、『普渡新声救苦宝巻』中の呂尼神話の大意が以下のように述べられる。

明正統十四年（1449年）、蒙古瓦剌貴族也先帯兵攻明、宦官王振挟持英宗朱祁鎮率軍十五万親征。方度居庸関、遇一陝西来的呂姓尼姑上

---

50) 蒋一葵『長安客話』巻三、『郊坰雑記』。
51) 劉侗等『帝京景物略』巻五、『皇姑寺』（北京古籍出版社 1982年）を参照。

前阻攔、並諫説出師不利。英宗怒、命武士交捶之、継続北進、後英宗果然兵敗被俘。英宗被囚漠北時、呂姑数次顕霊出現、不僅有所陳説、而且送水送飯。英宗被釈還北京居南宮時、呂姑又数次顕現、勧他閉口蔵舌、等待時機。英宗復辟後、為了補贖自己的過失、便封呂姑為皇姑（御妹）、在北京西山西黄村為她蓋了一座寺院——保明寺進行祭祀、呂姑便成為該尼庵的第一代主持、西大乗教的開山祖。[52]

　以上、西大乗教教主、呂尼の神話について見てきた。この内容も「救国救難」の故事であることは疑いようがない。呂尼が敵の侵攻を阻み、何度も王朝を救った（食糧を提供し、機を伺い行動するよう助言した）などの一連の行為は、羅夢鴻が国難を退けた（三本の矢を射て敵兵を退却させ、舌戦を繰り広げラマ僧を帰順させた）ことと同様、忍耐強く諦めず、屈辱に耐え忍び、最終的に統治者の承認と支持を得て創教にたどり着くという成功と重なる。両者の異なる点といえば、羅夢鴻は生者であり、苦行の末に悟りを開き創教を実現した。一方、呂尼は霊魂を現すことで君王の承認を得て、西大乗教の創始に成功した人物である。当然、両者の宗教的目的は同一である。しかし、いかにせよ皇帝権力の承認や支持がなければ、教団の設立は間違いなく不可能であり、発展することは叶わなかったであろう。

三、他教派の教主神話

　以上は、明代の民間宗教教派に比較的影響のあった教主神化神話である。清代の民間宗教教派の大部分は、明代の教団を継承または分化したものであるため、教主も教団の創始者ではない。そのため、教主神化神話も相対的に少ない。しかし、その中にあって広く伝播していた故事は、八卦教教主の李廷玉が八大弟子を連れ清朝を助け呉三桂を退けた故事である。

52）　濮文起『中国民間秘密宗教』（浙江人民出版社　1991年）第55頁。また『普度新声救苦宝巻』については、筆者はこの宝巻を直接目にする機会を得ていないため、ここから引用した。

李廷玉は十二歳で無生老母の点化を授かり、十五歳で八卦教を創設し、姫、郜、果、張、王、陳、柳、邱の八大弟子を得て、それぞれを九宮八卦に配し、収元に備えた。時は順治年間、呉三桂の反乱に清朝は為す術もなかった。そこで榜を掲げ賢士を求め、反乱軍の平定を試みた。李廷玉たち九人の徒弟は榜の求めに応じ兵を率い呉三桂と戦った。陣前にて李廷玉は呉三桂に対し「清人が中原に入城したのは天意で抗うことはできない。二百年後の同治の時こそお主、呉王の天下となる」と述べる。呉三桂は李廷玉の言葉を聞くと天機を漏らし、深く感服すると、ついに李廷玉に拝し、布陣された兵たちも戦闘することはなかった。
　李廷玉達が帰朝すると、有功の臣として皇帝から篤く褒章が授けられ、官位爵位も与えられた。しかし、李廷玉はこの恩賞を固辞した。そこで皇帝は寺院を褒章として与え、さらに説法を行う説法亭を修建した。よって、李廷玉が法門を開くと、道法は十三の行省へと伝えられた。
　だが、こうした状況は長く続かなかった。朝廷で官僚となっていた李の弟子の一人が奸臣として罪を得た。そのため李廷玉達子弟は奸臣とされ、信徒たちに広く讒言が流布され、謀反を企てているとさえ言われた。
　康煕帝の御代になり、康煕帝はこの讒言を信じ、説法亭にて毒を盛った酒の宴席を設け、李廷玉等に死を賜った。だが、李廷玉等は三帰五戒を順守しており飲酒や生臭を口にすることはないため、毒を飲むことを強要されたか、さもなければ殺されたのであろう。李上帝は無生老母に尋ね、自らの命が天に帰るときであると悟る。よって弟子八人と共に毒を飲み自尽した。この時、弟子の一人が逃れ、後に密かに伝教を続けたため、二百年後になり再び道を収元することになる。

　この故事では、教主が国難を排し皇権による保護を受け、布教を行う。ここ

で述べられる史実は、時代的に古い物ではないために、多くの研究者がこの神話を重視する。さらに歴史的資料に照らし、この神話が史実を投影しているかどうかを検討している[53]。

四、明清民間宗教の「教主神化」神話の特徴および意義

　明清民間宗教教派の「教主神化」神話に目をやると、特定の例外を除き、大部分は定まったスタイルを守る。それは「教主が修業により悟りを得る（または神仏による点化）」→「災難の発生（国家組織に欠陥や失敗が生じる）」→「教主の神異による救済」→「国家機構による認可、保護」という四段階である。これが明清民間宗教教義思想の基本的特徴を成す。

　上述したとおり、創世神話は明清民間宗教教義思想の展開を構成するロジックの基礎である。天の神仏は如何にして地上にいる人間のあらゆる生命を救済するのであろうか。この時、仲介となる者——神界と俗世を繋ぐ媒体の往来が必要となるが、教主が、これら神人と交わるための地上の代表であることは明らかである。そのため広大な創世神話だけでは不十分であり、「教主神化」神話は不可欠となり、こうして宗教思想が完成される。

　それは、教主の神化によってのみ宗教の根源である神聖性と権威性を証明可能であり、宗教性を明確にする。明清民間宗教にとって、宗教が存在する「生態環境」の特殊性により、「教主神化」神話の創作や流行に極めて大きな意味を持つ。この意義とは、宗教的意義と政治的意義の二つの意味である。

　第一に、教門の信徒にとって「教主神化」神話は創世神話と同様、それ自体がある種の宗教信仰である。そのため教門にとって宗教観念や活動を行う理論的根拠となる。たとえ宣教活動において信徒の入信を得たとしても、「教主神化」神話を唱え、経典を書写する宗教儀礼の際、神官による唱導により宗教儀式をスムースに進めてようやく成功といえるのだ。ただそれだけでなく、神話

53）　譚松林主編『中国秘密社会』第三巻、（福建人民出版社　2002年）第253頁の注1を参照。

は言語的視点からは、宗教活動に神聖な雰囲気や計り知れない魅力を付与する。これにより多くの信徒が入信し、教団が大規模となり、教団の発展を促す。

　神話の解釈からすると、災難の出現は常見される。時には偶然の災難もあるが、いずれも不可避である。こうした状況下にあって、国家は為す術を持たず、国家の上層部は社会機構としては欠陥が存在しており、補完、完備の必要性を暗示する。国家政治機能に依存するだけでは完成が不可能であるため、社会の中からこれらを補填する物を探す必要がある。また、民間宗教の教主が国家の災いを取り除き国難から救ったことは、まさに教団が存在するための合理性や必要性を証明しており、民間宗教こそがこれらを補完するものであると説く。同時に、教団が生存、発展するための余地を獲得するために、世俗の王権の承認や保護が必要であった。

　第二に明清民間宗教の「教主神化」神話は、統治者や社会の「潜在意識」として浸透していく。それは改善すべき「生態環境」である。こうした「生態環境」は実際のところ、民間宗教が生き残るための「政治環境」である。周知のとおり、長きに渡り中国社会における民間宗教は絶えず様々な弾圧の隙間を縫うように生き抜いてきた。「正統宗教」からの讒言や誹謗は言うまでもなく、統治権力からの非難や弾圧は往々にして、民間宗教の存在を脅かす壊滅的な災いであった。

　よって、「災難の発生」とは、民間宗教がなぜ常に国家的暴力装置による排斥や弾圧を蒙ってきたのかについて説明する。また、「国家機構の欠陥」も民間宗教が国家権力や社会組織の中にあって、その役割を発揮する余地が無くとも、活動が可能であったことを意味する。それは民間宗教が生存するための合理性や正統性を有していたからである。つまり、民間宗教は「救難」するための神通力や能力を有するがために、国家権力の承認、一定の社会権利や活動空間を獲得した。その故、民間宗教はしばしば国家権力の排斥や弾圧に遭いながらも、従来のように国家を「救済」した。その救済は統治者の民間宗教に対する認識である「反逆」の意思、国家権力に対する「脅威」とは全く異なる。この認識とは反対に、実際の民間宗教は国家権力と矛盾せず、間違いなく国家の政治統治に不可欠で有益な協力者であった。

第三節　明清民間宗教の神話思想の展延および宗教の現実的基礎

　上述してきたように、「無生老母」を最高女性神とした明清民間宗教の創世神話の創設は、諸仏が秩序を掌教する治世倫理や「法船普渡」の救済思想を構築するために倫理的根拠や理論的根拠を提供する。しかし、「無生老母」により俗世に遣わされた九十六億「皇胎児女」は、のちに郷里を忘れ俗世に愛着を抱き、「帰郷」することを望まなくなる。

　では、無生老母は、いかに彼らを俗世の「苦難」から救済し、「楽土」の郷里へ帰還させればよいのだろうか。無生老母は遥かな高みにいる「天神」であるため、直接下界に下り「郷里を失った児女」を救出することはできない。そのため人と神との間を往来する仲介が必要になる。よって無生老母の化身として「教主神化」神話が作り出された。

　明清民間宗教創世神話としての展延は、教団教主が神化することで、人と神の間の橋渡しとなり、此岸と彼岸を往来する「新たな道」となる。それにより民間宗教の創世神話は現実的土台に基づく発展をみせる。

　では、これら民間宗教の教主は、如何に道を学び（悟道）、無生老母の化身として道を行ったのであろうか。これについて、各教団の経典の中にいずれも記述がみられる。例えば羅教の『五部六冊』の「祖師行脚十字妙頌」にいう。

　　　　老古仏、来托化、以羅為姓。為衆生、降山東、普度衆生。
　　　　仗父母、恩徳重、懐胎持戒。正統時、七年間、処世為人。
　　　　十二月、初一日、子時出現。離母胎、不食葷、菩薩臨凡。
　　　　生下祖、三歳時、喪了親父。七歳上、又喪母、撇下単身。
　　　　可怜見、無父母、多虧叔嬸。蒙抬挙、養育祖、長大成人。
　　　　毎日家、怕生死、犠惶不住、想生死、六道苦、胆顫心驚。
　　　　到成化、六年間、参師訪友。朝不眠、夜不睡、猛進前功。
　　　　茶不茶、飯不飯、一十三載。到成化、十八年、始覚明心。

在十月、十八日、祖成道果。正子時、心開悟、体透玲瓏。[54]

経典に述べられる老古仏とは無生老母である。つまり無生老母の「托化」を受けることで、羅夢鴻は人間界における無生老母の化身と成り得た。それにより道を悟り教団を創設し、衆生を救済することで人間を「苦海」から離脱させ、「真空家郷」へと帰還させる。つまり羅教（無為教）の創立は、羅夢鴻の個人的発明ではなく、その実、無生老母の委託を受け、衆生のために作り上げたのである。それゆえ神聖性の一端をうかがい知ることが可能である。

これに類似する内容が『普静如来鑰匙通天宝巻』（『鑰匙経』）に見られる。この経典は普静が出生時に発した言葉が述べられる。

> 鑰匙仏、伝宝巻、親臨降世。丙戌年、九月内、性下天宮。転化在、邑奠城、埋没姓名。喫五谷、養仏性、随類化生。久等着、鶏王叫、天時催動。有春雷、就地響、振動乾坤。[55]

西大乗教教主、呂尼の転化については、多くの経典に詳細に記述される。例えば『銷釈接続蓮宗宝巻』に以下のように述べられる。

> 円通老母来下生、聖性投凡落西秦。庚辛宮中西安府、王寿村住呂宅中。七仏之師臨凡世、観音老母借凡身。設大乗円頓教、敕賜保明立法門。……九蓮天里円通母、玉晶宮中見天真。男為福字法中号、女為妙字続蓮宮。先度南陽皈善教、後化燕京立保明。[56]

---

54) 『五部六冊』——蘭風注解経、王源静補注、光緒二十年刻本（『明清民間宗教経巻文献』第1冊・新文豊出版公司 1999年）第412頁。
55) 『普静如来鑰匙通天宝巻』日本植民地時期の抄本（『明清民間宗教経巻文献』第4冊・新文豊出版公司 1999年）第762頁。
56) 『銷釈接続蓮宗宝巻』（『明清民間宗教経巻文献』第5冊・新文豊出版公司 1999年）第536-537頁。

ここに述べられる円通老母とは呂尼である。つまり呂尼の神身である。経典では円通老母が無生老母であると明確に記されないが、「七仏之師」、「九蓮天」、「玉晶宮」などの文字から、無生老母は極めて地位の高い女神であった。そして俗世に下り尼となり、無生老母の委託を受け、呂尼は人間界における無生老母の化身、象徴となった。

また、経典では「円通下生」の四字を以下のように解釈する。

> 円通下生四字、円者、是円覚法性。通者、是円通教主。下者、是下生臨凡。生者、是願満平生、這便是円通下生也。[57]

つまり円通下生とは、円通教主の出生であり、無生老母の現世への降誕を意味する。また、『普渡新声救苦包巻』にも次のように記載される。

> 老祖本是観世音菩薩下界……非是凡人生在西涼。先度南陽凡情、後化燕京黄村得游意。[58]

以上、上述してきたように、明清民間宗教は無生老母を最高神として確立した創世神話である。同時に、各教団の「教主神化」神話を作り上げた。創世神話の誕生は、無生老母を至上とする神仏の治世、救世思想、行為であり、これにより理論的根拠、論理的基礎を構成する。また、「教主神化」神話は、こうした治世、救済思想、行動の倫理、実践を実現するための媒介となった。つまり、教主の神化によってのみ、神界と人間界との疎通が可能となり、最高神——無生老母の意思を「娑婆世界」にいる九十六億「皇胎児女」に伝えることができたのである。同時に教主の伝道を通じて、無生老母が俗世で「失郷児女」に「児女の帰郷」を望むという意思を伝えることが可能であった。

---

57) 『銷釈接続蓮宗宝巻』、『明清民間宗教経巻文献』第5冊（新文豊出版公司 1999年）第533頁。
58) 『普渡新声救苦宝巻』、譚松林主編『中国秘密社会』（第二巻）、（福建人民出版社 2002年）第201頁。

遥かなる高み、彼岸の天界にいるとされる神仏の観念を此彼世界の現実の中に置き換えることで、教主による創教がおこなわれ、多くの民間宗教が設立された。それは創世神話から「教主神化」神話、つまり明清民間宗教の創世神話思想の展延や理論の展開を実現した。これは民間宗教が歴史的変遷、発展をとげる過程における必然の道であり、明清民間宗教思想体系が徐々に成熟、発展することを意味する。つまり、神話の本質および発展の規則から述べるなら、明清民間宗教の創世神話思想では、理性は非理性を遥かに超越したものであった。

第二章むすび

　ラングは『神話・儀礼・宗教』において以下のように述べる。「人類最古の宗教観念は、ある意味において、至上道徳の存在物により構成される。野蛮人が描くこの至上道徳の存在物が活動する際、神話の幻想の中に取り込まれる」[59]。ここでラングは神話と原始宗教の関係について述べる。だが、社会と宗教の発展に伴い、神話は宗教から分離し独立した文化体系となっていく。そして、神話により神霊を解釈することで、宗教は常に神話によって自らの宗教観念や思想を体現した。そのため神話は宗教の「恒久的主題」となる。さらに、宗教を研究することは、宗教観念の形成の構造や発展の筋道、さらに宗教思想の深奥な内容や精神的役割などを詳細に理解し把握することであり、それらは重要な倫理的意義と現実的意義を有する。

　本章では、明清民間宗教の創世神話および「教主神化」神話の整理、分析を通じて、明清民間宗教創世神話は、全宗教思想体系における不可分の一部分として、そして教義思想体系のロジックを展開する根拠として、極めて重要な地位や役割を有している事を明らかにした。そして、「教主神化」神話によって、宗教的意義における神と人間の往来や交流を強調、促進することで、神話思想が目指すべき現実的根拠を構築している。「神話」から「神化」とは、明清民間宗教神話思想が発展してきた軌跡であり、理論を展開させるための客観的根拠でもある。さらに歴史的発展過程において必然的に帰結される結論でもある。

　第一節では、明清民間宗教各教団の創世神話を比較、分析することで、明清民間宗教創世神話の成立過程を指摘した。それは、伝統的創世神話、儒仏道三教、さらにその他外来宗教の創世論思想を利用、吸収することで、整合性を持たせ、改編、刷新した結果である。特に、無生老母を最高主神とする創世思想は、より鮮明に明清民間宗教の「以人為本」を表し、あらゆる宗教

---

59) Sharpe, Eric J. 著、呂大吉等訳『比較宗教学史』（上海人民出版社　1988年）第81頁。

理念や時代的特徴を包摂する。それにより、これら神話思想は中国社会の広範囲に渡り強い影響を与えた。

　第二節では、明清民間宗教の複数の教団の「教主神化」神話を対象に考察を行ない、神話の構成の特徴や思想的内容を総括した。さらに教団の神聖性についての宗教的意義を明らかにし、社会での生存空間や権力の分掌、さらに衝突の緩和や制度間での政治的「潜在意識」の強要について述べた。

　第三節では、創世神話の構成は、救世思想とその行為のために理論的根拠が付与されており、その根拠を現実の宗教に求めることで、これら思想や行為は確実な保障を獲得できたことを述べた。「神話」から「神化」への変遷は、明清民間宗教創世神話の発展の軌跡であり、宗教思想体系の発展、完成を意味する。そこでは理性的要素が大いに強化され、明清民間宗教各教団の宗教意識を向上させる指標となった。

第三章　明清民間宗教の救済観念

　およそ中国宗教を研究した事がある者であれば、ほぼ全ての人が楊慶堃氏のように「中国では、なぜ「世俗」の儒学が「世俗」社会が危機に直面した時に解脱の道を示さず、宗教がそれをおこなうのか」[1] という困惑を抱くであろう。これについて楊氏は、「正統なる儒学の極端な保守性」により、現実主義に立脚するため「想像力の欠如」がもたらされた、ことに起因するとする。このように、天性として中国人の生命に備わる「不朽」を追い求める最上の境地とは相容れない。

　そして「宗教は始めから一つの例外もなく人びとに現世の生活とは異なる来世を認識させ、徳を積む事により世界を変え、創教者が構想した理想のモデルと符合する」[2]。ここでいう「徳を積む」とは「救世」思想である。

　各宗教の救世思想の具体的内容は完全に同一でないにしても、全体の構成は大同小異である。さらに世界の宇宙論の解釈、世界の倫理秩序の解釈や配置、現実社会における人間性の欠落と堕落および社会の病巣について全面的に解決する方法、信徒の修行方法や戒律などを全て含む。これにより人間性の修復と回帰を希求し、最終的に俗世間の困惑や束縛から抜け出し、理想の「西方極楽世界」へと到達するのである。

　明清民間宗教の救世思想は、「無生老母」を最高創世神として作られた創世論を土台として、「三仏掌教」「五祖当極」の治世論と「三元劫数」の末世観などの思想が同一系統の論理で展開される。最終的には「法船」普度により、龍華へ共に到達するために作られた全体救済のための理論である。

---

1)　楊慶堃著、范麗珠等訳『中国社会中的宗教』（上海人民出版社　2007年）第212頁。
2)　楊慶堃著、范麗珠等訳『中国社会中的宗教』（上海人民出版社　2007年）第212頁。

第一節　救世の前提：明清民間宗教の治世理論

　前述してきたように、無生老母を最高神とした創世は、世界や人類（九十六億皇胎児女）を創造して以降、この宇宙の秩序を如何に守り保障したのか。つまり天を安んじ地を立てるという、三才の位を定めることで、三仏掌教により明清民間宗教治世思想の主要な内容を作り上げた。同時に後世の救世や度世のための準備をおこなった。

　最初は、三才の定位を確立する秩序である。『九蓮経』にいう。

　　　混沌虚無一段空、空能生気気生精。
　　　清濁判断生天地、無中生有立乾坤。
　　　陽生陰降成世界、乙初始素太極中。
　　　三才四象生八卦、五行六爻定九宮。
　　　無極真空分形化、千変万化立人倫。
　　　上有天盤森羅相、日月五斗共星辰。
　　　下有地盤江湖海、山川樹木共園林。
　　　中有人盤乾坤体、陰陽男女配分明。[3]

　このように宇宙全体を天盤、人盤、地盤の三つの枠組みに分割する。それぞれの凡聖が異なるため互いに区別があり、互いに関係がある。その後、無生老母は、三仏の持ち回りで天盤を管理させ、五祖に地盤を主らせた。それにより三仏掌教、五祖当極による治世の図式が形成された。

3）『皇極金丹九蓮還郷宝巻』明刊本（『明清民間宗教経巻文献』第4冊・新文豊出版公司　1999年）第886頁。

一、三仏掌教

　三仏掌教は、「三仏続燈」、「三仏治世」とも呼ばれる。つまり燃燈・釈迦・弥勒（または阿弥陀）の三仏が天盤を分掌することで、世界の時空秩序の統治、主宰を実現する。

　この「三仏掌教」思想は、仏教の三世仏に由来する思想である。三世仏とは、過去、現在、未来、三世の仏である。過去に仏となりすでに涅槃した仏を過去仏と呼び、現世に生存しており、住世の説法を行なう者を現在仏と称し、すでに仏記を授かり、将来、仏となる者を未来仏と呼ぶ。大乗仏教では、過去、現在、未来には、燃燈仏・釈迦仏・弥勒（阿弥陀）仏がそれぞれ対応する。小乗仏教では「七仏」とされる。

　過去仏である燃燈仏は、錠光仏、または定光仏とも称される[4]。燃燈仏は過去世界の「荘厳劫」に生誕し、九十一劫の後に釈迦牟尼の仏号を得ると預言されている。『瑞応経』にいう。

> 錠光仏時、釈迦菩薩名儒童、見王家女曰瞿夷者、持七枝青蓮花、以五百金銭買五茎蓮奉仏。又見地泥濘、解皮衣覆地、不足乃解発布地、使仏蹈之而過。仏因授記曰、是後九十一劫、名賢劫、汝当作仏、号釈迦文如来。[5]

　現在仏である釈迦仏は、もともと儒童と呼ばれた釈迦菩薩であったが、敬虔に仏を奉っていたために、燃燈仏による教化を受け仏となった。そのため燃燈仏は過去仏、釈迦仏は現在仏となった。さらに釈迦に授記され、後に仏となった弥勒仏は未来仏である。よって、この三者が過去・現在・未来の三世仏となる。大乗仏教では、全ての人に仏性が備わるとしており、三世仏思

4）　本書第一章、第二章に引用した『大智度論』巻九之参照。「如燃燈仏生時、一切身辺如燈、故名燃燈太子、作仏亦名燃燈、旧名錠光仏」（『中華大蔵経』第25冊）第58頁。
5）　『瑞応経』、即ち『太子瑞応本起経』上巻、三国呉支謙訳（『中華大蔵経』第34冊）第484頁。

想も三世三千仏へと拡大された。それは、過去の荘厳劫に一千仏が修成し、現在の賢劫に一千仏が修成し、未来の星宿劫に一千仏が修成するのである。

　一般に、過去・現在・未来の三世仏は「堅三世仏」または「横三世仏」と称される。阿弥陀仏は西方極楽世界を主り、釈迦仏は中央娑婆世界を主管し、薬師王仏は東方瑠璃光世界を掌る。「横、堅三世仏」信仰は、いずれも民衆に対して大きな影響を与え、後に仏教寺院では造像され敬虔に祀られた。しかしながら、後の各地の社会や非正統の民間宗教に大きな影響を与えたのは前者である。つまり過去仏燃燈・現在仏釈迦・未来仏弥勒（または阿弥陀）により構成される「堅三世仏」信仰である。

　明清民間宗教の「三仏治世」理論は、これを土台としつつ、実際の宗教に対する要望と結合させながら次第に形成されていった。『九蓮経』開経偈にいう。

　　蓋聞古仏顕教、治下乾坤世界、留下金木水火土、分定五行、内生八卦。開天閉地、化生陰陽、産生万物。聖玄中、古仏造定三元劫数、三仏輪流掌教、九祖来往当機、分定過去、現在、未来三極世界、各掌乾坤。[6]

『普明如来無為了義宝巻』にも「無極聖祖、一仏分于三教、三教者、乃為三仏之体。過去燃燈混源初祖、安天治世、立下三元甲子、乃是三葉金蓮、四字為号」[7]という。また『古仏当来下生弥勒出西宝巻』では、弥勒信仰を強く強調する。ここで弥勒仏は、釈迦仏が涅槃し世界を管掌し「三千年間、衆生貧富苦楽不同、五穀少收、四民不安、国家争竟不寧、賊盗再多」[8]することを見

6）『皇極金丹九蓮還郷宝巻』明刊本（『明清民間宗教経巻文献』第4冊・新文豊出版公司　1999年）第875頁。

7）『普明如来無為了義宝巻』（『明清民間宗教経巻文献』第6冊・新文豊出版公司　1999年）第191頁。

8）『古仏当来下生弥勒出西宝巻』（『明清民間宗教経巻文献』第7冊・新文豊出版公司　1999年）第156頁。

第三章　明清民間宗教の救済観念　119

守っている。いわゆる「一母所生起源根、三仏議定治乾坤、只因釈迦差一念、賊盗貧心苦万民」である。また、「世間衆生受苦無尽後、被魔王攪乱、再有三災八難、世界衆生又遭末劫」[9]とは、いずれもこの過失により生じたものである。現在釈迦の修める世界の期間である三千年はすでに過ぎ、衆生は末劫にいる。そのため弥勒古仏は霊山会において大願を発し、俗世に来臨し苦難の中にいる衆生を救うのである。経典に次のようにある。

　　　　古玉仏、見衆生、双眼流泪、末劫到、時候極、災難斉臨、
　　　　勧衆生、早回心、持斎念仏、休行邪、帰正道、逞好光陰、
　　　　日夜里、勤念仏、加功進歩、行皇極、置立門、修煉長生、
　　　　二六時、代天行、勧人為善、若要躱、末劫難、正道修行、
　　　　享未来、太平福、上元甲子、普天下、男和女、兄妹相親、
　　　　嘆世人、如春夢、殺生作孽、喫酒肉、人喫人、陰司受刑、
　　　　年歳荒、都遭災、人民搶乱、眼前見、魔王反、皆害良民、
　　　　災難到、如返餅、無去躱避、地水涌、風火緊、哪里安身、
　　　　本師教主、当来治世、弥勒尊仏。[10]

では、三仏や掌教の順序は具体的にどうなのか。『普静如来鑰匙通天宝巻』に比較的詳細に描写される。

　　　　過去九劫是燃燈、一十八劫釈迦身、未来九九八十一、一百八劫
　　　　立三空。
　　　　三世仏、輪流転、掌立乾坤。無極化、燃燈仏、九劫立世、
　　　　三叶蓮、四字仏、丈二金身。太極化、釈迦仏、一十八劫、
　　　　五叶蓮、六字仏、丈六金身。皇極化、弥勒仏、八十一劫、

9）『古仏当来下生弥勒出西宝巻』（『明清民間宗教経巻文献』第7冊・新文豊出版公司1999年）第156頁。

10）『古仏当来下生弥勒出西宝巻』（『明清民間宗教経巻文献』第7冊・新文豊出版公司1999年）第159頁。

九葉蓮、十字仏、丈八金身。過三甲、人受相、寿活千歳。
無文字、是一乗、獣面人心。現六甲、人受死、六十余歳。
有文字、是二乗、人面獣心。未九甲、人受返、八百一歳。
留九経、并八書、仏面仏心。三乗法、是弥勒、古仏掌教。
鑰匙巻、開天地、諸人知聞。[11]

ここでは三世仏を過去の燃燈仏、現在の釈迦仏、未来の弥勒仏と明確に分ける。さらに系統的に対応する数字から、三種類の異なる時空状況下における各々の特徴を表す。九劫、十八劫、八十一劫、三葉蓮、五葉蓮、九葉蓮、四字経、六字経、十字経、三甲、六甲、九甲、丈二金身、丈六金身、丈八金身、一乗法、二乗法、三乗法などである。この他、明清民間宗教思想には「三陽（羊）」の観念がある。例えば『仏説大蔵顕性了義宝巻』に次のようにある。

過去仏、青陽頭会、聖賢劫、執掌乾坤、九十二億在紅塵、閻浮迷真性、天宮有分我来尋、我仏九劫満回宮院。現在仏、紅陽二会、庄厳劫、独自為尊、昇天教主下天宮、花開一転無人惺、九十二億随仏去、我仏一十八劫円満回宮殿。未来仏、白陽三会、星宿劫、執掌天宮、九十二億在紅塵、閻浮世界迷真性、燕南趙北、一粒金丹、我仏八十一劫超凡塵。[12]

前述の『普静如来鑰匙通天宝巻』にも「燃燈仏、掌教是、青陽宝会、釈迦仏、掌紅陽、現在乾坤、弥勒仏、掌白陽、安天立地」[13]と述べられる。弘陽教

---

11) 『普静如来鑰匙通天宝巻』日本占領時期の抄本（『明清民間宗教経巻文献』第4冊・新文豊出版公司 1999年）第770頁。
12) 梁景之『清代民間宗教与郷土社会』（社会科学文献出版社 2004年）第55頁の注①を参照。
13) 『普静如来鑰匙通天宝巻』日本占領時期の抄本（『明清民間宗教経巻文献』第4冊・新文豊出版公司 1999年）第770頁。

第三章　明清民間宗教の救済観念　*121*

ではさらに明確に「混元一気所化弘陽法者、現在釈迦仏掌教、以為是弘陽教主。過去清陽、現在弘陽、未来才是白陽」[14]とある。

　ここで言う「三陽（羊）会」とは、青陽、紅陽、白陽（あるいは清陽頭会、紅陽二会、白陽三会）の三つの時間区分であり、過去、現在、未来の三世に分けられ、燃燈仏、釈迦仏、弥勒（阿弥陀）仏がそれぞれ治める世界である。こうした理論は明らかに仏教の「龍華三会」思想の影響を受けている。

　このように「三期劫変」、「三仏治世」思想によって作られた時空秩序体系は、未来仏の弥勒（阿弥陀）の来臨による世界救済思想の理論的根拠となった。来臨に際して、大地には衆生が溢れ、黄金の床が張られた水晶の殿に住み、真珠で装飾された傘蓋を従え、様々な植物・穀物・樹木は実を結ぶ。その実の大きいものは枡の如く、小さいものは鐘のようである。一つ食べれば数日は飢えを知らず、人々は健康となり、長生を得る。正に

　　樹結仙果草生米、小者如鐘大似升、天種人收喫弗窮、那有貧苦落難民、四季温和風雨順、八節斉享太平春、流霞酒喫人不老、欲死丸吞寿長生、聡明美貌無粧奮扮、仁義礼智信方正、各処如己心意同、都是兄弟姉妹称、路不拾遺無賊盗、弗受絲毫金和銀、戸戸原来都得過、家家男女誦経文、那時才成諸仏界、到処都是修行人。[15]

である。このすばらしい未来を実現するために必要な方法が『出西宝巻』に述べられる。

　　　従万歴、庚申年、以帰家庭、我仏救、衆群生、持斎行善、

---

14)　『混元弘陽来臨凡飄高経』（『明清民間宗教経巻文献』第6冊・新文豊出版公司 1999年）第695頁。
15)　『古仏当来下生弥勒出西宝巻』（『明清民間宗教経巻文献』第7冊・新文豊出版公司 1999年）第179頁。

早帰依、円頓教、置立法門[16]、入孔門、長生道、永除災星。[17]

　上述したように、三仏掌教は民間宗教の治世思想を中核として構成されていることは疑いようがない。また、これに対応する「五祖当極」の考えも同様に、民間宗教治世思想の重要な内容となっている。そのため、仮に三仏掌教が天盤の統治に立脚するのであれば、「五祖当極」が重視するのは地盤秩序の確立と維持にある。

二、五祖当極

　五祖当極は、五祖承行ともいい、三仏掌教後の世界を指す。地盤秩序が効果的に統治、運行されるために、無生老母は自身の先天一気を五法五行五季の気と化すことで、金木水火土を生じさせた。その後、五祖を遣わし、五行に則り世界を治めた。五祖は各々その能力を五穀として顕すことで大地の人々を養った。『龍華宝経』に「三仏輪流掌乾坤、五祖当極治五行、留下金木水火土、発生万物養人倫。」[18]とある。

　五祖当極と三仏掌教とは、世を治める過程の異なる二つの段階である。この両者は、民間宗教の治世思想の中核的内容を構成する。

　五祖承行の具体的内容について『龍華宝経』に詳細な記述がみられる。

　　古仏差派五祖当極、執掌乾坤。按東方甲乙木、為之春季、有周世祖
　　当極治世、留下懸谷、……此為懸谷乃是木命之人也。按南方丙丁火、
　　為之夏季、有漢高祖当極運世、留下腕谷、……此謂火命之人、乃是
　　腕谷。按西方庚辛金、為之秋季、有唐高祖当極治世、留下角谷、……

---

16) 『古仏当来下生弥勒出西宝巻』(『明清民間宗教経巻文献』第7冊・新文豊出版公司1999年) 第172頁。
17) 『古仏当来下生弥勒出西宝巻』(『明清民間宗教経巻文献』第7冊・新文豊出版公司1999年) 第173頁。
18) 『龍華宝経』(『明清民間宗教経巻文献』第5冊・新文豊出版公司 1999年) 第697頁。

乃為金命之人是為角谷也。按北方壬癸水、為之冬季、有宋太祖当極
運世、留下葉谷、……乃為水命之人是為葉谷也。按中方戊己土、為
之五季、有朱太祖当極運世、留下穂谷、……乃属土命之人也。[19]

　全宇宙の大地の秩序は、無生老母が遣わす五祖により管理、運行される。
これは明らかに、抽象的な三仏掌教の思想がさらに形象化、具体化されたも
のである。ここでの五祖（周の世祖、漢の高祖、唐の高祖、宋の太祖、朱太
祖）はいずれも歴史上実在した人物であり、みな「明君」と称された王であ
る。そのため人々に親近感や説得力を抱かせ、人心の奥に入り込みやすく、
多くの信者を得たのである。

　もし、上述の五祖承行の理論について、地盤の掌教者が歴史上の帝王に限
られると具体的に規定され、宗教的色彩が稀薄であるならば、以下の五祖承
行思想には宗教的思想が余す所なく表現されている。そのため五祖承行の理
論が極致へと向かう。『銷釈接続蓮宗宝巻』にいう。

　　　　臨済祖、立法門、普渡男女、伝修行、起法名、祖教興隆。
　　　　曹洞祖、掌法門、扶宋明教、一輩輩、悟真空、慧性開通。
　　　　少林祖、立法門、習文演武、把山門、打出去、続祖伝宗。
　　　　雲門祖、掌法門、禅機合適、動用中、喫茶飯、可是何人。
　　　　雪峰祖、使木人、開山到頂、開通了、昆崙山、見的天真。
　　　　有五祖、来当極、呈行章教、一祖祖、伝心印、関口途程。
　　　　有前仏、并前祖、燈燈相続、伝宗教、入仏門、有処安身。[20]

　ここでは、仏教禅宗の五祖師を五祖承行の主体として列挙するのみで、宗
教教派の「教統」を明確にしているに過ぎない。さらに言えば、自教派の祖

---

19)　『龍華宝経』（『明清民間宗教経巻文献』第 5 冊・新文豊出版公司 1999年）第696-697
　　頁。
20)　『銷釈接続蓮宗宝巻』（『明清民間宗教経巻文献』第 5 冊・新文豊出版公司 1999年）
　　第512-513頁。

師をそのまま五祖承行の主体とすることで、自教に権威や求心力を付与する。『龍華宝経』では、教主の弓長祖を五祖承行の順序の中央に配置する。

   弓長祖、坐中央、安身立命、安四象、立五行、戊己為尊。
   諸仏祖、臨凡世、都是聖地、按八卦、合九宮、仏坐中心。
   十二時、運転着、中央是主、按子午、合卯酉、戊己為賓。
   天生下、真仏祖、身按五土、奪天元、真秀気、掌教為尊。
   按土年、合土月、土時土日、坐中央、戊己土、六土発生。
   原来是、天真仏、臨凡住世、収万法、帰一根、総続蓮宗。
   北岸上、祖留下、三宗五派、按九宮、合八卦、安立頭行。[21]

ここでは、弓長教主の神化により、教主を最高主宰神とした宗派掌教体系が組織される。宝巻に見られるこれら三仏掌教は、五祖承行の分派思想であり、実際には、民間宗教各派の宗教組織体系の理論が結集したものである。民間宗教の組織体系に関しては、本文の扱う範囲ではないため、詳細は他の研究に譲る。

---

21) 『龍華宝経』(『明清民間宗教経巻文献』第5冊・新文豊出版公司 1999年) 第679頁。

第二節 「三元劫数」と末劫：明清民間宗教の終末論

　民間宗教教義における救済思想とは、無生老母が世界を創造する過程で誕生した人間である九十六億「皇胎児女」が「災劫」に遭遇しかかった事に由来する。皇胎児女を災難から救出する重責を担った者は、未来の当極掌教者——弥勒仏（阿弥陀仏）であることは疑いようがない。災劫という存在のために、諸仏が現世に来臨し、世界を救うという動因になった。そのため「災劫」は明清民間宗教の終末論の主要な内容とされる。

一、劫災思想の淵源

　劫は、梵語Kalpa（劫波）の音写文字であり、インドのバラモン教と仏教で用いられる悠久の時間単位である。劫という文字の中国語の原義に、奪い取る、脅迫という意味がある。『説文解字』には「人欲去以力脅之曰劫。或曰以力去曰劫。従力去」とあり、段玉裁注に「脅、猶迫也。以力止人之去曰劫」[22]と記述される。また『左伝』「荘公八年」に「遇賊于門、劫而束之」、『荀子』「解蔽」に「故口可劫而使墨雲、形可劫而使詘申、心不可劫而使易意、是之則受、非之則辭辞」（「墨」、通默）、『漢書』「王尊伝」に「阻山横行、剽劫良民」とそれぞれ述べられる[23]。

　仏教では、世界は不断の運動、変化であり、成・住・壊・空の四つの異なる段階の循環、発展過程であるとする。この成・住・壊・空の変化を「劫」と呼び、それぞれ成劫・住劫・壊劫・空劫とし、総じて「四劫」と称す。世界は成劫において生じ、住劫を経て存続し、壊劫で破壊され、最終的に空劫へといたる。この時、世界はすでに破壊し尽くされた状態にある。空劫の後、世界は再び成劫期となり、住劫・壊劫・空劫の順で繰り返す。この循環は止

---

22) 『説文解字段注』（影印本）（成都古籍書店 1981年）第741頁。
23) 以上は全て『古代漢語詞典』編写組編『古代漢語詞典』（大字本）（商務印書館 2002年）第786頁「劫」字条からの引用である。

むことはない。

　さらに劫と災は緊密な関係にある。『大日経』に「周遍生円光、如劫災猛猛焔」[24]とある。また『倶舎論』にも劫と災について詳細な論述が見られる。

　仏教が中国に伝来して以降、中国人僧は仏教経典に見られる関連する理論を用い、劫と中国の歴史事実と結び付け、劫の思想について深く考察している。「劫」の概念と災を相互に関連させ系統的に述べたものが『経律異相』である。これは南宋の僧、宝唱が撰した、全五十巻におよぶ我が国最初の仏教類書である。『経律異相』では劫と災を対応させ、大劫を大災とし、中劫、小劫を小災とする。世界は成から壊にある三つの小劫、中劫さらに三大劫を経る。つまり三小災と三大災である。三小災は以下のとおりである。

　　劫初時人寿四万歳、後転減促止于百年。漸復不全乃至十歳、女生五
　　月皆已行嫁。十歳之時謂三小劫、一刀兵、二飢餓、三疾病。[25]

　世界が最初に創られた時、人の寿命は四万歳であった。これ以後、百歳ずつ減少していき、最終的に十歳まで減った。十歳の寿命では、女性は生後五か月で嫁ぐ。この時、三小災である刀兵・飢餓・疾病も同時に出現する。三小劫は衆生を貪欲、悪行に至らしめ、互いに脅迫、惨殺を行い、草木や石ころでさえも剣となる。さらに田畑の五穀も実を結ばず収穫できないため、衆生は飢餓に陥いり草や木も食べ尽くし、共食いさえはじめる。疾病が大流行するも薬は欠乏し、衆生の生気も衰え施しようがない。

　三大災とは火災、水災、風災である。

　　天地始終謂之一劫。劫尽壊時火災将起。唯有大冥謂之火劫火災。
　　……因縁果報致此壊敗。劫欲成時火乃自滅、更起大云漸降大雨渧如
　　車軸。是時此三千大千刹土、水遍其中乃至梵天、謂為水劫水災。復

---

24) 『大日経』、即『大毘盧遮那成仏神変加持経』(『中華大蔵経』第23冊) 第600頁上。
25) 『経律異相』巻1、『三小災第一』(『中華大蔵経』第52冊) 第726-727頁。

有四風持水不散。……水上泡沫化作千第十四天宮皆悉衆宝。水漸減随嵐吹鼓。……謂為風劫風災。[26]

　火災になると、日照りが続き雨は降らない。あらゆる河川や泉は涸れ、海水までもが干上がる。厚さ六万八千由旬の大地のそこかしこで煙が吹き出し、須弥山も徐々に崩れていく。地獄や欲界、色界は全てが空寂となる。火災の炎が消滅すると、続いて水災がやってくる。水災では風が起こり雲がわき、大雨が降りそそぐ。三千大世界の一部が大水のために沈んでしまう。水災が過ぎると風災となる。三災の後に天地自然の復活が始まる。これを地劫という。地劫は大劫（災）ではない。そのため地劫が到来すると大地から甘泉が湧き出し、食糧は豊富となり、宮室が造営され、諸仏が衆生を教化する。こうして新たな世界の胎動のプロセスが開始される。
　このように仏教の劫災理論は、世界の存在は不変ではなく、運動、発展していくものであると説く。世界は地・水・火・風で構成されると共に、地劫・水劫（災）・火劫（災）・風劫（災）を経て消滅する。このうち三小災が人類に訪れる苦難であり、人禍である。三大災とは自然災害、つまり天災である。人類は天災人禍に必ず遭遇するのであり、逃れようと思っても逃れることはできない。そのため在（災）劫難逃という。
　天災人禍は恒久的なものではなく、変化するものである。災劫が過ぎれば必ずすばらしい世界の成住期となる。よって人類全体の命運は相対的に決定されている。災難が甚だしい場所にいる衆生に対して、精神の奥底に希望を与えることは、人々に宗教的信仰を持たせる重要な内在的要因となる。これにより体現された社会的功能のために、後に多くの民間宗教が「三期劫変、新仏出世」といったスローガンを唱え、根本的な土壌を作り出し、劫災理論は仏教の劫災理論の基礎となった。

---

26) 『経律異相』巻1、『三大災第二』（『中華大蔵経』第52冊）第727-729頁。

二、三元劫図と末劫

　三元劫数は過去、現在、未来と対応しており、無極・太極・皇極の上元甲子・中元甲子・下元甲子の数である。『龍華宝経』では「草芽劫」「胡麻劫」「芥子劫」「轆轆劫」とも称される。

> 　有劫量経云草芽劫出世、五百年為一小劫、一千五百年為一中劫、三千六百年為一大劫。人民有災、旱潦不收、一翻苦楚。有胡麻劫出世、一万五千年為一小劫、二万三千年為一中劫、三万六千年為一大劫、乾坤復又混沌、日月收光、刀兵、蝗虫、旱潦、飢饉、黎民涂炭。有芥子劫出世、五万四千年為一小劫、七万五千年為一中劫、十万八千年為一大劫、乾坤混沌、日月無光、天降群魔、抽爻換相、地水火風斉動、刀兵、蝗虫、旱潦、飢饉、黎民業苦、一増一減、乃為轆轆劫也。[27]

　末劫とは、下元甲子劫数が尽きる際に現れる「乾坤混沌、日月無光、天降群魔、抽爻換相、地水火風斉動、刀兵、蟲蝗、旱潦、饑饉」の状況である。三仏掌教の治世原則では、弥勒（阿弥陀）仏が来臨して世界を救う時である。下元甲子、末劫の年の具体的状況については、多くの経典に様々な描写がみられる。例えば次の通りである。

> 　下元甲子、三年五載、百病斉侵、父子逃散、夫婦不能相顧。十三省州城府県、店道郷村、人民都作無頭之鬼、人喫人肉、白骨遍地、富貴貧賤、黎民苦中之苦。毎年倒有七八十様捐項、說出人民難過。田地抛荒、牛羊死尽」[28]、「今適逢此末劫、凡人九死一生、刀兵四路蕩起、瘟疫八路将侵、雷電霹靂震動、水漲山河満盈、狂風到処翻掃、

---

27) 『龍華宝経』（『明清民間宗教経巻文献』第5冊・新文豊出版公司 1999年）第731頁。
28) 『家譜宝巻』（王見川『明清民間宗教経巻文献』（続編）第6冊・新文豊出版公司 2006年）第36-37頁。

第三章　明清民間宗教の救済観念

大旱枯焦難生、魔王昏夜叩叫、瘟鬼白日現身、虎出山林何避、蛇当道路難行[29]

また『龍華宝経』ではさらに具体的に描写される。

　　下元甲子劫数到、十万八千年限終。
　　四大天王不管世、天神放了四風輪。
　　地水火風一斉到、折磨大地苦衆生。
　　山揺地動乾坤変、東南脚下鼓巽風、
　　水淹三十三天外、火熬世間化灰塵、
　　斗星乱滾森羅壊、日月混沌少光明、
　　収了五穀民遭難、樹木園林作柴薪、
　　前劫家家都好過、末劫人人尽遭瘟、
　　男女老少遭塗炭、刀兵飢饉餓死人、
　　百般苦楚都来到、三災八難一時侵。
　　万物毀壊時年至、旱澇蝗虫疫病行、
　　因為大地人不善、海底鰲魚好翻身。[30]

　下元甲子は三期末劫に該当する数であり、その年の巡り合わせによっては、多くの災難に見舞われる。これらは全て、ここでは天運劫数のしからしむるところであるが、現実の状態の実情や活動が反映されている。この状況について、救世とは無生老母が弥勒（阿弥陀）を下界に遣わし、俗世に残された九十六億皇胎児女を「総収原」することで、末劫の災難から救った。『皇極金丹九蓮還郷宝巻』にいう。

　　世尊言日、当初因為乾坤冷浄、世界空虚、無有人烟万物。発下九十

---

29) 『末劫真経』、梁景之『清代民間宗教与郷土社会』（社会科学文献出版社 2004年）第72頁から引用。
30) 『龍華宝経』（『明清民間宗教経巻文献』第5冊・新文豊出版公司 1999年）第731頁。

> 六億仙仏星祖菩薩臨凡住世、化現陰陽、分為男女、匹配婚姻、貪恋
> 凡情、不想帰根赴命、沈迷不醒、混沌不分、無太二会下界、収補四
> 億三千元初仏性帰宮掌教。今下還有九十二億仙仏祖菩薩、認景迷真、
> 不想帰家認祖。你今下界跟找失郷児女、免遭末劫、不墜三災。[31]

当初、九十六億仙仏祖菩薩を現世に下らせたまま留まらせたことは、創世当初の世界の閑散とした状況を変えるためであった。しかし、児女たちが本生を失い、自己の「故郷」を忘れ、日ごとに堕落していったため、累劫にあっても重い孼苦をあたえた。

> 大地衆生知恩不報、抛洒五穀、米、面、油塩、剪砕綾羅、呵風罵雨、
> 怨天恨地、不敬三宝、欺神滅像、毀僧謗法、欺圧善良、数弄好人、
> 不孝父母、六親無情、心如狼虎、悪意傷人。……、三災八難、瘟疫
> 流行。末劫臨頭、折磨衆生、百般苦楚、難為好人、累劫冤愆、積到
> 如今。[32]

無生老母は俗世に残された九十六億皇胎児女をまさに救い出そうとしているが、こういった救済は無条件のものではなく、すぐさま正道に立ち返らせるのである。具体的にいうならば、まず修行を行わねばならない。これは民間宗教が宣教を行なう上で最も重要な条目である。『古仏当来下弥勒出西宝巻』にいう。

> 古玉仏、見衆生、双眼流泪、末劫到、時候極、災難斉臨。勧衆生、
> 早回頭、持斎念仏。休行邪、帰正道、逞好光陰。日夜里、勤念仏、
> 加功進歩、行皇極、置立門、修煉長生。二六時、代天行、勧人為善、

---

31) 『皇極金丹九蓮還郷宝巻』明刊本（『明清民間宗教経巻文献』第4冊・新文豊出版公司 1999年）第877頁。
32) 『龍華宝経』（『明清民間宗教経巻文献』第5冊・新文豊出版公司 1999年）第730-731頁。

若要躱、末劫難、正道修行。[33]

　参道修行の過程には、当然、経典の書写（読経）、符呪の佩帯など系統的な広く福田に種をまくといった行為が含まれる。これらについて『五公経』に詳細な記述がみられる。

---

33) 『古仏当来下生弥勒出西宝巻』（『明清民間宗教経巻文献』第 7 冊・新文豊出版公司 1999年）第159頁。

第三節　霊異と予言の功能と作用——『五公経』を例に

　明清民間宗教の創世と治世の思想は、救世の理論、行為についての思想理論的根拠とされている。しかし、宗教運動の中心となる救世思想として、いかに広く民衆にこれら救世のスローガンを信じさせればよいのか、どうすれば普遍的救世事業は大衆の関心を引くものとなり、多くの民衆の信心、信仰を集められるのか、そしてこれに付き従う者を獲得できるのであろうか、という問題がある。

　教派を率いる教主の霊（神）異や讖緯宣託は明清民間宗教が用いた二つの主要な方法である。そのため救世の主張するものが明清民間宗教運動の中核であり、霊異や宣託はこの（救世の主張）中核の中心である。

一、霊異

　「霊異」とは、本書第二章で述べた「教主の神化」神話であり、各宗教の教主の「通霊」能力やそのほかの様々な「特異能力」である。明清民間宗教の諸派にあって、こうした霊異的特徴を備える教主は、マックス・ウェーバーの言葉を借りれば「カリスマ」教主となる。こうした「カリスマ」教主の存在により、宗教の救世が社会に普及していき、普遍的な救世思想が全体の救済となる。

　明清民間宗教各派の「教主の神化」の詳細な内容は、第二章ですでに論及しているため、ここで再び述べないが、宗教全体の救世活動における働きや役割については簡単に概括しておく。

　明清民間宗教の創世、治世論の内容には、その他のあらゆる宗教と同様、「苦難災劫」に満ちた現実世界が広がっている。同時に「人々に現世生活とは異なる来世を承認」[34]させている。そのため、人々はこうした現実に直面する

34）　楊慶堃著、范麗珠等訳『中国社会中的宗教』（上海人民出版社　2007年）第212頁。

と、だれかに困難な境遇から救い出してもらい、理想的な生活を送れるように常に願うのである。人々や政府に希望を託すことができない状況下では、宗教や神仏に助けを求める以外ない。宗教信仰者として、彼らは神仏の啓示や教化を得ることを強く望む。教派の領袖（教主）は、まさにこれら神異、つまり神仏と通じる能力を示す。こうした不思議な出来事の伝播は、多くの信者の加入を促すだけでなく、すでに入信している信者にとっては、心を鼓舞し困難を克服させる。特に「危機」に直面したり、八方塞がりの時に多く見られる。

次に、教主は呪符による治病や占卜により自己の神異を示す。宗教の創設者が呪符による治病で信徒を集めたことは、中国では古来よりみられる。初期道教の「五斗米道」では「符水」による治病により信者を集め布教した。多くの明清民間宗教もこうした方法を継承している。例えば弘陽教の教主、韓太湖は「未嘗受読、自能知医」、「医病頗者奇跡」[35]とされる。光緒年間初めに万全県で大旱魃が発生した。各地を行脚していた志明和尚は、村に井戸を掘り、その地で大開普度を行い、先天真伝を授かった。その伝を黄天大道と名付け、黄天教がその地で発展するのに重要な役割を果たした[36]。

また、一貫道の創始者である王覚一は、若い時、占いで生計を立て扶鸞や呪符を用い病人の治療を行い、早くから信者を集めていた[37]。宗教創設者の霊験は信者を苦難から救済することに関して独自の役割を果たしていることが、ここからも見て取れる。

つまり、ある教派の教主の神異は宗教活動において個別的、全体的という二つの意味を持つ。個人について言えば、教主は、ある個人が解脱を求めている際に必要とされる魅力や吸引力を有する。これら教主の助けを得て病気を治癒した人々は、自然と教主に感謝の念を抱くようになり、心から帰順する。

反対に、未だ助けを得ておらず、さらに神の奇跡や霊験を直接経験、確認していない者は、治癒した者や治病中の者の話を聞くことで、入信したい、

---

35) 宋軍『清代弘陽教研究』（社会科学文献出版社　2002年）第160頁。
36) 李世瑜『現代華北秘密宗教』（上海文芸出版社　1990年）第35-36頁を参照。
37) 李世瑜『現代華北秘密宗教』（上海文芸出版社　1990年）第14-15頁を参照。

救済を得たいという気持ちが確かに生じるであろう。

　全体としての意味は、一個人の帰依が、より多くの者の帰依につながる。多くの民衆と比べ、超越的能力を有する宗教指導者はごく少数であるが、教主達の霊験は魅力的であり、多くの人々を結束させ巨大な宗教活動を行なう下地となる。よって、個人の救世は普遍的救済の仲介となり、あらゆる宗教と同様に、明清民間宗教教派は「いずれも帰依により個人を救済し、普遍的救済により全体的救済という観念を得た」[38]。

二、図讖の効果と役割——『五公経』とその他の経典

　図讖とは、予言の言葉を用い特定の図形を描くことで、ある出来事の発生や変化と結び付け、予知する文書である。図讖は讖緯とも称し、秦漢時代の讖書と緯書の総称に由来する。讖は、詭の隠語であり吉凶を判断する。緯書は六経に関連する。神仙の言葉に仮託され、あいまいな謎かけにより将来の禍福因果を暗示する。初期の頃、これら預言は伝統的神仙に仮託されることが多かった。仏教の伝来以後は、仏菩薩など先知者の分身が増える。

　こうした中で、中国の讖緯思想の内容にも新たな要素が付加されていく。『五公経』は正に、こうした変化や発展により誕生した経典である。

1. 『五公経』について

　『五公経』は、志公・朗公・康公・宝公・化公の五菩薩を指す。天台山で経文を撰し、人々を救済し劫難を避けるための経典である。そのため、『天台山五公菩薩霊経』『救難五公経』『五公救劫経』『仏説転図経』などとも称される。

　王見川氏の研究によれば、現存流布する『五公経』の版本は「三十種類は下らず、大きく四系統に分類できる」[39]という。これは『五公経』が伝播した範囲の広さ、予言が有する社会における信仰の程度や影響力を反映している。

---

38) 楊慶堃著、范麗珠等訳『中国社会中的宗教』（上海人民出版社 2007年）第215頁。
39) 王見川『明清民間宗教経巻文献』（続編）第1冊（新文豊出版公司 2006年）第6頁。

『五公経』の正確な成立年代については諸説あるが、一般には唐末五代と考えられている。『五公経』[40] は全二十九頁、冒頭六頁のうち、一頁目は序文と光緒三十三年重刻および印刷の題字。二から五頁は志公・朗公・康公・宝公・化公の計八十一の霊符がそれぞれに記される。六頁目は後天図応劫経の伝が引用される。七頁から二十九頁は経文本文となる。本文は散文と韻文により記される。韻文は七言、五言または七、五言が併用される。

> 昔日、志公、郎公、康公、宝公、化公五公菩薩共集天台山上、観南閻浮提中華之地、遇下元甲子年、衆生造悪、君不仁臣、臣不忠君、上下相利、逓劫相剥、老小相拍、男女相背、強弱相侵、干戈競起、郷田凋残、州県破失。……切見善人不得自由、財帛不能為主。廿年之内、四海一同受此災逃難過。如何生計救度、……爾時台州府天台山五公菩薩共撰転天図経、後翻為長短句歌三十余首、論下元六甲未来之事、命衆生知悉吾在天台山上坐制神符八十一道降下、故号転天図経并及志公神符八十一道。[41]

その目的は、五方を鎮め末劫にある衆生を救済する。衆生は、貧富貴賤、善人悪人を問わない。ただ菩薩と霊符の経文を尊信し、斎戒を行い、進香する者であれば「末劫甲子年」を過ぎ「寅卯後」の太平な時代に至ることが可能である。

末劫救世について『五公経』にいう。

> 今年災瘴起、百姓尽凄惶。染病命難救、十中有九亡。世境多変易、人物并凋荒。……兼行六種病、看来実難当。第一刀兵死、第二発瘟

---

40) 該経の題名は一つではなく、さらに版本も多数ある。よって本文では光緒三十三年重刊本である『天臺山五公菩薩霊経』を使用した。王見川『明清民間宗教経巻文献』（続編）第10冊（新文豊出版公司 2006年）第297頁記載。

41)『天臺山五公菩薩霊経』（王見川『明清民間宗教経巻文献』（続編）第10冊・新文豊出版公司 2006年）第300頁。

癀、第三相劫殺、第四遇虎狼、第五霹靂死、第六忽然亡。……十家共一屋、九女共一夫。哀哉声叫苦、両泪落如珠。[42]

明王の誕生後の理想世界について、『五公経』に述べられる予言に以下のようにある。

勧君修善切莫遅、更待五年期。明王出世応不久、出在寅卯後。……如此明王与世界、万劫無災難。到此諸州人快楽、所在無怨悪。太平普化見風光、国泰応時光。上下豊饒人美頼、永得楽安全。春夏秋冬長吉祥、八節永無殃。百姓相逢皆安楽、到処無怨悪。……太陽輝久顕光明、出処在東方。[43]

このように、『五公経』では天台山の五菩薩により明王の誕生が予言され、人々に徳を積み善に至るように教え論す。それにより末劫の災難にある衆生は救済される。ここに「三仏掌世」、弥勒（陀）が下界に降臨することは述べられていないが、経典に述べられる多くの予言で、天運の移転、地理の吉凶、天下の治乱、人間の禍福、国家の興亡の変化や得失の変遷が叙述される。いずれも明確な災劫運変の思想に貫かれており、仏教理論の精髄を包摂していることは明らかである。また、天台山は古くから仏、道二教の聖地として、さらに民間の神仙、讖言信仰の発生と伝播の中心地であった。

予言の誕生は、必然的にその内部に仏教に関連する思想を吸収し、浸透させていた。その上、志公・郎公・康公・宝公・化公の「五公」や仏教の高僧大徳や碩学淵通の隠逸は、いずれも非凡で不思議な能力を有していた。[44] 彼らの事跡は、世間に知られていただけでなく、遥か官僚達ひいては宗教界まで

---

42) 『天臺山五公菩薩霊経』（王見川『明清民間宗教経巻文献』（続編）第1冊・新文豊出版公司 2006年）第304頁を参照。

43) 『天臺山五公菩薩霊経』（王見川『明清民間宗教経巻文献』（続編）第1冊・新文豊出版公司 2006年）第301頁を参照。

44) 喻松青『民間秘密宗教経巻研究』（聯経出版事業公司（台湾）1994年）第44頁を参照。

知るところであった。そのため彼らの名前を騙り経典や符を偽作し虚偽の讖言がおこなわれ、未来の天運の変化、王朝の交代変化までもが予言されるも、非常に強い求心力や訴求効果があった。このように、『五公経』は唐末五代以降も世間に伝承され続けたことは証明するまでもない。

上述したように、下元甲子の劫数により起こされた因由、天数の要因や人為の原因があるが、ある意味においては、神仏と人との相互作用の結果であるとも言える。この結果は、一般の人々にとっては間違いなく災いである。しかし、「下元甲子の劫とは、終結と災難というよりは、魂と肉体の洗礼、新たな開始と転機と言うべきものであり、人類の新生、理想の実現、永遠の幸福といった力強い進化の力や必然的移行である。そのため、これら進化や移行の過程においては、災難という形でそのまま表現されることはなく、同時にそれに相関する劫から救う、劫を避けるといった方法が伴う」。[45] つまり、修道斎戒を主とした自己救済と「霊符」を特徴とする他己救済は、神仏の救済ともいえる。

これら自己救済と他己救済、人の助けと神の助けの一致・統一こそが、明清民間宗教救世教義の根本的特徴であり、「天の助、地の助、人の助、三助が整い一に帰す」[46] のである。

2．図讖予言の機能と役割

前述したように、予言は宗教の救世が唱える重要な中心的構成要素であり、創教者（教主）の「霊異」と共に、宗教の救世事業を民衆が関心を払う問題へと変えていき、宗教活動を実施する中で、活動を促進し、より多くの信者を集めるための重要な役割を持つようになる。

予言は、過去、現在、未来に発生した重大な出来事と関連付けられ、暗示される。そして神の啓示という形で、救世の理由や必然性を付与するだけでなく、宗教全体の救世活動に神聖性や威厳を与える。同時に、これら図讖な

---

45) 梁景之『清代民間宗教与郷土社会』（社会科学文献出版社 2004年）第82頁。
46) 『新編宮更修道歌』第12頁、梁景之『清代民間宗教与郷土社会』（社会科学文献出版社 2004年）第88頁記載。

どの予言は、その躍動的なスタイルにより現実感や生き生きとした感覚を生み出す。

中国の歴史を振り返ると、予言は社会活動（宗教活動も含む）において非常に重要な役割を担ってきた。歴史的に見て、社会に危機が訪れる毎に、それと共に多種多様な予言が誕生し流行している。危機にさらされている人々は、過去の経験や知識の中から、現在直面している状況を理解する手段を得ようとして、危機を解決する方法や過程を探し出す。

また、予言の出現は、神の啓示という形式を用いることで、英知に富んだ「わずかな言葉」がくだされ、困難にある人々に解釈を与え、人々の不安な心を慰める。特にその教団に所属する信者にとっては、士気を鼓舞し、信心を増すという大きな役割がある。まさに、ある者が極度の悲しみや困惑にある時、占いで憂いを取り除く。たとえ、その者が心から占いを信じていないとしても、場合によっては予言の内容に完全に従い行動することもある。社会に危機が訪れたとき、人々の集団が希求する範囲にあって、神の啓示である予言が果たす役割はおおよそこれと類似する。

上述したように、『五公図』やその他[47]の図讖予言は、唐・五代以降、世間一般に広く流布するだけでなく、明清民間宗教各派でも非常に流行した。宗教の救世活動における特徴や役割は以下のようにまとめることができる。

まず、これら予言は、最も有名な「三元劫数」など、世界の変化や発展の理論についての解釈を示している。それは超自然的な神の啓示や創造により付与されたものであるため、これに対する人々の論争や疑惑を取り除いている。よって、絶対不変の規律とされ、激しい移り変わりをする世の中にあっ

---

47) 『五公経』以外にも、明清民間宗教では「十八子之讖」や『推背図』、『焼餅歌』等の図讖予言が広く流布していた。中でも「十八子之讖」は明朝清朝で多くの「教派反乱」や農民蜂起をおこさせた。また『稍焼餅歌』、『推背図』などの予言讖書は、未成熟な社会に大きな動揺を与えたが、民間での影響力は非常に強く、近代にいたるまで継承されている。紙幅に制限があるため、その他の図讖予言はいずれも宗教運動の範囲を超えていたと述べるにとどめる。よって本文では『五公経』を中心に、宗教救済運動における予言の機能や役割を検討する。その他経典についてはご寛恕いただきたい。一筆者注。

ても恒久不変の真理とされる。人の理性は、制御不能、予想を超えた危機に直面すると、自身の弱さや卑小さを悟り、永久に戻ることのない深い暗闇へと陥る。だが「永久不変の真理」は間違いなく人々に希望や信心をもたらす。劫変の理論では、世界全体が無秩序の災難を経験した後に、秩序立った実体に変化する、と予言されている。そのため目の前にある不可思議な劫難であっても解釈、理解可能なものへと変化する。こうした災難を解決する方法は一つだけである。つまり入信することで劫を避け、誠実に修行に励み、救済を待つのである。つまり予言とは、これら作られた「絶対的真理」を精神から心の中にまで拡張させることで強烈な感化や吸引力を生じさせることである。

　次に、予言は、神話や歴史事実の解釈についての正確性により、論断した権威や真理を証明する。仮に、人々が現実世界の変化や発展、ひいては神仏の意図する前提や対応にあらゆる疑問を抱くのであれば、過去に起きた重大な出来事を回顧することで、すぐさま疑惑を解消し、人々の予言に対する新たな強い信頼を築くことになる。

　そして、予言は動態の変化によって世界の発展を解釈する。つまり世界はある段階から別の段階への移行が存在する。経典に述べられる「三元甲子」とは、ある甲子から別の甲子への変化であり、その期間には必然的に各種災難の出現が伴う。また発展の過程では、各々の災難の段階は次第に上がっていき、ますます苛烈になる。これら災難には深い理論が付与されることで、人々は災難から抜け出し、救済を得るための希望や願望に突き動かされる。

　一度に社会危機によりもたらされる災難には、極めて大きな苦痛や恐怖が刻まれており、精神に比較的大きな影を残すため、入信という強い気持ちが引き起こされる。そして、さらに大きな災いに関する予言については、間違いなく焦りや不安が引き起こされる。同時に、こうした救済を得たいという願望は、入信して劫を避けたいという積極的気持ちに勝るとも劣らない。

　最後に、予言により示されたある種の目的や忌諱は、難解で曖昧な表現によって様々な重大事件や人物の発生や発展を暗示する。その解釈は特定の形式に固定されていないため、解釈者と使用者の間には大きな解釈の余地が残

り、慎重に解釈する必要がある。同時に、多くの予言が時間の流れを大きく横断しながら事件の変化や発展を述べるため、非凡な者でなければ予言を解くことはできない。人類の有限の知識を無限の時間や空間に当てはめ、世俗の慌ただしさや個人（帝王であれ庶民であれ）の脆弱さをしっかり自覚させることで、神仏の偉大さや法力の限りない公正さに敬服するのである。

第四節 「法船」と「会」——明清民間宗教の度世思想

　上述してきたように、明清民間宗教の末世論思想では、下元甲子末劫が来臨する際、自己救済、他己救済という方法により、災難を避け、ともに「帰一」を目指すことを強調する。ここでの「帰一」とは「故郷」に戻ることを指す。よって、仮に救世の行為が「還郷」（故郷に帰る）のための手段であるならば、度世の最終目的地は「故郷」となる。つまり救世と度世は「還郷」——民間宗教が最終的に追い求め導くもの。此岸の救済と彼岸の救済を統一する二つの段階では、救世は度世の準備であり、度世こそ救世の最終的結果となる。

一、救世の目的——度世と帰郷

　明清民間宗教信仰における故郷の概念は、一般的に二つの意味を有す。
　一つは、理想世界である。そこではあらゆるものが素晴らしく、昼夜を問わず光が遍く照らし、黄金や真珠、瑪瑙の床、四季の花々の香など、まさに「極楽世界」である。宝巻では次のように描かれる。

> 四季温和、万彩庄厳也。無四生六道、又無窮苦残疾病疹、不生不滅、弗装弗扮、都生聡明美貌、仁義礼智、各処賓主相待、姉妹相親。一年十八個月、一月四十五日、昼夜十八時、寿活九千歳、重換頭発牙歯、重化後生、九転九化、寿其活八万一千年、三極九後、同坐都斗九品蓮台。又講、我仏治世、八万一千年満、皇胎仏子、個個功円、人人成聖、仙仏聖賢、斉赴雲城都斗宮中、参拝聖母、礼謝仏尊、品選上乗、永劫不壊、同坐蓮心。[48]

48）『古仏当来下生弥勒出西宝巻』（『明清民間宗教経巻文献』第 7 冊・新文豊出版公司 1999 年）第179頁。

こうした理想世界は、明らかに仏教の浄土思想の影響を受けているものの、その立脚点はやはり地上にあり、空間的属性を具えた地上の故郷である。

　もう一つは、故郷は、世界の本義を具有するという意味である。一般的意味で使用される空間的属性はなく、人間自身の中に内在する本性を指す。つまり自性である。羅教の『苦功悟道巻』にいう。

　　　天地日月是一体、乾坤世界是一家。
　　　森羅万象是一体、四生六道是一家。
　　　無量無辺是一体、乾坤里外共一家。
　　　南北東西無遮攔、今日還郷入大門。
　　　老君夫子何処出、本是真空能変化。
　　　山河大地何処出、本是真空能変化。……
　　　一切万物何処出、本是家郷能変化。
　　　一切男女何処出、本是家郷能変化。……
　　　有人暁得真空法、娘就是我我是娘。
　　　有人暁得真空法、本性就是法中王。[49]

　羅祖は、仏教浄土思想の「西方極楽世界」の啓発を受けるとともに、道教の「返本帰原」説を融合させ、世界の一切は真空の変化に起源がある、とする。人の本性も真空の変化であると考えた。そのため、人は「真空法」を悟ることでのみ、本当の「故郷」に帰ることができる。自己の出生の地に戻ることで、「故郷」での自在や快楽を享受する。地上の「故郷」は非常に美しく（前述の通り）、八万一千年という長生を得られる。しかし、この故郷は有限であり、「三極九後」により、劫運の中で跡形もなく消滅してしまう。そのため、この有限を超越した「地上の故郷」や無限の「真空の故郷」に帰郷することこそが、九十六億皇胎児女が唯一行くことが可能な最終的な帰着地である。

---

49) 『大乗苦功悟道経』（『明清民間宗教経巻文献』第1冊・新文豊出版公司 1999年）第140-141頁。

九十六億皇胎児女は、「真空の故郷」を離れ世俗に下った後、俗世の虚像に誘惑され、その本性を見失い「故郷」への道を忘れてしまった。まさに茫々たる苦難に沈淪し苦しみを受けたのである。

　　流浪家郷好凄惶、浮生家郷不久長。
　　撚指無常離別苦、流浪家郷夢一場。
　　流浪家郷不久長、呆痴小人都争強。
　　肥猪眼看刀尖死、流浪家郷夢一場。
　　我嘆浮生好凄惶、百歳光陰撚指間、
　　光陰似箭催人老、流浪家郷夢一場。[50]

　故郷からの流浪は、時として人を惑わすものであるが、最終的に人は生死離別の無常の苦しみを免れることはできないため、一時の夢となる。では、いかにして迷いから正しい道に立ち戻り、見性を正し、「故郷」への道を歩むのか。それには、法船と法会が明清民間宗教度世において主要な手段・方法となった。

二、救世の手段——「法船」と「会」

1．大乗仏教に由来する「法船」度世思想

　法船信仰は、明清民間宗教に普遍的に存在する度世思想である。この信仰は多くの教派の経典（宝巻）やそれに関連する資料の中にいずれも記述されている。その根本的思想は皆で「法船」へと至り、共に「龍華」へ赴くことを宣揚する度世思想である。それにより天堂彼岸へ到達し極楽世界の快楽を享受するのである。

　喩松青氏の研究によると、明清民間宗教の宝巻である『仏説皇極結果宝巻』

50）『巍巍不動太山深根結果宝巻』雍正七年合校本（『明清民間宗教経巻文献』第1冊・新文豊出版公司　1999年）第385頁。

の中に初めて法船についての記述が見られる。第四品「四時香火真誠」に「有、賢良上法船之語」[51]とある。また『銷釈釈悟性還源宝巻』にいう。

> 還源客、造法船、親来普度。単度着、本来人、一処相逢。
> 上法船、説与你、帰家大路。閉二目、咬鋼牙、絶断命根。
> 双搭膝、涅磐着、巍巍不動。運先天、上下盤、追找円明。[52]

『銷釈接続蓮宗宝巻』にも、

> 紅梅總引続伝灯、替祖演教立法門。普駕法船游苦海、接続蓮宗渡後人。上船就得登彼岸、性超苦海證金身。伝留一部西来意、点透崑崙上三乗。[53]

とあり、さらに『普明如来無為了義宝巻』では、

> 古弥陀、観見他、十分難忍、駕法船、游苦海、普度衆生。……法船普度指與你長生径路、二六時与仏同行。[54]

と述べられる。そして『仏説利生了義宝巻』にさらにいう。

> 道将伝、必有個真人現説真禅。薬師弥陀倒坐金船、来往在空中、転光明照大千重無字真経、休間断、不久請你赴蟠桃宴。……

---

51) 喩松青『民間秘密宗教経巻研究』(聯経出版事業公司(台湾)1994年)第327-328頁を参照。
52) 『銷釈悟性還源宝巻』(『明清民間宗教経巻文献』第4冊・新文豊出版公司 1999年)第284頁。
53) 『銷釈接続蓮宗宝巻』(『明清民間宗教経巻文献』第5冊・新文豊出版公司 1999年)第557-558頁。
54) 『普明如来無為了義宝巻』(『明清民間宗教経巻文献』第6冊・新文豊出版公司 1999年)第142頁。

第三章　明清民間宗教の救済観念　145

　　薬師化現道将興、普明如来了三乗、
　　度下人天百十万、三乗九品一龕中。
　　三十六来三十六、七十二位度迷盲、
　　九十二億収元果、連泥帯水一船成。
　　又化多宝来接引、接引原人上船灯、
　　出得幽冥離地府、免見閻羅不沈淪。
　　個個都赴龍華会、昆崙頂上任縦横、
　　八十一劫皇極号、同名同号又同行。⁵⁵⁾

　ここでの法船は「金船」とも例えられ、その尊貴と神聖が強く表れている。それは、上述した数多の宝巻に述べられる諸衆を救うために船に乗り至る者は、古仏祖（古阿弥陀）ではなく、仏祖の化身である「還源客」や「紅梅総引」である。そのため救世の手段である「金船」は、急ぎ身を隠し劫難を避ける必要のある庶民にとって、極めて大きな魅力や神聖性を持つ。古仏阿弥陀であろうと、その化身であろうと、彼らが法（金）船を製造した目的は、「凡塵苦海」に沈淪する衆生を救うために他ならず、諸人を法船に乗せ素晴らしい「真空の故郷」「極楽世界」へと導く。

　これに対して『皇極金丹九蓮還郷宝巻』の開経偈では、「金丹正発出世間、無影山前造金船。諸仏諸祖明真性、同続当来九叶蓮」[56]と述べる。ここでいう「九蓮」とは、明らかに未来仏（弥勒または阿弥陀）が掌教治世することの別称である。

　明清民間宗教の経典で「三仏治世」を述べる多くの場合、次のように記述される。『皇極収原宝巻』では「三叶金蓮是燃灯、五叶紅蓮火里生、未来白蓮開九瓣」[57]とある。九瓣白蓮は未来の「百陽」の会を指す。前述した『普静如

---

55)　『仏說利生了義宝巻』（『明清民間宗教経巻文献』第5冊・新文豊出版公司 1999年）第462-463頁。
56)　『皇極金丹九蓮還郷宝巻』（『明清民間宗教経巻文献』第4冊・新文豊出版公司 1999年）第875頁。
57)　『皇極収原宝巻』、梁景之『清代民間宗教与郷土社会』（社会科学文献出版社 2004

来鑰匙通天宝巻』でも「三世仏、輪流転、掌立乾坤。無極化、燃灯仏、九劫立世、三叶蓮、四字仏、丈二金身。太極化、釈迦迦仏、一十八劫、五叶蓮、六字仏、丈六金身。皇極化、弥勒仏、八十一劫、九叶蓮、十字仏、丈八金身。過三甲、人受相、壽活千歳」[58] と記される。

『皇極金丹九蓮還郷宝巻』にさらにいう。

> 仙仏堕落生死海、暗造金船度有情。……有縁人、上金船、同出苦海、見無為、伝訣点、返本還源。金丹法、続三陽、開天閉地、透玄関、顕聖体、同到家郷。三真堂内演道談玄、賢良用功参。有縁有分早上法船、斉超苦海、永証金身、八十一劫父子永団円。[59]

上述の経典の中で「法（金）船」に関する記述が部分的で抽象的であるならば、『龍華宝経』では、比較的詳細で具体的に描写されている。「排造法船品第二十一」にいう。

> 你在無影山前排造大法船一只、大金船三千六百只、中号金船一万二千只、小法船八万四千只、小孤舟十八万四千只、監造以完、定有分暁。老君曰、這只法船、按金木水火土五行修造、按東方甲乙木取沈香木做船、按南方丙丁火煅煉金釘成就、按西方庚辛金用五彩庄厳、按北方壬癸水沐浴洗浄船艙、按中央戊己土用土修煉補漏。有先天一炁為主、用陰陽二炁成形。取三明四暗作証、按五行六爻吉凶、有七政八卦周転、有九宮立命安身。按十炁功円果満、有量天尺定南針。前有朱雀後有玄武、左有青龍右有白虎。上按天元、下按地方。子午卯酉為之四正、十二時辰運転周天。有一根大桅杆通天徹地、挂一面

　　年）第55頁注①を参照。
58）『普静如来鑰匙通天宝巻』日本占領時期の抄本（『明清民間宗教経巻文献』第4冊・新文豊出版公司 1999年）第770頁。
59）『皇極金丹九蓮還郷宝巻』、『明清民間宗教経巻文献』第4冊（新文豊出版公司 1999年）第881-882頁。

杏黄旗四暗三明。中宮里有羅平号銅壺滴漏、上有金烏玉兔転法輪、四下有周天纏度定南針観注地水火風。用魯班三百六十個、有四大天王助力、昼夜加功修煉、以完回報古仏。仏曰、請三仏領三号大金船、着五祖領五号大金船。有紅梅三宗領三号大金船、有紅梅五派領五号大金船、有十八枝領十八号大金船、有五大総領五号大金船、有十乗領十号大金船、有十善領十号大金船、有十真領十号大金船。有五五二十五総領二十五号大金船、有二十四祖領二十四号大金船、有三十六祖領三十六号金船、有四十八祖領四十八号金船、有四十八母領四十八号金船、有七十二賢領七十二号金船、有八十一洞真人領八十一号法船、有三百六十護法領三百六十号法船、有六百四十諸祖領六百四十号法船、有一千一百大仏領一千一百号法船、有三千都教主領三千号法船、有九十六億皇胎児女、各駕法船度人。有当値神回報我仏、還有七十二門祖師度下児女怎了。仏曰、諸家宗門各祖家都領法船、一斉普度。還有八万四千金童玉女、領八万四千只小孤舟、接引有道徳人、又有十万八千護法善神、領十万八千只小孤舟救度善人。[60]

　他にも、宝巻によっては法船を「慈航」と称する。これは仏教の「慈航普渡」に由来しており、慈航の舵をとる者は観世音菩薩である。『修身宝巻』では、「道を勧める主な内容は『勧世人、登彼岸、早上慈航』」[61]とある。また『帰原宝筏』序では「法船」を「宝筏」とする。例えば序に「原人之困于東土也久矣、不有宝筏以度之、幾莫識其所帰矣。」とある[62]。そのため同序に「所言皆修道、辦道之事。其于道之本原、道之邪正、道之成敗、無一不明辨于数万言之中。洵哉中流之砥柱、苦海之慈舟也哉」[63]と述べられる。

---

60)　『龍華宝経』（『明清民間宗教経巻文献』第5冊・新文豊出版公司 1999年）第725-727頁。
61)　喻松青『民間秘密宗教経巻研究』（聯経出版事業公司（台湾）1994年）第330頁を参照。
62)　『帰原宝筏』（『明清民間宗教経巻文献』第9冊・新文豊出版公司 1999年）第3頁。
63)　『帰原宝筏』（『明清民間宗教経巻文献』第9冊・新文豊出版公司 1999年）第3頁。

また李世瑜氏の研究によると、一貫道の経典には、法船について専門に記された『法船開渡十議』という経典が存在する。同経典は、法船の意義、法船がもたらす功徳、仏規、月報、挙賢の周知、導賢方針、法船の場所と護法、開度後に師を尊ぶための方法、善書費用の引き継ぎと亡霊超抜など十数個の問題についての解釈をおこなっている。

　さらに『一貫道疑問解答』では、より詳細で具体的に関連する多くの問題を解説している[64]。

　法船の思想には長い歴史があり、大乗仏教の救度思想にその源がある。周知のように仏教では人生を苦海・孽海・生死海と考え、諸仏と菩薩の大いなる慈悲により衆生を正生死の苦海から救い出す。つまり慈航普渡であり、「駕大般若之慈航、越三有之苦津」[65]である。『大乗本生心地観経』には「善逝恒為妙法船、能截愛流超彼岸」という一文も見られる[66]。また『大宝積経』にも「我今当作如来之事一切智事。令諸衆生舍離重担。于大瀑流。当以法船運度群品。能令衆生得于一切安楽資具。菩薩当以如是悲心発生覺慧」[67]と述べられる。

　大乗、小乗仏教での「乗」とは、載人運度の意味である。そして衆生を解脱の彼岸へと導く。大乗仏教では、自己の修行により、より多くの人々を彼岸に至らせる。よって大乗と呼ばれる。法船の意味はここから派生している。

　以上のように、大乗仏教の慈航普渡思想に由来する法船信仰は、仏教の中国化、社会化の進展に伴い、日増しに現地の民衆の意識の中に浸透していく。そして明清時期に各地に存在した民間宗教教派の数多の経典文献において、各教派が宗教による救済活動を宣揚する中で理論的根拠として重要な役割を果たす。仮に、法船救世の思想が、明清民間宗教の意識の中で、初期段階の部分的で、あいまいで、抽象的認識から、次第に明晰、具体的となり、一貫道にあって組織化されたのであるならば、これら具体化の指標は、清代に出

---

64) 李世瑜『現代華北秘密宗教』(上海文芸出版社 1990年) 第51頁を参照。
65) 永明延寿『萬善同帰集』巻六 (『中華大蔵経』第106冊) 第722頁。
66) 『大乗本生心地観経』、罽賓国三蔵般若訳 (『中華大蔵経』第67冊) 第7頁。
67) 『大宝積経』、菩提流支訳 (『中華大蔵経』第8冊) 第429頁。

現した『法船経』がそれとなる。

　　　　如来親自造法船、造在娑婆口岸辺。
　　　　天宮根枝珊瑚樹、如来親敕造桅杆。
　　　　皆問此船多小大、濶似東海高如山。
　　　　船頭船尾瑠璃蓋、珍珠瑪瑙結船辺。
　　　　観音菩薩為船主、把渡稍工是普賢。
　　　　文殊菩薩来揺櫓、十殿閻君把索牽。
　　　　祖師親自坐船頭、不度無縁度有縁。
　　　　此船正是沈香木、毫光紫霧罩船辺。
　　　　黄金釘造為船板、白玉造成玉欄杆。
　　　　金絲玉線為纜索、紅羅錦綉作船篷。
　　　　此船不載金和宝、単載修行辦道人。
　　　　惟有此船渡得広、我念慈悲装満倉。
　　　　借問梢公何処去、直往西方兜率天。
　　　　祖師流伝般若船、度人原不択愚賢。
　　　　衆生若不登船度、祖在岸頭嘆可怜。
　　　　太寧祖師開法船、両岸中流接人天。
　　　　貴賤賢愚皆化度、相逢休道我無縁。
　　　　勧你上船不上船、今年莫推等来年。
　　　　来年便有来年事、不覚無常在眼前。
　　　　此船過去再無船、再等十万八千年。
　　　　張梢李櫓来把桨、送往西方見世尊。
　　　　有朝一日船開去、船開不等岸頭人。
　　　　小小船児有神通、不怕東西南北風。
　　　　人人只説船児小、今日登舟顕神通。
　　　　智慧為船精進篙、霊童用力出波涛。
　　　　翻身直上菩提路、撒手帰来明月高。
　　　　你有縁来我有縁、遇著如来般若船。

　　　　回頭便是菩提岸、上透霊山古仏前。
　　　　十方便是諸国土、極楽家郷去安身。
　　　　苦海本無辺、如来造法船。信心登彼岸、永不受熬煎。[68]

　このように、明清民間宗教の救世思想において、「法船」あるいは「金船」、「宝筏」は、救済の道具として具体的なものとされる。『宝船経』では、宝船の形状および漕ぎ方、舵取り、竿のさし方、ロープの引き方が詳細に描写されている。また『龍華宝経』には、宝船の数とその番号の具体的記述がみられる。同時に、これは一種の抽象的比喩でもある。『宝船経』[69]にいう。

　　　　若問法船有多大、闊如東海大如天。如今法船来到岸、細細従頭說因
　　　　縁。上至三十三天外、下至幽冥地府間。東至日出扶桑国、南至普陀
　　　　落迦辺。西至長安極楽処、北至蘆洲系法船。中間華厳其淨土、上下
　　　　瑠璃放光円。

ここに述べられる最も大きな「宝船」は現実世界では存在不可能である。つまりこれは、明清民間宗教宇宙観の隠喩であり、普遍的救済の「救済」思想の具体的表象である。よって、宝船の概念は具体的な形容であり、抽象的な比喩でもあり、具体と抽象を体現する弁証的統一である。こうした統一の前提や目的こそが「慈航普渡」なのである。『宝航開渡十議』にいう。

　　　　一、法船之意義　法船為救度衆生覚悟迷津、超登彼岸之宝筏。無形
　　　　無像、乗承上天敕命、掌握神権、主持乾坤、挂号天普、抽丁地府之

68）『龍華科儀』附『法船経』、喻松青『民間秘密宗教経卷研究』（聯経出版事業公司（台湾）1994年）第324-325頁を参照。

69）ここでの『法船経』は、『孝修回郎宝卷』附属の『法船経』である。同『法船経』と前述の『龍華科儀』附『法船経』の字句には差異がみられる。喻松青『民間秘密宗教経卷研究』（聯経出版事業公司（台湾）1994年）第325頁を参照。

命、而開法度方便之門、謂之法船。[70]

　ここでは「法船」について抽象的な概述と定義付けをおこなっている。法船は「無形無像」であり、「抽丁地府之命、而開法度方便之門」なのである。仮に、ここでの法船の性質についての記述が全体として抽象的概括にとどまるのであれば、その次の法船の功徳、仏規、月報、挙賢、導賢、地点、護法など各条の詳細な記述は、明清民間宗教の法船に対する実際の、そして具体的な認識や運用を体現している。これによると、災難を避ける、苦海からの離脱のためには、迅速に法船に乗船する必要がある。つまり乗船は入教を意味し、入教は乗船を意味する。宗教の創設は、法船の製造である。一つの宗派を創ることは、救済をおこなう「金船」を造船することであり、明清民間宗教各派の教主は「領船人」と自称した。

　李世瑜氏の研究によると、1947年に河北省（当時は熱河）万全県賈賢荘で発見された三十八幅の普明像のうち、第三十七幅は『静主掌船続親大法』[71]と題される。この「静主」とは、黄天道第九祖の鄭普静を指す。『銷釈木人開山宝巻』に「昔日有個雪峰祖、目（当為木）人開山顕教宗。今朝有個弓長祖、能使目人立法門。……若問目人誰家客、我是弓長領船人。」[72]とある。この他、清代鶏足山大乗教教主、張保太については「于康熙二十余年間、即在大理府雞足山開堂倡教、法号道岸、釈名洪欲。」[73]とある。この「道岸」とは、法船により衆生を苦海から連れ出し、彼岸に至るという意味である。喩松青氏によると、黄天教では教主を「岸前」と称するも、その意味は「道岸」と同一であるとする。

　張保太等は四川で三つの分派を創り、法船派、瘟船派、鉄船派とそれぞれ

---

70)　『法航開渡十義』、李世瑜『現代華北秘密宗教』（上海文芸出版社　1990年）第91-92頁を参照。

71)　李世瑜『現代華北秘密宗教』（上海文芸出版社　1990年）第16-17頁を参照。

72)　『銷釈木人開山宝巻』（『明清民間宗教経巻文献』第5冊・新文豊出版公司　1999年）第845-846頁。

73)　『清実録』、乾隆十一年八月十八日据貴州総督張広泗奏。

称し、劉奇、雪峰、朱牛八の三名が教主となった[74]。上述した黄天教、弓長の円頓教、張保太の鶏足山大乗教は、明清民間宗教各派に強い影響をあたえた大教団であるため、その教主達は「領船人」と呼称される。まさに実力に名声が伴った結果である。

　以上のように、法船の思想は、人類史にあって長い歴史を有する。早くは人類創世神話の中に関連する記述がみられる。それは主として、当時の人類が遭遇した空前の自然災害であり、特に「洪水」が人類にもたらした災難である。『聖書』の「創世記」に記述される有名な「ノアの箱舟」は、正にノア一族が建造した大きな船（箱舟）の助けを借りることで、人類の滅亡を予感させる大洪水から逃れ、最終的には繁栄を勝ち取った。

　人類の「潜在意識」にある世代間遺伝によって、法船の思想はこうして起生し延展してきたのかもしれない。人類が直面する災害が洪水でなかったとしても、人々にもたらされる災難は洪水に勝るとも劣らない社会的危機や現実の苦難である。人々は災難を広大な大海や洪水に喩える。こうした災難を逃れ、乗り越えようとするならば、人々は自然と箱舟による救済を思い浮かべ、船に乗り彼岸へ赴き「永生」を実現する。さもなければ、彼らは死や滅亡を待つだけである。

2．「会」とは

　明清民間宗教において、形式は異なるが、救済の主要なものに「会」または法会、道場がある。具体的方法として龍華会、龍華道場を設置する。『龍華宝経』には、聖景龍華会・三仏龍華会・天上龍華会・地下龍華会・人身中龍華会という五種類の龍華会が見られる。

> 家郷古仏設下五洋龍華会。有個聖景龍華会、有個三世龍華会、有個
> 天上龍華会、有個地下龍華会、有個人身中龍華会。家郷聖景龍華会
> 者在都斗大皇宮中、古仏無生座前有一七宝池、八功徳水周匝圍繞、

---

74)　喻松青『民間秘密宗教経巻研究』（聯経出版事業公司（台湾）1994年）第331頁。

黄金為地、遍地蓮開金縄界道。楼台殿閣、件件不同。祖云、鉄菩提樹三千五百年花開一遭、有九龍唾水、津潤開花。満霊山会上、諸仏菩薩同来聚会朝見。古仏無生、乃是鉄樹開花、有龍尊王仏助道、有仏有経、有龍有華、這便是天元聖景龍華会也。

　三世諸仏龍華会者、乃是三仏交宮、同聚一処。燃灯仏鉄菩提樹開三叶青蓮、乃是龍華初会。釈迦仏鉄菩提開五叶紅蓮、乃是龍華二会。米勒仏鉄菩提開九叶金蓮、乃是龍華三会。有三世諸仏、万祖同来聚会、請龍華経作証、演説三乗九品、九十六億賢聖願得相逢、有龍殊菩薩助道、凡聖交参。這便是過去未来三世諸仏龍華三会也。

　天上龍華三会者、乃是日月星也。日中有金華開放、月中有玉華開発、星中有精花開放、大如車輪。若是日月并行、只等到辰勾月、森羅万象普現、朝見中天教主。有八部龍天助道、乃是天落精華、無人暁得。采取黄芽、結成白雪霊瑞宝珠、得吞一粒、貧児得宝、去赴龍華、華人去来。這便是天上龍華三会也。

　地下龍華三会者、乃是地水火風也。中央戊土為地、地中有万宝発生、金銀等宝出在戊己二土。水中有華、乃是漕溪一派。灌満江河湖海水、池中有蓮花開発。這便是水中有華也。水中有華却是真陽発生、火里生蓮、山川草木、花果園林、尽都開放結秀。這便是火里産金蓮、風中有華者、乃是風吹紫府。吹得五穀田苗籽粒成熟、甘路沁心、養育衆生。乃是風云聚会、有五海龍神助道、惠風吹的百花開放。這便是地有龍華三会也。

　人参中龍華三会者、却是精気神也。精中有精華開放。有個心華、有個妙華、中有神華開放。有個天華、有個法華、有個仏華、有個性華、有個命華。性属東方甲木、為之龍華。命属西方庚金、為之金華。若是性命和合、打成一片、金木相柄、水火既済、坎離交宮、煉的五気朝元、三華聚頂、有甲木龍性来助道、三性円明、万法帰一、収源結果、結成龍華。這便是人身中有個龍華三会也。[75]

---

75)『龍華宝静』(『明清民間宗教経巻文献』第5冊・新文豊出版公司 1999年) 第645-646

上記の内容は、比較的詳細に五種類の龍華会の内容を分類する。この五龍華会は、性質としては確かに異なるが、その目標とする所は「収源結果」という共通するものである。つまり共に龍華に至るのである。この五者は経典で総括されるように、それぞれの道は異なるが、最終的には同一の場所に至るのである。

　　　収源結果龍華会、龍華真経考三乗。
　　　家郷聖景龍華会、諸仏朝見老無生。
　　　三仏設立龍華会、仙仏星祖又相逢。
　　　天上三界龍華会、万神朝賀玉皇尊。
　　　大地有個龍華会、千門万戸願相逢。
　　　身中有個龍華会、性命交宮出崑崙。
　　　末後一着龍華会、諸仏万祖総帰根。[76]

　このように、無生老母は俗世をさまよい、帰郷せずにいる九十六億皇胎児女が末劫の災難を免れ、一日も早く帰還できるよう心を砕く。そこで五種の龍華会を行うことで衆生を救う。その結果、同一の龍華へと至る。これは民間宗教救済思想の神度（他度）精神を具現する。しかし、こうした他度は、自度を基につくられているため、無生老母は五種の龍華会により衆生を救済すると同時に、各人の功果に対して「考三乗」つまり「三場開選」、「考証修行」をおこなう。功果が有る者は、その名を書き記し長生が可能となる。功果が無い者は「免入宮門」となり、故郷に戻ることが叶わない。『龍華宝経』「龍華相逢品第二十」にいう。

　　　普請霊山会上諸仏、諸祖、諸大菩薩、羅漢聖僧、中天教主率領天龍
　　　八部、森羅万象、三教内外、一切善神、詔請明山洞府得道真人、天

　　頁。
　76)　『龍華宝経』（『明清民間宗教経巻文献』第5冊・新文豊出版公司　1999年）第647頁。

下万国九州諸家宗門、九六皇胎、各家祖師、大善知識、各門頭祖家、
領定十万八千郷児郷女、都到菩提彼岸中央聖地、来赴龍華大会、見
仏一面、永続長生、都来選仏場証道、龍華会上標名。……無修行的
假知識、有花無紅、各着執事玄関外伺候、与諸仏護法、無功無果的
道人、趕出云城以外永不続用。母曰、有功的龍華赴会、有果的永続
長生、有修証標名挂号、無修行扑了頑空、真祖師増級上品、假祖師
落而無功、是真的難来抵換、是假的免入宮門。[77]

　功果とは、自身の修行の程度と結果であり、自らの修練に励むことである。心から法を仏に一心に求め、外からは求めない。それにより明心見性に到達する。この時、民間宗教救済思想では、他力（神力）による救済を述べると同時に、最終的な目標は、個人の自度行為にあるとする。

　　奉勧世人、仙仏是人所為、魚有成龍之日。父子上高山、各人自努力。
　　他人難度我、自度自家人。自修自得、自作自受。神仏都是凡人做、
　　只怕凡人心不堅。今生不向此身度、要等何生度此身。[78]

　仙仏も、もともとは人間であった。仏になろうとするならば、必ず自己を頼り、絶対に他者を拠り所としてはならない。ここでは自度の重要性と唯一性を唱えるだけでなく、自度の緊迫性を強調しており、現世で普渡が叶わなければ、いつの世で普渡が叶うのか知りえないと説く。羅祖が曰く、

　　銅仏不能度炉、木仏不能度火、泥仏不能度水、自己不能度、何能度
　　得你。若要来度你、還須自度己。真仏時時現、対面你不知。[79]

---

77) 『龍華宝経』（『明清民間宗教経巻文献』第5冊・新文豊出版公司 1999年）第721頁。
78) 『弥勒仏説地蔵十王宝巻』下（『明清民間宗教経巻文献』第7冊・新文豊出版公司 1999年）第66-67頁。
79) 『太上祖師三世因由總録』（『明清民間宗教経巻文献』第6冊・新文豊出版公司 1999年）第251頁。

自度の方法は、自性を得ることから始まる。自己の本来の姿を正確に認識することは、「自性衆生誓願度、自性煩悩誓願断、自性法門誓願学、自性仏道誓願成」[80]である。

つまり、同じ救済論であっても、明清民間宗教の救済思想には、自己救済と他己救済、人度と神度の相互の関係性と相互の統一性を表すことが特徴となる。だが、両者には異なる部分もある。仮に、民間宗教の救済思想において、神仏の「他力」が顕著に表れているのであれば、度世論における自度の役割は極めて重要になる。こうすることでのみ、多くの信徒が一心に修行に励むための主体性と積極性を喚起することができる。そして、これこそがこれ（度世思想）の宗教的役割が深く体現されたものである。

---

80) 『苦功悟道巻』蘭鳳注解経（『明清民間宗教経巻文献』第1冊・新文豊出版公司 1999年）第409頁。

第三章むすび

　「救済」観念は、各宗教教義思想の中心的内容である。よって、教義に導かれた宗教救世運動の重要な構成要素となる。中国民間宗教において、自己の地位の独立性のために展開された救世の主張は「正統宗教（仏教や道教など）のように複雑なシステムではなく、一貫性も持たない」[81] わけではない。伝統宗教（儒教も含む）を参考とし融合することで完成されていった理論や法術を基礎とする。（無生老母の）創世や（三仏掌教の）治世を前提とし、（「法船」と「会」の）救世、度世という一つの「救済」を実現させ実行しうる理論的理念のシステムを有する。さらに、現実世界に対する批判や超越を提示し、未来世界の素晴らしい青写真を描く卓越した理論、社会が危機に直面した時に自己の独自性、代替不可能の超越した能力を証明している。

　本章では、明清民間宗教の創世・治世・救世・度世理論を中心として、各種宝巻を手がかりに、劫災観念、「三仏掌教」「五祖当極」「法船」「会」などを巡る思想的範囲に、系統的で詳細な分析と論述を展開した。それにより明清民間宗教の救（世）度（世）思想は、自己救済と他己救済、人度と神度が相互に関連し、相互に統一されていることが特徴となる「救済」思想であると指摘した。中でも、特に、救世の「道具」としての「法船」と「会」は、思想的淵源の長い歴史、さらには人類の心の「潜在意識」の奥深くに潜むものとして、社会的危機の苦難に直面すると、刺激され現れる。そのため、多くの明清民間宗教教派に吸収され継承されてきた「救済」理念は、行動に付与されることで、明清民間宗教の「救済」理念の明確な思想的特徴や強い芸術的魅力が現れている。

　同時に、教主の「霊異」現象や図讖の予言は、明清民間宗教の宗教救世活動における機能や作用の整理、総括的役割を果たす。つまり、前者は、「個人」と「民衆」二つの意義に基づく宗教救世活動であり、マックス・ウェー

81）　楊慶堃著、范麗珠等訳『中国社会中的宗教』（上海人民出版社　2007年）第213頁。

バーの中国社会「予言者不在」論[82]（absence of prophecy）を覆すものとなる。後者は、宗教活動の中心の中心である。その四項目の作用は不可欠であり、軽視できない。つまり「中国には救済、特に全体救済観念が存在しない」[83]という誤った認識を是正するものである。同時に、楊慶堃氏は、中国宗教の教派（当然、明清民間宗教各派を含む）には「いずれも帰依により個人が救済される。そして普遍的救済により全てが救済されるという観念を有する」とする[84]。

---

82) マックス・ウェーバー著、康楽、簡恵美訳『ウェーバー作品集Ⅴ、中国の宗教、宗教と世界』（広西師範大学出版社 2004年）参照。
83) 楊慶堃著、范麗珠等訳『中国社会中的宗教』（上海人民出版社 2007年）第215頁を参照。
84) 楊慶堃著、范麗珠等訳『中国社会中的宗教』（上海人民出版社 2007年）第215頁を参照。

第四章　明清時期民間宗教の倫理思想

　筆者は、宗教が中国において存在しつづけ、「政府が宗教に対しておこなう『二重』政策により裨益を得るということに全面的に同意できない。——ひとつには、宗教は絶えず迫害されてきた。ふたつには、政府は未だ宗教を徹底的に排除したことがない」[1] からである。しかしながら、宗教は社会の道徳秩序を維持するにあたり、儒学のように完成された論理的価値体系を有していないが、決定的な影響や役割を果たしてきたことは認めざるを得ない。それは、中国で倫理道徳に言及する際、人々は自然と儒家と儒学の伝統を想起するからである。

　儒学が誕生してから数千年、特に漢の武帝の「罷黜百家、独尊儒術」以降、儒学は社会の行動に理論的根拠を提供しただけでなく、判断を下すための基準を設けることをしなかった。これと互いに協調する新たな道徳価値は、容易に伝統社会体系に取り入れられ、うまく適合しない者は、互換や受容されることは難しかった。伝統的中国社会において、宗教は倫理道徳価値の根源として形成されることはなく、道徳行為に違反する者に対して勧善懲悪をおこなう権威も有していない。その役割は、超自然的な判断を下すに過ぎず、伝統社会の倫理価値体系に見られる従属・服従的地位の一端を伺い知ることが可能なだけである。

　そうではあるが、これは宗教が伝統道徳秩序にあって、ないがしろにされてもよいことを意味するのではない。むしろ宗教が備え持つ独自の「超自然」的属性のために、政治権力制度が作用する空間に「嵌入」され、民衆の中に王権を確立するための「合法的」地位に従事する。これこそ歴代政府が宗教に対して実施した「二重」政策の本意と目的の所在である。

　だが、これは中国社会における宗教が継続しつづけるための唯一の理由ではない。宗教のこうした「超自然」的特性は、世俗化された儒学の精神世界

1）　楊慶堃著、范麗珠等訳『中国社会中的宗教』（上海人民出版社　2007年）254頁。

にある「空虚」を補うだけでない。さらに重要な点は、超自然的力を利用することで——神仏の力により倫理道徳の指標を強化し、伝統的社会政治体制やその意識形態が具有する代替不可能な作用を果たす。おそらく、これこそが宗教が継続しつづけるための根源的理由であろう。

　本章では、明清時期の民間宗教の教義思想に見られる倫理観念について検討・整理する。さらにそれを伝統社会の倫理道徳という背景に投影させることで、正統宗教の倫理思想と比較する。それにより、宗教の倫理道徳面における社会への作用や影響を明らかにし、明清民間宗教の倫理観、つまり伝統社会と宗教倫理観の継承と発展を明示する。同時に、超越性を具有する民間宗教自身に備わる宗教倫理観についても検討する。

第一節　明清民間宗教倫理観形成の思想的背景

一、儒家倫理の忠孝観

　儒家思想は、血縁関係による紐帯である家族宗族制社会を基礎として作られた「仁」を中心とする思想体系である。よって、仁は儒家思想の根本的特性を体現する。「仁」の基本的内容は「愛」である。孔子は弟子に「『仁』とは『愛人（人を愛する）』こと」[2]と説き、孟子は「仁は人を愛す」[3]と謂う。つまり、儒家にとって、いわゆる「愛」の具体的内容は、一つに「愛親」、二つに「愛人」である。愛親と愛人は共に「仁」の根本的内容であり、それが血縁関係を基礎とする封建宗族制社会の現実を体現している。

　仁と愛・仁愛が発展して「忠・孝・節・義」となり、さらに展開することで「仁・義・礼・智・信」の道徳思想となる。これにより儒家倫理思想の基本的骨格が形成された。よって「仁」とは、儒家に代表される中国伝統思想の核心であると同時に、儒家倫理思想の中心でもある。

　儒家は「愛」を「仁」と説く。普遍的理論原則としての「仁」は、複合的な「愛」に包括される道徳的欲求を表す。同時に、孔子は「忠恕」を「仁」が「愛」へと通じる根本的道筋や方法であるとする。つまり「仁の法」であり、いわゆる「夫子の道、忠恕のみ」である。「雍也」編において「忠」は「己立たんと欲して人を立て、己達せんと欲して人を達す」とされ、「恕」は「己の欲せざる所、人に施すこと勿れ」とされる。すなわち忠恕とは「仁」の「愛」についての思想が拡張されたものであり、積極（忠）と消極（恕）という二つに分けられる。

　さらに「仁」の「愛仁」としての原則である「行の方」とは、「能く近く取りて譬う」、「己を推して人に及ぶ」である。これは、全ての者が先天的な道

2）『論語』「顔淵」。
3）『孟子』「離婁」。

徳属性を有する、つまり「仁愛」であり「忠恕」である。簡潔に言うならば、人々がこの心と同じになる、または他人と自分自身が欲するものを同一にすることである。これによってのみ「己の欲せざる所」により他者もまた欲っすることがなくなる。それが己と他者にまで及び、他者を自分自身のように考えることになる。

心と心は「愛人」の心から始まり、「己の欲せざる所」によって「人に施すこと勿れ」となる。同様に、他者と自身の欲するものを同一にすることで、自身の欲するものは、他者の欲するものとなる。つまり「己れ立たんと欲して人を立て、己れ達せんと欲して人を達す」ことが可能となる。これも「仁」の「愛人」の心による具体的運用である。

こうした全ての人々が備える先天的道徳性の観点から、孔子は人と動物の関係を本質的に区別する。孔子は、人と人との関係は相互愛であり、人と動物にはこの関係がない、とする。人間には先天的に道徳属性が存在するが、動物に「徳性」は備わらない。いわゆる「鳥獣は与に群を同じゅうすべからず。斯の人の徒と与にするに非ずして誰と与にかせん」4) である。同時に、人類特有の「孝」についても、「今の孝なる者、是れ能く養うを謂う。犬馬に至るまで、皆な能く養う有り。敬せずんば、何を以て別たんや」5) と述べる。

儒家の「孝」思想は、中国の一軒一軒が小農家庭という社会構造における封建家長制——君主専制統治の確立と発展に伴い、幅広く奥深い社会的土台を獲得した。その地位と役割が明確にされ重要になると、「孝」の道徳的規範は『孝経』において最上のものとして述べられるようになる。『孝経』巻一に「夫れ孝は、徳の本なり。教の由りて生じる所なり」6) とある。さらに「夫れ孝は、天地の経、地の義なり。民の行なり」7) とある。孝とは道徳の根本であり、教化の根源であるため、「天経地義」の「至徳要道」なのである。よって

---

4) 『論語』「微子」。
5) 『論語』「為政」。
6) 『孝経』「開宗明義」。
7) 『孝経』「三才」。

「天地の性、人を貴しと為す。人の行、孝より大なるは莫し」[8] とされる。孝とは人の行為における最も重要な道徳の至上であり、「夫れ聖人の徳、又た何を以て孝に加へんや」[9] と述べられる。そのため不孝は罪悪の極みとされる。「五刑の属、三千、而して罪は不孝より大なるは莫し」[10]。

「孝」の具体的内容は「夫れ孝は、親に事ふるに始まり、君に事ふるに中し、身を立つるに終る」[11] とされる。事親とは「愛親」「敬親」であり、「居らば則ち其の敬に致り、養はば則ち其の楽に致り、病まば則ち其の憂に致り、喪さば則ち其の哀に致り、祭せば則ち其の厳に致る」[12] のである。同時に、「事君」を「孝」の規範に取り入れ、「父子の道、天の性なり、君臣の義なり」[13] とする。父子の関係は君臣の関係と同一であるため「君子の親に事ふるや孝なり。故に忠を君に移す可し」[14] とされる。つまり親に事えるならば君に事えるべきであり、君に事えるならば親に事えなければならない。よって事親と事君とは二つで一つである。それゆえ忠と孝も一体となる。

また『孝経』では「孝」の程度を「天子の孝」「諸侯の孝」「卿大夫の孝」「士の孝」「庶人の孝」の「五等孝」に分類し、「孝」を封建人倫の普遍的道徳規範とすることで、社会の異なる階層における様々な要求に対応させている。

以上の内容は、儒家の伝統倫理思想における忠孝観を主とする。それにより忠孝観念や、それを発展させ儒家倫理思想の中心的部分とした。そのため血縁関係の紐帯である封建宗族制社会に大きな影響を与えた。そして、儒家倫理道徳規範を補充・発展させるためには、仏教や道教の倫理思想こそが儒家倫理の忠孝観の基礎となり、これらを継承し発展させることで社会的効能として機能した。

---

8) 『孝経』「聖治」。
9) 『孝経』「聖治」。
10) 『孝経』「五刑」。
11) 『孝経』「開宗明義」。
12) 『孝経』「紀孝行」。
13) 『孝経』「聖治」。
14) 『孝経』「広揚名」。

二、仏教と道教の倫理思想と影響

1．仏教の倫理観

　すでに述べたように、忠孝思想は中国の伝統的倫理思想の中心・基礎となっている。仏教は外来文化として、中国の伝統的倫理思想と最も直接的に交差・衝突し、孝道観によって仏教の倫理思想を体現するに至る。交差・衝突とは、仏教では孝道について語られておらず、中国伝統の孝道観と明らかな対立があったと意味するものではない。実際に、仏教も孝道について述べており、独自の孝道思想を有する。ただ、仏教の孝道観と伝統倫理思想の孝道観に一定の区別が存在するだけである。仮に仏教の孝道観を完全に否定するのであれば、仏教が中国で存在するための土台を失う。まさに仏教思想には、中国伝統文化と合致する部分があったからこそ、異郷にあり仏教のような外来文化であってもその地に根をおろし、花を開き、実を結ぶことが可能であった。仏教倫理の孝道思想は、中国伝統の孝道倫理と衝突や融合を繰り返す中で、徐々に発展、形成されていき、中国社会、特に宗教において大きな影響を与えるようになる。

　インド社会の思想を文化的背景として誕生・発展した仏教倫理思想における孝道思想の根本は、中国の伝統的孝道観と明確な違いがある。そのため、これら差異をいかに取り除き、減少させるかが、仏教が中国においていかに存亡するかの要点となる。

　まず、仏教は伝統儒家倫理である「五常」を仏教の「五戒」と対比することで「孝を戒の先と為す」という考え方に至り、「夫れ不殺は仁なり。不盗は義なり。不邪淫は礼なり。不飲酒は智なり。不妄言は信なり」とした。仏教における「戒」は極めて重要である——仏教の戒・定・慧の三学のうち、戒は第一位に置かれる。そのため「孝を戒の先と為す」の思想により、孝は仏教教義思想において極めて重視され、伝統中国社会にあっては、「孝は天下を治む」となり世情や民意に受け入れられていく。

　次に、仏教では、孝を実践することは恩に報いることであると考える。孝の理論と報恩思想が緊密に結びついていることが仏教孝道理論の特色と言え

る。中国の伝統的儒家倫理思想において、父母を敬い孝を尽くすことは極めて重要であり、「天経地義」と例えられる。具体的に言えば「養」である。父母が老齢となり身体が衰えたならば、子供として父母を養う義務を有する。そればかりでなく、父母が亡くなれば喪服を着用して三年の喪に服す。これは孝の最も基本的な行為である。よって孔子は「父在せば其の志を観、父没すれば其の行いを観る。三年父の道を改むるなきは、孝と謂ふべし」[15]と述べる。

　しかし、仏教では、父母の養育の恩に報いるためには、これら生活面だけの奉養だけでは不十分である。そのため、仏法により父母を化導し、父母に仏法を信奉させ、仏道を修行することで、最終的に完全な解脱に至るとする。こうしてのみ、つまり仏法修行倫理の指導下において実践される孝のみが本物の真の孝行であり、真の報恩思想を体現している。よって、仏教で説く「報恩」理論の「四報恩」では、父母の恩に報いることを第一に置き、以下、報衆生恩、報国王恩、報三宝恩とする。『大乗本生心地観経』には「長養之恩弥于普天、怜愍之徳広大無比。世間所高莫過山岳、悲母之恩于須弥。世間之重大大地為先、悲母之恩亦過于彼。若有男女背恩不順、令其父母生怨念心、母発悪言子即随墜、或在地獄餓鬼畜生。……若善男子善女人、依悲母教承順無違、諸天護念福楽無尽」[16]とある。

　仏教では、父母が子供を育てる恩は、比肩するものがないほど大きい、とする。もしも、子供が恩に背き父母に孝順でなければ、地獄、悪鬼、畜生の三悪道に落ちる。父母に孝順であれば、諸天の庇護を受け、福や楽は尽きることがない。よって、仏教では孝を世間の孝と出世間の孝の二種類に分ける。父母に侍養する、孝を敬い父母に服従するとは、世間の孝に過ぎない。仏教の修法は、出世間の法である。故に仏法により父母を開導することで、父母も共に修行したことになる。これこそが大孝であり、出世間の孝である。よって父母を救い恩に報い「出世間」する大孝こそが孝道の根源的ありかとな

---

15)　『論語』「学而」。
16)　『大乗本生心地観経』巻二、「報恩品第二之上」(『中華大蔵経』第67冊・第12頁)。

る。世間の孝は、一世限りの小さな孝である。出世間の孝には三つの優れた点がある。一つに、現世の父母にまで恩恵が及ぶだけでなく、上は七世の祖先まで至る。故に恩沢は連綿と続く。二つに、父母がこの世にある時は常に安寧であるばかりでなく、没後は仏国浄土へと至る。故に福寿を得て尽きることがない。三つに、仏国に生まれたからには、諸仏世尊と常に巡り合い、常に仏法を聞く。よって本質的に煩悩から解脱し、完全に苦難から離れ楽を得る。

　仏教の孝道観は平等思想も体現している。仏教では衆生平等を唱える。つまり、一切の衆生は、貧富貴賤・社会的身分の高低はもちろんのこと、修道による成仏などあらゆる面で平等であり、万人が悟りを得る希望や可能性を持つ。まさに、こうした平等観を基礎として仏教の孝道思想は形成されている。それは、孝の実践において下から上への順応と服従を単純に強調するだけでなく、同時に相応の権利と義務を主張している。

　儒家の孝道思想では、下から上への、子供の親に対する孝を強く宣揚する。つまり子供は父母に無条件に服従する必要がある。たとえ父母が間違ったこと、ひいては法を犯したとしても、子供は背き、反対することはできない。まして他人に知らせたり告発を行なうこともかなわない。そのため後代になると極論に達し「父、子に亡ばんを要む。子亡ばざるを得ず」という言葉まで生まれる。

　一方、仏教の孝道観では、子供の父母に対する孝順を強調する以外に、父母が子供に行なうべき事を規定している[17]。これにより儒家孝道思想における

17）　父母が子供のために行わねばならぬ事については『仏説善生経』に具体的な説明がある。『仏説善生経』は『仏説善生子経』、『善生経』とも称す。これには多くの訳本があり、最も古いものは後漢の安世高訳『六方礼経』である。正式名称は『尸迦羅越六方礼経』である。経に曰く「仏言。東向拝者。謂子事父母。当有五事。一者当念治生。二者早起敕令奴婢。時作飯食。三者不益父母優。四者当念父母恩。五者父母疾病。当恐惧求医師治之。父母視子亦有五事。一者当念令去悪就善。二者当教計書疏。三者当教持経戒。四者当早与娶婦。五者家中所有当給与之」と。（『中華大蔵経』第33冊第570-571頁）。東晋の罽賓三蔵瞿曇僧伽提婆訳の『善生経』に亦た言う。「居士子。如東方者。如是子観父母。子当以五事奉敬供養父母。云何為五。一者増益財物。二者備

一方向・絶対服従でいささかの不満もなく硬化した要素を克服し、さらに幾分かの情愛倫理を追加した。こうした権利と義務を結びつけた孝道倫理思想が、中国仏教孝道観の大きな特徴となり、後の中国社会、特に明清時期の民間宗教の倫理思想に重大な影響を与える。

2．道教倫理思想の特徴

　道教倫理は、宗教倫理思想として、宗教の本質的属性により決定される。即ち「道」が信仰の根本にあり、老荘思想を理論的基礎として、神仙信仰を中心とした宗教倫理である。道教は、中国本土で発生、発展した宗教であるため、その倫理思想の内に伝統儒家の忠孝仁義などの倫理観が融合している。同時に、仏教の倫理思想も取り入れることで、伝統倫理思想を継承すると共に、特徴的な神学思想要素を包摂する。これが伝統倫理思想と道教神仙信仰が相互に結合した結果である。道教倫理の主たる特徴は以下の通りである。

　まず、「善」の積み重ねと量化である。道教は得道成仙・長生久視を最上の宗教信仰、目的として追求する。だが修道は必ず徳の実践が必要であるため、積極的に修行すると同時に、善を積み徳を行なうことでのみ最終的に信仰を実現できる。いわゆる「積善成仙」である。つまり道教は「人の世で善を積み徳の実践することを仙道の基礎とし、人々の信道と修道による敬虔の程度を計る」[18]。すなわち仙道を修めるためには、先ず人道を修めなければならない。『抱朴子』内編に曰く。「是の故に善を積まざれば陰徳なり。以て神明を感じるに足らず。……長生を求め欲する者、必ず善を積み功を立てんと欲し、心物を慈しむ。……此の如きは乃ち有徳たり。天に福を受かり、作す所必ず

辦衆事。三者所欲則奉。四者自恣不違。五者所有私物尽以奉上。子以此五事奉敬供養父母。父母亦以五事善念其子。云何為五。一者愛念児子。二者供給無乏。三者令子不負債。四者婚娶称可。五者父母可意所有財物尽以付子。父母以此五事善念其子。居士子。如是東方二俱分別。居士子。聖法律中東方者。謂子父母也。居士子。若慈孝父母者。必有増益則無衰耗」(『中華大蔵経』第31冊、『中阿含経第三十三巻』、第696-700頁)。

18) 牟鐘鑑『道教道徳的特色及其現実意義』(中国言実出版社 2005年) 第14頁。

成り、仙を求め冀ふべきなり」と[19]。同時に、「善」徳を積むことを量化して「人 地仙を欲すれば、当に三百善を立てるべし。天仙を欲すれば、千二百善を立てるべし」[20]と述べる。全真道では「入聖の道、須く志を多年に苦し、功を積み行を累する」とする。ここでの「行」とは、「恥を忍び垢を含み、己を苦し人を利する」のである。また、明代の『張三丰全書』に「只だ素行を要せば陰徳、仁慈悲憫、忠孝信誠、全于人道に全うす。仙道は自然と遠からざるなり」とある。ここでは「積善成仙」を道教倫理思想の要点としている。

次に、「重生」という条件下における「寿」と「孝」の相互結合である。人はどこから来て、最終的にどこへ行くのか。これはほぼ全ての宗教で語られる「究極的関心」である。この問題について道教は、現生のみを重視する宗教である。生を以て楽と為し、生を以て貴しと為す、である。人は道を学び道を修めることで、精神と肉体が不可分となり、さらに進むと換骨奪胎へと至り、大道と合一することで、個人の生命が長生久視となり得道成仙となる。道教の「我が命は我に在らず天に在り」とは、これを指している。

初期道教の重要な経典である『太平経』では「是れ曹の事、当に重生を要め、生を第一と為すべし」[21]と述べる。道教では「生」を最も重要な思想に据えていることを表している。さらに次のように述べる。

> 天地与聖明所務、当推行而大得者、寿孝為急。寿者、乃与天地同優也。孝者、与天地同力也。故寿者長生、与天同精。孝者、下順其上、与地同声。此二事者、得天地之意、凶害自去。[22]

ここでは、「寿」と「孝」を相互に結び付ける。寿とは長生であり、人の子として孝心を尽くすことでのみ、父母が健康長寿となる。同時に、自身も長寿となる。つまり「与天同精」「与地同声」である。「重生」「貴生」とは孝を尽

---

19) 『抱朴子内篇』「微旨」、王明『抱朴子内篇校釈』(中華書局 1980年) 第112-115頁。
20) 『抱朴子内篇』「対俗」、王明『抱朴子内篇校釈』(中華書局 1980年) 第47頁。
21) 王明『太平経合校』(下)(中華書局 1960年) 第613頁。
22) 王明『太平経合校』(上)(中華書局 1960年) 第310頁。

第四章　明清時期民間宗教の倫理思想　169

くすことであり、生命を護り、生命を救うことである。仮に「財を積むこと億万、周窮救急を肯んぜず、人をして飢寒にして死なしむるも、罪除かざるなり。或は身即ち坐し、或は流れ後に生る」[23]であるならば、生命を保護、救助することは、道教の「助天養形」の根本的徳行であり、「仙道貴生、無量度人」の生命倫理は道教信仰が追及する最大の特色となる。

　三つ目は、伝統忠孝倫理観の融合と継承である。仏教と同様に、道教も伝統儒家の倫理思想と融合することで「五常」を自らの戒律に取り入れ、「一に曰く行仁、愛を慈み殺さず。二に曰く行義、善を賞し悪を伐つ。三に曰く行礼、老を敬い少を恭う。四に曰く行智、愚を化し聖を学ぶ。五に曰く行信、忠を守り一を抱く」[24]とする。これにより「父慈、母愛、子孝、妻順、兄良、弟恭、隣里悉く楽を思い善を為し、陰賊は好く窃に相い災害を復するなし」[25]とすることを厳格に信徒に求める。初期道教経典である『太平経』、『老子想爾注』、後代の『無上秘要』、『浄明忠孝全書』等では、「忠孝の道」を立教の宗旨として、倫理思想の重要な内容の一つとしている。

　つまり、「積善」「重生」と「忠孝」の三者は相互に結合し、相互に輔弼することで、道教倫理の基本的根源を構成する。得道成仙・長生久視というすぐれた理想により人々を魅了し、積極的修道や道徳規範を厳格に順守させる。同時に、神の勧善懲悪の威厳によって人々を恐れ戦かせ、自律的に忠孝を履行し、道徳倫理に背かないようにする。こうして二種類の相反する「双管斉下」が、道教の倫理思想が社会において重要で根源的影響を果たすようにする。

---

23)　王明『太平経合校』（上）（中華書局　1960年）第242頁。
24)　『無上秘要』巻46、『中華道蔵』第28冊、第171頁。
25)　王明『太平経合校』（下）（中華書局　1960年）第409頁。

第二節　継承と超越——明清民間宗教の倫理思想

　上述してきたように、儒・仏・道の「三教合一」倫理観は、伝統倫理思想の主流であった。明清時期の民間宗教とは、伝統倫理思想の影響下にあって、これを継承・発揚させた。さらに、これを基礎として、超越と創造を実現し、時代的特色を鮮明に現した。

一、明清民間宗教の忠孝観

　中国の封建社会では、伝統社会道徳秩序体系の中で儒家倫理価値が主導的地位を確立するに伴い、中心的思想である「忠」「孝」が最高・絶対の道徳規範となっていく。これは恒久不変の「天」理であり人が物事を行なうための法則でもある。曾子は「夫子の道、忠恕のみ」(『論語』「里仁」)と云う。「忠」は忠恕である。これは儒家学派の基本的倫理道徳の範疇であり、儒家倫理道徳の原則でもある。「忠」とは一意専心であり、「恕」とはその身になって考えることである。さらに「己立たんと欲して人を立て、己達せんと欲して人を達す」とも述べる。孔子は、忠は、人と交流する中での忠実誠実を表すとする。孝は「孝悌」である。孔子は、孝悌は仁の基本であり、孝は父母を養うに限らず、父母や年長者を尊重することでもある。よって孝を尊ぶ心が足りなければ、父母を養うといえども犬を養うに等しく、大逆不孝となる。

　『孝経』では、さらに「夫れ孝は、天地の経、地の義なり。民の行なり。天地の経たれば則ち民は是れ之れに則る」とし、孝を天地の経と見なす。よって、孝の行為は天経地義の事象であり、人々が必ず順守すべき規則である。

　明清民間宗教の忠孝観は、同様に伝統的忠孝倫理思想の影響を受ける。例えば羅教教主の羅夢鴻の弟子、秦洞山撰『無為正宗了義宝巻』には、忠孝思想が最も多く、最も明確に述べられる。該巻『序』に「試問修行是和如、要分邪正知端的。行善本無閑雑事、尽忠報孝為第一」とある。『無為正宗了義宝巻』は上下二巻に分かれ、各巻はそれぞれ二十四品から成り、各品ほぼ全て

第四章　明清時期民間宗教の倫理思想　171

に忠孝について述べた個所がある。よって、忠孝観念が宝巻全体を貫くプロットとなっている。例えば下巻『行孝品第二』にいう。

　　父義母慈、兄友弟恭、臣忠子孝、此乃人倫五徳、孝理是為備矣。想前朝、古帝王、知恩報徳。掌天下、管萬民、還孝双親。従帝王、至庶民、人以五等。孝為先、最第一、實乃非軽。天子孝、諸侯孝、蓋卿大夫。士之孝、庶之孝、五等孝心。孝経中、伝留下、明王行孝。以孝理、伝天下、訓教多人。念父母、養育恩、実難酬報。勧諸人、都行孝、侍奉双親。……曽聴說、順父母、呼為大孝。古聖賢、行日行、留下榜様。伝示人、行此好、道理円成。行孝人、有前程、無辺利益。諸仏護、龍天佑、現世成尊。孝乃人間宝、行者得堅固。臣忠王無慮、子孝父心寛。[26]

　ここでは、父母、兄長に対する孝から臣民の帝王に対する忠孝、古代の忠孝からひいては現代の忠孝へと推及しており、忠孝を人倫「五徳」と見なしている。世の中のあらゆる行為には遵守すべき規律と準則がある。こうすることでのみ「王無慮」「父心寛」を為すことが可能である。当然、修行者について言えば、これによってのみ「諸仏護、龍天佑、現世成尊」が可能となる。
　『弘陽悟道明心経』も同様に忠孝の重要性を説く。皇帝の『聖諭』を最高の指標とし、両親を敬い尊ぶことを第一位に置く。経に言う。

　　父義母慈、兄友弟恭、臣忠子孝、此乃人倫五徳、孝理是為備矣。想前朝、古帝王、知恩報徳。掌天下、管萬民、還孝雙親。従帝王、至庶民、人以五等。孝為先、最第一、実乃非軽。天子孝、諸侯孝、蓋卿大夫。士之孝、庶之孝、五等孝心。孝経中、伝留下、明王行孝。以孝理、伝天下、訓教多人。念父母、養育恩、実難酬報。勧諸人、

---

26)　『無為正宗了義宝巻』(『明清民間宗教経巻文献』第4冊・新文豊出版公司　1999年) 第393-394頁。

都行孝、侍奉双親。……曽聴說、順父母、呼為大孝。古聖賢、行日行、留下榜様。伝示人、行此好、道理円成。行孝人、有前程、無辺利益。諸仏護、龍天佑、現世成尊。孝乃人間宝、行者得堅固。臣忠王無慮、子孝父心寛。[27]

『弘陽悟道明心経』が明代の弘陽経の経典であることからして、文中に述べられる泰祖高皇は明太祖朱元璋を指していることは自明である。ここに引用される「聖諭」とは、朱元璋『大誥六条』中の忠孝に関連する内容である。また『皇極九蓮儒童臨凡宝巻』にも「論人生、子玄関、女化鼻准。成就了、小乾坤、父母天恩。報不尽、養育恩、天地君親」[28]とある。さらに、清代の宝巻である『孝道宝巻』に、孝によって父母を敬う具体的な方法が詳述される。これらと修行を結び付けると、人々に積極的な修行を勧めることは、父母を敬わない、あるいは父母の修道を妨げる、つまり不孝な行為であり、この結果生じた出来事の責任を負わなければならない。経典にいう。

勧世人、孝父母、天理良心。想父母、養児女、一生辛勤。積銀銭、置産業、侍奉後人。到年老、身体倦、難以帮襯。願児女、服侍他、宜要小心。親積善、你就該、助親事成。親喫素、兒就該、戒殺放生。親修道、児就該、備弁香灯。為児女、必須要、順親之心。親修道、兒就該、把親成真。阻父母、西来意、罪過非軽。若不信、看得山、阻攔善信。到陰曹、活剝皮、実在傷心。鬼門関、懸金牌、威威顕聖。散道話、有半句、即墮地獄。修道者、十殿君、消号抽名。成道者、超昇他、七祖九玄。講道者、即准他、三世顕貴。勤修道、准他功、上座金蓮。謗道者、黒暗獄、受諸苦刑。害道者、入地獄、受苦無

---

27) 『弘陽悟道明心経』(『明清民間宗教経卷文献続編』第1冊・新文豊出版公司 2006年) 第488頁。

28) 『皇極九蓮儒童臨凡宝巻』(『明清民間宗教経卷文献続編』第1冊・新文豊出版公司 2006年) 第316頁。

第四章　明清時期民間宗教の倫理思想　173

辺。[29]

　この他、清代の長生経の経典『衆喜宝巻』でも、三綱五常、忠孝節義思想について多く述べられる。各巻の目録の名称からも忠孝思想が重視されていたことが見て取れる。例えば、巻一『母言養育』、巻二『勧報皇恩』、『勧敬公婆』、『勧敬聖賢』、巻三『勧読聖書』、巻四『忠孝節義』、『賢良方正』、巻五『続化儒門』、『正心修身』などである。
　『衆喜宝巻』は全五巻で、ほぼ全ての巻で忠孝思想について述べ、忠孝とはあらゆる修行の根本であるとする。『衆喜宝巻』にいう。

　　人為修行第一高、修行需把孝為先。
　　孝気沖天日月明、孝在世界国家安。
　　孝気過地成万物、家出孝子富貴全。
　　孝治一身一身善、孝治天下天下成。
　　孝薦祖宗超三界、孝留子孫子孫歓。
　　三十三天孝気做、成仙成仏孝為権。
　　勧人万事都可緩、惟有孝順莫遅延。[30]

　経文にいう孝は、一般的意味の道徳的規範ではなく、万物を生じ、三界を超越した宇宙の根源と倫理法則である。孝の思想は存在論まで昇華されている。これは明清民間宗教の宗教倫理思想において初めて見られると同時に、唯一無二でもある。長生教は「原是儒門正派」と僭称しており、「亦た夫子の正道に帰り、孔門に教授を求む」という。そのため修行においては、次の事を堅持する。

---

29)　『孝道宝巻』(『明清民間宗教経巻文献続編』第3冊・新文豊出版公司　2006年) 第856頁。
30)　『衆喜宝巻』、喩松青『民間秘密宗教経巻研究』(聯経出版事業公司 (台湾) 1994年) 第294頁を参照。

儒修為高、各抱本業、持斉行善、参術明師、点開眼目。三綱要正、
五倫要全。君臣有義、父子有親、夫婦有別、長幼有序、朋友有信。[31]

　同時に、宗教としての『衆喜宝巻』では、入世の孝道と出世の修道を有機的に結合させ、両者が交流するための橋梁や紐帯を作り上げた。この橋梁や紐帯は、遥か彼方でも卑近でもなく、自身の傍らに、自身の現在の行為の中に存在している。宝巻にいう。

要見西方三世仏、就是堂上両双親。
逆親之人仏難近、孝親之人仏在身。
不行節者難成道、未修孝善枉費心。[32]

　また、喻松青氏の研究では次のように強調する。『衆喜宝巻』も『弘陽悟道明心経』と同様、清の康熙帝の聖諭十六条および雍正帝の聖諭十六条を演繹して成立、広く流布した『聖諭広訓』のように、いわゆる「十善説」を唱えた。つまり、一孝爺娘、二敬尊長、三和郷隣、四睦夫婦、五和兄弟、六済貧寒、七守本分、八行忍辱、九掩人悪、十揚人善である。さらに「凡為三教弟子、断行十善。如不遵此、曰旁門左道」[33]である。

　上に挙げた多くの経典に見られる内容からすると、明清民間宗教の忠孝思想と儒家の伝統的な倫理綱常理念は一致しており、明らかに強い影響を受けている。よって、前述したとおり、儒家思想は漢代から主導的地位を確立し、整理された綱常思想は、常に社会と人々に深く浸透し、主たる意識形態となった。特に、途中で朱子学の光明を蒙ることにより、さらなる発展を遂げ、

---

31) 『衆喜宝巻』、喻松青『民間秘密宗教経巻研究』（聯経出版事業公司（台湾）1994年）第294頁を参照。
32) 『衆喜宝巻』、喻松青『民間秘密宗教経巻研究』（聯経出版事業公司（台湾）1994年）第294-295頁を参照。
33) 喻松青『民間秘密宗教経巻研究』（聯経出版事業公司（台湾）1994年）第295頁を参照。

明清時期には最高潮に達した。康熙帝により再び『聖諭六条』が頒布されると、更なる後押しを受け、三綱五常の思想はさらに広められ、ついに中国の社会と民衆に大きな影響を与えるようになった。

二、明清民間宗教倫理観に対する仏教の報恩思想の影響

　明清民間宗教の倫理観は、伝統儒家の倫理思想の影響を色濃く受けただけでなく、宗教として、仏教の報恩倫理の影響があったことも軽視できない。

　周知のとおり、仏教は外来宗教であり、その基本となる思想倫理は中国固有の伝統思想と一致せず、ある面においては思想が異なることさえある。こうした現象が孝道の問題においてつとに表面化する。そのため、仏教が中国に伝入した当初、中国伝統文化の力による強烈な抵抗や反対にさらされた。こうした抵抗に遭いながらも、中国の地で活路を得るために、仏教は妥協や附和といった方略を取らざるを得なかった。そうして、孝道を自らの中に帰納させ、仏教の五戒と儒教の五常を互いに比較する中で両者の理論的基礎は同一であるとの認識にいたる。つまり五戒と五常はいずれも孝である。これと同時に、仏教も、この根源はインド仏教の報恩思想にあると積極的に称揚し、孝の主旨を顕示することで、社会全体の理解と信任を獲得した。

　仏教の報恩思想は、多くの仏教経典でも明確に記述や解釈がおこなわれている。例えば『増壹阿含経』には「父母恩重、育養情甚」[34]とある。また、『大乗本生心地観経』では父母の恩情を形に喩える。「世間の恩に四種有り。一は父母の恩。二は衆生の恩。三は国王の恩。四は三宝の恩、四恩は是の如し。……慈父の恩高きこと山王の如く、悲母の恩深きこと大海に入る。若し我れ一劫に住世すれば、悲母の恩を説くこと尽くすあたわず」[35]。『大般若波羅蜜多経』にも「我が母の慈悲　我等を生育し、種種の世間の事業を教示する。我等豈に母恩に報いざるを得んや」[36]とある。これ以外の多くの仏典でも、父母

---

34)　『増壹阿含経』巻十五、『高幢品第二十四』（『中華大蔵経』第32冊）第150-156頁。
35)　『大乗本生心地観経』巻三、『報恩品第二』（『中華大蔵経』第67冊）第12頁。
36)　『大般若波羅蜜多経』巻四百四十一、『第二分不和合品第四十五』（『中華大蔵経』第

の恩のしきたりについて述べ、さらに報恩を孝の第一の務めとする。例えば民間社会に広く流布した『盂蘭盆経』、『父母恩重経』などがそうである。

　上述した仏教経典から、仏典にも孝道思想があると知られる。しかし、これと中国伝統の孝道思想には根本的な相違がある。中国の伝統的孝道思想と比較して、仏教思想における孝道行為は、親切感や親和感が強く、より人間的である。そのため、自然と日常生活へと浸透していく。

　中国封建社会の血縁による紐帯の宗族家長制度下にあって、厳格な階級秩序と「三綱五常」による束縛のために、本来は非常に人間的であった報恩孝道行為が歪曲され、自然の本生が失われてしまった。同時に、仏教は親に対する孝を基礎として、さらに「大孝」思想を唱える。つまり出家、三宝の篤信により迷いを脱することこそが大孝である。

　最も早く中国に伝来した仏典――『四十二章経』、および『盂蘭盆経』、『父母恩重経』などでも出家と仏・宝・僧の三宝を敬い奉ることは、父母の恩に報いるための孝道行為であると説く。さらに、最大の孝行は、これにより示された孝の第一の務めである。

　明清民間宗教の経典も、仏教のこの思想を受け入れた影響がある。また、自らの特徴が、直面している現実と結び合わさることで具体的特徴を備えた報恩倫理が提唱された。『無為正宗了義宝巻』下巻「報恩品第一」では、父母の恩に報いると同時に、「皇恩」に報いることを強く説き、これを第一位に置く。経典にいう。

　　人中最為第一、三界教主、四生慈父、垂慈方便、接後学人。報皇王、孝父母。敬兄愛弟、和睦六親。尊賢譲貴、惜孤念寡、愛老怜貧、悉皆為善。普救四生、拔済万類、若能尽皆向善、天下和平、災害不生、禍乱不作。八方寧静、四海寛洪。風調雨順、五穀豊登。国泰民安、俱各楽業。[37]

　　5冊）第390頁。
37)　『無為正宗了義宝巻』（『明清民間宗教経巻文献』第4冊・新文豊出版公司　1999年）第392頁。

第四章　明清時期民間宗教の倫理思想　177

　弘陽教の『弘陽悟道明心経』では、報恩をプロットとして、世間の「四報恩」を「三十二報恩」まで拡大することで「悟道明心」における報恩行為の重要性を示す。『弘陽悟道明心経』「報恩懺悔品第二」にいう。

　　　報恩先報老世尊、天地蓋載日月恩、
　　　太祖高皇万万歳、父母師父施主恩。
　　　一報混元老祖恩、二報無生老母恩、
　　　三報充天治世恩、四報番天折地恩、
　　　五報天仏過去恩、六報燃燈八母恩、
　　　七報釈迦掌教恩、八報折天後土恩、
　　　九報弥勒未来恩、十報総収老母恩。
　　　再報梅檀老祖恩、再報十二祖母恩、
　　　再報太極留世恩、再報立極迦業恩、
　　　再報達摩続伝恩、再報渾金管事恩、
　　　再報山林聖祖恩、再報無遮聖母恩、
　　　再報家郷衆祖恩、再報無生総報恩。
　　　又報天地蓋載恩、又報日月照臨恩、
　　　又報皇王水土恩、又報五穀稲糧恩、
　　　又報功臣護国恩、又報生身父母恩、
　　　又報師父抜苦恩、又報檀那赶供恩、
　　　又報八方施主恩、又報閻羅除名恩、
　　　又報悪人護善恩、又報天神促報恩。
　　　三十二報収元満、懺悔除却脱離身。
　　　懺悔呵風罵雨心、懺悔欺神滅像心、
　　　懺悔生忿忤逆心、懺悔欺師滅祖心、
　　　懺悔図名妄想心、懺悔嗔痴狡猾心、
　　　懺悔閃照坑陷心、懺悔舌長誑語心。
　　　一世拱高多呵慢、八懺完満早超昇。
　　　総報家郷日月龍天皇王保平安、父母生身師父跟前教訓成人、得理回

還一世業障懺悔早收元。
三十二報恩、八懺脱離身。従今除却浄、好去見世尊。[38]

　三十二報より前に「老世尊」と「皇恩」に報いることを報恩の第一、第二の重要な事柄として配列する。父母の恩に報いる事の前に置くことで、民間宗教が現状の政治制度と相互に協調するという宗教理念を体現する。同時に、弘陽教では宗教の修行を第一位に置くことで、入信修行は報恩倫理に内包される。
　この三十二報は、仏教の報恩思想だけでなく、儒家や道教の孝道観念も有する。儒仏道三教の倫理思想については、吸収や融合の一端が垣間見られる。これ以外に、『銷釈明浄天華宝巻』には「十報恩」という類似する考えがみられる。

一報天地蓋載恩、二報日月照臨恩、三報皇王水土恩、四報父母養育恩、五報祖師親伝法、六報護国護持恩、七報檀那多陳供、八報八方施主恩、九報九祖生浄土、十類孤魂早超昇。[39]

　総じて、いかなる宗教であろうと、孝道について主張する場合、必然的に出家と在家の孝親の間に存在する「パラドックス」に直面する。出家による修行だけが父母の恩に報いる真の大孝理論であり、様々な理屈を後付することでこの矛盾を解決しているに過ぎない。明らかに、仏教の報恩思想が、この矛盾を解決するための方法論として道筋を与えている。
　こうした思想は、歴代の仏僧による称揚を経て、中国の社会や民間に極めて大きな影響を与えた。これら『盂蘭盆経』や『父母恩重経』などを膾炙する人々の経巻は言うに及ばず、例えば宋代浄土宗の長蘆宗賾の著述に『孝友

---

38) 『弘陽悟道明心経』（『明清民間宗教経巻文献続編』第1冊・新文豊出版公司 2006年）第511-512頁。
39) 『銷釈明浄天華宝巻』（『明清民間宗教経巻文献』第4冊・新文豊出版公司 1999年）第251頁。

文』百二十篇がある。最初の百篇は世間孝について述べられ、後半二十篇は出世間孝の専論である。世間孝を小孝とし、出世間孝は、時間的制約を受けないため、父母を浄土へと誘い無尽の幸福を享受させる。これこそが大孝の結着である[40]。

　明末四大高僧の一人である雲棲袾宏は『竹窓随筆』において以下のように述べる。

　　世間之孝、一者承歓侍采而甘味以養其親、二者登科入仕而爵禄栄其
　　親、三者修徳励行而成聖成賢以顕其親、出世間之孝、則勧其親斉戒
　　奉道、一心念仏、求願往生、永別四生、長辞六趣、蓮胎托質、親覲
　　弥陀、得不退転。人子伝親、于是為大。[41]

　つまり、明清民間宗教が教義の中に仏教報恩の孝道思想を包摂することで、当時の現実社会における倫理思想の発展が必然的に反映されている。まさにこれら思想の影響下にあって、明清民間宗教は三教思想の継承、融合という土台の上に、創造と超越を経て、独自の特色を具えた倫理思想が形成されていく。

40）　王日休『龍舒増広浄土文』、『大正蔵』第47冊、第271a頁を参照。
41）　袾宏『竹窓随筆』巻三『竹窓三筆』。

第三節　明清民間宗教の女性観

一、至高の女神——無生老母

　前章までに述べた「無生老母」に関する記述から、明清民間宗教の最高主神として、無生老母はあたかも高位で、比肩するものがないほどの強い力や権力を有する至上神であることが知られる。この神は、宇宙万物や人類を創造した創世者であり、人類を塗炭の苦しみである「苦海」から救い出す。あまたの神仏を統率し、天界から現世に救済のために諸神を遣わす。よって無生老母は創世者であり、救世主でもある。つまり無生老母は最高至上の神仏であり、民衆の思考の中に存在する。その姿は非常に厳粛で、鉄面無私であるが、明清民間宗教の多くの経典にあっては、親しみやすく慈しみに満ちた母親の姿に描かれる。様々な状況下にあっても難解な説教や激しい叱責をしない。異郷に流れ着いた「九十六億皇胎児女」達と対面した際は、彼らの涙や嘆息のために同情、憐憫、後悔の情を表した。無生老母は神であり、また人間の女性のような柔和と母性を有する。無生老母は人であり、さらに人を超越した智慧と能力を有し、種々の備えをすることで、度重なる困難を克服し、児女たちの一日も早い帰還が実現することを願う。

　『皇極金丹九蓮還郷宝巻』では、世尊（無生老母）が阿弥陀を人界に遣わし九十六億失郷児女を「帰郷」させるという故事を描き、「古仏雲宮顕聖機、未従開口涙双垂。哀告弥陀休違令、天元数尽你当極」[42]と書付がある。天宮にあっても、神聖な古仏として強い意志と温和な性格を有し、言葉を発せず、とめどなく涙を流し、阿弥陀に一刻も早く苦難にある児女達を救いに行くように「哀告」する。ここから、慈悲深く情けに満ちた姿が紙上に躍動する。また「天元数尽你当極」により「封官許願」を求める姿は、あたかも母親が家

---

42)　『皇極金丹九蓮還郷宝巻』（『明清民間宗教経巻文献』第4冊・新文豊出版公司　1999年）第877頁。

第四章　明清時期民間宗教の倫理思想　181

族と対話するようであり、全てが家庭円満の暖かい雰囲気に包まれている。また『九蓮経』つまり『仏説皇極金丹九蓮証信帰真宝巻』も同様の内容であるが「世尊」を「無極聖主」と改める。「無極聖主」とは「無生老母」であり、教派の異なる特色を示している。つまり「無極聖主顕真機、未曽開口泪交頤。哀告弥陀三教主、天元数尽你当極」[43] である。

　無生老母が感情の高ぶりによる「哀求」のために阿弥陀を下界に遣わせ、帰郷することを忘却してしまった児女を救うことは、元来、母親が子どもに対して抱く想い、心配である。諺にも「児行千里母担憂」とある。無生老母は神であるが、自ら生んだ九十六億「皇胎児女」には同様の母性愛を示している。『鑰匙経』に云う。

　　鑰匙古仏降臨凡、不開天門、諸人受熬煎。我仏五百年前冤報冤、心
　　中有病泪如麻。無生老母盼望咱衆生、你們好恨心腸不還家郷、在外
　　游蕩貧玩耍、叫娘想児女盼望殺。叫娘哭了一会又一会、娘与児写書
　　捎、又恐怕捎書人児錯伝了。為娘欽差鑰匙古仏走一遭、通開天堂路
　　一条、伝与男女上九霄。[44]

　無生老母が児女を想い流した涙は、「哀告」により古仏（阿弥陀）達を下界に遣すだけでなく、諸仏（下界に下る仏）に書信を携えさせることで、児女達が故郷に一日でも早く戻るように切に哀求する。前述した『仏説皇極金丹九蓮証信帰真宝巻』にも「無生母、在霊山、時時盼望、想嬰児、和姹女、涙点不干。等着我、臨東土、伝書寄信、收補你、帰家去、認祖帰源。」[45] と記述がある。

　また、李世瑜先生の研究では、一貫道の『皇母家書』に次のように述べら

43）『仏説皇極金丹九蓮証信帰真宝巻』明刊本（『明清民間宗教経巻文献』第5冊・新文豊出版公司 1999年）第50-51頁。
44）『鑰匙経』（『明清民間宗教経巻文献』第4冊・新文豊出版公司 1999年）第856頁。
45）『皇極金丹九蓮還郷宝巻』（『明清民間宗教経巻文献』第4冊・新文豊出版公司 1999年）第882頁。

れる。

> 老母天宮放悲声、涙流不止湿雲裳。皆為仏子迷世上、九六皇胎不還郷。差你臨凡治世界、講明三綱与五常。三従四徳教婦女、温柔謙雅要端庄。[46]

また、無生老母が児女を思う心情を最も生き生きと描いたもので八卦教の『老母哭霊山』以上のものはないという。

> 無生母在宮中両泪紛紛、想児女在紅塵不見回音。我這里思想起長吁短嘆、不由得心惨切大放悲声。想当初太皇宮母子失散、最不該将児女趕下天宮。娘想児只想得涙如秋雨、叫了声娘的児可在那郷。娘想你只想得眼花失明、恨不能将児女拉在面前。……無生母只哭得昏迷不醒、衆諸仏前来勧祖母回宮。[47]

明清民間宗教の多くの経典の中に無生老母は毎回登場しており、いずれも子を想い泣き続ける母親として描かれ、「泪沾裳」「泪粉粉」「泪交頤」と表現される。無生老母の子に対する想いと憂いの情は何と深く悲しいものであろうか。さらに異郷で迷い苦海に沈淪する者にとって、無生老母が自ら呼び掛ける様は、あたかも母親の声を聞くようであり、慈愛に満ちた魅力を持つ。

子供達が人間の俗世で「業」による苦難に遭遇していることを知り、無生老母は諸仏に下界に行くことを哀願する。同時に、自らも助けに赴く。これも母性愛の切なる心情の表現の一つである。『弘陽悟道明心経』にいう。

> 無生母、在虚空、来看児女。看嬰童、苦行功、両涙紛紛。
> 認得是、無家児、香男信女。老無生、発慈悲、度脱児孫。

---

46) 李世瑜『現代華北秘密宗教』（上海文芸出版社1990年）第47頁。
47) 梁景之『清代民間宗教与郷土社会』（社会科学文献出版社 2004年）第68頁注①。

第四章　明清時期民間宗教の倫理思想　*183*

> 無生母、手内拿、擎天宝貝。放毫光、来顕化、摂照児孫。
> 正是那、善児孫、香檀垂泪。忽得声、紅光道、扑在凡籠。
> 無生母、顕手段、度脱児女。吓得那、苦児孫、胆戦心驚。
> 有老母、看嬌児、犠惶痛泪。攬回来、紫金船、回上安養。
> 想児女、不還元、□倉垂泪。罩金船、駕金光、只至家郷。⁴⁸⁾

児女達は俗世にあって、凡情を名残惜しみ、故郷に戻ろうとしないため、無生老母は涙を流し続け心を痛めていた。だが、母親が自ら呼び戻していると知ると、子供達も待ち焦がれていたように、急ぎ帰郷しようとする心情が描かれる。『普明如来無為了義宝巻』にいう。

> 忽一時、有仙童、親来接引、幢旗蓋、仙楽響、喜笑盈盈。朝円洞、見無生、親身下拝、子母們、団円会、永不投東。⁴⁹⁾

また『銷釈大乗宝巻』の『清江引』では「母子団円」の情景が生き生きとした描写で詠われている。

> 明心尽性談妙法、帰家無牽挂。凭意得縦横、参透玄妙法、普度嬰児帰家罷。帰家了道長生続、坐在蓮花蕊、金光囲護繞、接引還原位、嬰児見娘笑微微。
> 老母見了心歓喜、今日団円会、得上菩提路、赴在龍華会、嬰児闖在娘懐里。九品蓮台端然坐、縦横又洒楽、普放大光明、一去登極楽、嬰児見娘笑呵呵。⁵⁰⁾

---

48)　『弘陽悟道明心経』(『明清民間宗教経巻文献続編』第1冊・新文豊出版公司 2006年) 第497頁。
49)　『普明如来無為了義宝巻』(『明清民間宗教経巻文献』第6冊・新文豊出版公司 1999年) 第154-155頁。
50)　喻松青『明清白蓮教研究』(四川人民出版社 1987年) 第299頁を参照。

一家団欒で、仲睦まじく楽しい場景が描かれる。ここでは、故郷に戻ることと道を得ることを同等とし、老母と神仏を一体化することで、母親の嬰児に対する慈愛と保護を表し、さらに嬰児の母親に対する依存と眷恋も示す。正に一家全員で喜び楽しむ天倫の図である。そのため、物質と精神の二重苦の中で生活していた信者達がこうした経文を読経する時、しばしの間、苦しみや現実生活の厳しさを忘れ去ることができたのかもしれない。無生老母の愛撫により、少なくとも精神的には一定の慰めや希望を得られたのであろう。

明清の民間宗教特有の無生老母信仰は、一方では、中国の歴史神話伝説と伝統宗教の女性神、例えば女媧娘娘、驪山老母、麻姑娘娘などを一括りとして発展し、伝統文化の「重生（殖）」理念を体現させ、継承、発展した。もう一方で、この信仰も「両性観」の上に同様に伝統を反映しているわけではない。たとえ、これらの思想を意識した社会の土壌があったとしても、やはり血縁により紐帯された封建宗族制度なのである。しかし、信仰体系では、陽性の尊神が女性の尊神へと転換させられ、さらに多くの女性神や女教主、女教徒が出現しており、ある程度は封建社会末期の婦女解放の兆候が示されていることは間違いない。

二、多くの女性神と女教主、女教徒

本書第一章で述べたように、明清民間宗教の神仏系譜は「万神共処」の多神信仰世界である。ここで無生老母を――この女性神を最高の主神としている。無生老母に導かれるあまたの神仏には、伝統宗教（主に儒仏道の三教）に用いられ変化していった多くの男性神以外に、同様に伝統宗教に由来する女性神も含まれ、特に道教に起源をもつ女性神が多い。道教は多神信仰の宗教であるため、女性神も相対的に多く、無生老母の化身なる者もいる。『弘陽悟道明心経』では、下界から天界への帰途において、道に迷った子供達に対して無生老母が次のように述べる。

　　老母睁開通天眼、看見嬰児涙両行。

第四章　明清時期民間宗教の倫理思想　185

　　受苦嬰児来行好、我下天宮度児郎。
　　老母離了蓮台位、上在金船坐官倉。
　　番天拆地二位母、護定無生下天宮。
　　燃燈八母船頭站、後土折天走慌忙。
　　離山観音来護佑、折天老母下天宮。
　　治天老母来下界、揆天老母下天堂。
　　石郎老母清風使、石招老母去扯蓬。
　　十帝閻君来扯欠、十二内皇緊随跟。
　　八個金剛前引路、四個掲諦緊随跟。
　　排定天王三十六、八個那咤放光明。
　　三王泰金幢幡打、対対金童打頭行。
　　離了安養東土去、離了縦横古殿門。
　　游游只在空中現、紫霧金光罩金船。[51]

　下界の子供を救いに向かう諸神の中には無生老母以外に、随った順に番天拆地、燃燈、後土、折天、離山、観音、治天、揆天、石郎、石招など総勢十八名の女神がいる。このうち、燃燈と観音は仏教、後土や離山、その他諸神はおそらく道教や伝統神話にそれぞれ由来する。ここで女神達は、いずれも無生老母を直接補佐する。さらに閻君、内皇、混合、掲諦等の男性神の前に配置されていることからも女神の地位的重要性が看取でき、男性神仏より高位であることは明らかである。
　『混元弘陽臨凡飄高経』では、無生老母に随行する八名の神母が列挙される。

　　説聖中、有幾位、諸仏下世、……共八母、臨凡世、各顕神通、……
　　共八母、下東土、要掙功程、……共八母、下東土、転化為人、……。[52]

---

51)　『弘陽悟道明心経』（『明清民間宗教経巻文献続編』第1冊・新文豊出版公司 2006年）第497頁。
52)　『混元弘陽臨凡飄高経』（『明清民間宗教経巻文献』第6冊・新文豊出版公司 1999

また『仏説皇極収元宝巻』では十歩修行法を次のように述べる。

 十歩修行、頭部七山頭、有天元祖。地花母把守。二歩六関至七歩六関、各有祖母把守。[53]

ここに言う祖母とは仏祖と仏母を指す。全てが修行の要衝であり、仏祖と仏母が共同で守護している。陰陽の組み合わせにより平衡を求め得ると同時に、男女が具有する平等作用の思想的萌芽が暗示されている。

 まさに本書第一章で述べる中国宗教の信仰構造（神仏系統）について、人々は往々にしてこの構造と現実の官僚体制を結び付けて比較する。そして悠久の歴史が有する伝統が現実の官僚制度に反映されていると考える。つまり実際の政治体制が非現実の神仏系譜を採用したという図式である。こうした認識は、いかにも直情的で浅薄であるが、半分は的を得ているかもしれない。

 明清民間信仰体系において、なぜこのように多くの女性神が作り出されたのであろうか。多くの教派に数多の女性教主や女性教徒が存在していたことも、こうした意義の上にあり、それら観点の合理的位置の側面を体現しているのかもしれない。つまり明清民間宗教における多様な女性神の登場は、現実の宗教教派における多くの女性教主と女性信徒を反映しているのである。同時に、この「男女平等」思想の萌芽時期に形成された無生老母を最高女性主神とする女性神が存在する神仏体系は、各教派に多くの女性教主と女性教徒が登場することを扇動し導く役割を果している。

 明清民間宗教各派でも、女性が創立した、あるいは女性が教主となっているという状況は、その数も多く影響も強い。中でも最も知られているものは、明代正統年間に創設された西大乗教であろう。創教者が呂尼（呂菩薩とも）か帰円かという問題について様々な議論があるにせよ[54]、呂尼と帰円はいずれ

  年）第702-703頁を参照。
53) 喩松青『明清白蓮教研究』（四川人民出版社 1987年）第300頁を参照。
54) 馬西沙氏等は、西大乗教の実際の創始者は呂尼（呂菩薩）ではなく、帰円であるとする。馬西沙等『中国民間宗教史』上巻（中国社会科学出版社 2004年）第501-503頁

も女性という点については疑いようがない。明清民間宗教において呂尼に関する多数の「神話」が創作されているが、呂尼も帰円と同様、人間の女性であり歴史上確かに実在していた。そのため、創教者であれ中興の者であれ、彼女たちはいずれも西大乗教の教主であり、明清民間宗教運動において傑出した女性であった。

　西大乗教の呂尼や帰円以外にも、明末の円頓教に張翠（翠花張祖）という女教主がいる。彼女が円頓教創始者の弓長を手助けしたとの伝説もある。『銷釈接続蓮宗宝巻』にいう。

　　駕法船接続蓮宗、你説第五個祖是何名。翠花張祖立法門。鳳凰坡闡教扶宗、翠花張祖怎麼立教。度十善演説大乗。[55]

さらに『龍華宝経』にいう。

　　在中央聖地、同翠花張姐、批下蓮宗、同発善願、悟徹心宗、明祖心印。[56]

つまり張翠花も円頓教にとって重要な女性信徒であった。
　この他に黄天教の普明・普光（二人は創始者である李賓の娘）、甥の普浄[57]、龍門教創設者の米奶奶と歴代教主、そして「龍門教には独自の伝承システム

　　を参照。また、連立昌氏等は、帰円は西大乗教の創始者ではなく、「中興の人物」の一人に過ぎず、創始者は呂尼であるとする。譚松林主編『中国秘密社会』第二巻（福建人民出版社 2002年）第212-215頁を参照。筆者は、この問題について後者よりの立場をとるが、その理由説明については本書のテーマの範囲外であり、紙幅の制限もあるためご寛恕願いたい。—筆者注。

55）『銷釈接続蓮宗宝巻』、『明清民間宗教経巻文献』第5冊・新文豊出版公司 1999年）第565頁。
56）『龍華宝経』（『明清民間宗教経巻文献』第5冊・新文豊出版公司 1999年）第704頁。
57）馬西沙等『中国民間宗教史』上巻（中国社会科学出版社 2004年）第317頁を参照。

があり、歴代教主はいずれも女性であった」[58]、および清初の雲南張保太鶏足山大乗教に関連する貴州教系の魏斉婆[59]、呂斉婆[60] など、彼女たちはいずれも明清民間宗教諸派の著名な女性教主である。

　以上、明清民間宗教の教義に見られる女性諸神と各教派の女性教主について述べてきた。この中で一般の女性信徒数について知る術はないが、一説には、弘陽教の女性信徒が最も多いと言われる[61]。そのため、明清民間宗教では、女性信徒が教団の中で軽視できない重要な力となっていたのである。

　各宗教組織では、女性参与に関する問題が数多くある。長きに渡り人々は、女性の社会生活における地位の低さ、さらに女性が果たす役割につての解釈や説明を行なってきた。彼女たちは物質的にも精神的にも重度のプレッシャーを受け、特に中国の封建社会下にある婦女に対する圧迫は過酷をきわめた。こうした状況下にあって、彼女たちは現状を精一杯改善し解脱を求めたが、活路を見出すことは叶わなかった。そこで、宗教に身を投じ、超自然・人を超越する力により目的を実現させ、精神の解脱により現実生活で遭遇する苦痛を忘れ去り補償されることを希求し、宗教による慰藉を得た。

　しかし、この観点は「乱世」社会における宗教現象を説明しているに過ぎず、「盛世」社会の同様の宗教現象については説得力を欠く。よって、上述の視点は宗教外部の社会的作用について注目しているだけであり、宗教内部のこれら現象を生じさせる根本原因については注意を払っていない。ここに注目すれば宗教の宗教としての役割や作用の中に、十分な答えを求められるかもしれない。喩松青先生は「宗教に慰めを求めると同時に、宗教結社団体も人々の同情や友情を集めることで物資的援助を得る」[62] と述べる。明清民間宗教の経典には、女性の生理的苦痛に対する配慮と同情の強調・記述があり、これら「同情と友愛」の具体的にして集中的な体現と反映である。

---

58) 譚松林主編『中国秘密社会』第二巻（福建人民出版社 2002年）第364頁を参照。
59) 喩松青『明清白蓮教研究』（四川人民出版社 1987年）第304頁を参照。
60) 馬西沙等『中国民間宗教史』下巻（中国社会科学出版社 2004年）第892頁を参照。
61) 喩松青『明清白蓮教研究』（四川人民出版社 1987年）第307頁を参照。
62) 喩松青『明清白蓮教研究』（四川人民出版社 1987年）第308頁。

三、女性の生理的苦痛に対する特別な配慮

　明清時期の民間宗教の男女両性に対する観念は、世俗の伝統的認識と相違があるにせよ、多くの経典に直接的な記述が見られる。さらに「あいまいではあるが男女の平等観念が提示されている」[63]。また、女性の現実社会における地位について、特に男性との生理的苦痛（出産育児）の乖離のために引き起こされた「究極的関心」については、弘陽教の『混元弘陽血湖宝懺』に見られる。

　『混元弘陽血湖宝懺』では、まず一般の婦女が直面する苦難やそれからの解脱方法について述べる。

> 南閻浮提、一切女人、或有作善作悪、善者有因、悪者有報、若是向善女人、恭敬三宝、孝養双親。和睦隣里、愛成子嗣。修蓋造像、砌橋印経。常行正道、不入邪宗。承順丈夫、看経念仏。凡人乞化、喜舎布施。并不揚長説短、亦不妄理虚言。不両舍悪語、不自作浮言。持斎奉戒、損己利他。不殺生害命、仏前常念弥陀。此等所為、乃善女人所修之因、則降之身康体健、人寿命延長、思食応口、寿満百歳、夢帰黄粱、当生西方浄土之中、逍遥自在、恣意風光。若悪因女人、不敬三宝、嗔罵双親、飲酒喫葷、凡人乞化、不済分文。揚悪妒善、蠧語舌根。両舌虚妄、殺害生霊。大秤小斗、瞞哄迷人。妄搽脂粉、綾羅砕分。抛撒五穀、毀謗聖真。此等作悪女人、臨命終時、決堕十八重地獄、受苦無尽。[64]

　ここで、一般の人のように、善には善の報いを、悪には悪の報いを受けるという因果応報以外に、女性としての条件が付されている。すなわち善行をするならば「愛成子嗣」、「承順丈夫」の二条が追加される。あらゆる悪行で

---

63) 喩松青『明清白蓮教研究』（四川人民出版社　1987年）第295頁。
64) 『銷釈混元弘陽血湖宝懺』中巻（『明清民間宗教経巻文献』第6冊・新文豊出版公司　1999年）第861-862頁。

は、女性の天性の中の「曖昧」な部分により促された「搽脂抹粉」や「穿綢戴綾」といった行為でさえ「妄搽脂粉、綾羅砕分」と見なされ、「受苦無尽」が引き起こされる。中国社会において女性が受けてきた束縛や苦難が、男性よりはるかに大きいことは明らかである。

では、如何にここから解脱すればよいのか。経懺に祖師の言葉を借りていう。

> 南閻一切女人、日積罪業、無量無辺、若能省悟、速改前非、命請弘陽道衆、啓建法壇、志心虔誠、拝礼血湖宝識、称揚慈悲救苦尊師名号、当得罪業消除、不入地獄之苦、得大逍遥之楽、証聖成真、形神俱妙。[65]

罪を犯した女性が、あらゆる罪業を取り除き、解脱を得ようとするならば、心中であらゆる「省悟」を行なうだけでなく、行動では積極的に「啓建法壇」を行ない、心から尊師を礼拝しなければならない。仮に、このように簡単な説教で彼女たちを心から感服させることが叶わないのであれば、懺文では婦女が行う十八の罪業に対応する地獄を詳細に描写している。これは、一般的な意味での恐怖ではないだろうか。懺文にいう。

> 有因有果、随業受報。陽間所作悪業、陰司件件分明。若夫不敬三宝、堕于刀山地獄。不孝双親、堕于剣樹地獄。不睦隣里、堕于鋸解地獄。不和六親、堕于寒氷地獄。不念仏号、堕于黒暗地獄。飲酒食肉、堕于糞坑地獄。奸貪不舍、堕于餓鬼地獄。揚悪隠善、堕于乱箭地獄。蠱語舌根、堕于地獄。両舌虚妄、堕于犂耕地獄。平空起浪、堕于碓磨地獄。瞅公罵婆、堕于剜眼地獄。誹謗出家、堕于倒懸地獄。抛洒五穀、堕于火床地獄。剪砕綾羅、堕于砕尸地獄。妄搽脂粉、堕于飛

---

65) 『銷釈混元弘陽血湖宝懺』中巻(『明清民間宗教経巻文献』第6冊・新文豊出版公司1999年)第863頁。

刀地獄。殺生害命、堕于刀剁地獄。大秤小斗、堕于秤杆地獄。如是一十八重大地獄、受苦無尽。[66]

地獄の思想は仏教に由来しており、仏教の中国伝来および中国伝統の冥府観と結合することで六十四地獄、三十地獄、八地獄、十八地獄などが作り出される[67]。そして、この地獄は中国社会、特に伝統宗教を含む各宗教へと流伝し、地獄思想は人が未来で進むべき在り方の一つとしている。

しかし、いかなる宗教であっても、明清民間宗教経典のように、殊に女性が自らの罪業によって、それぞれ落ちる地獄についての状況など、具体的恐怖を有していない。そのため中国の女性が封建倫理思想の束縛下にあって受けてきた非人道的虐待や搾取の程度は推して知るべきであろう。

彼女たちが魅了されあこがれた宗教は、人々を恐怖させる極めて恐ろしい側面を有する。さらに精神的負荷の苦痛が付加されている。懺文には、封建的倫理道徳の説教が含まれることを免れ得ないが、いずれも女性たちの生活の現状を映し出す真実の姿である。上述の十八重地獄以外に、中国の女性は、女性として有する天賦の生理的特徴のために、死後に血湖地獄に堕ちる危険がある。「血湖」地獄について懺文に以下のようにある。

血湖地、最為大矣、四面百里、圍円鉄城万丈、毒龍圍繞、内有一池、名曰血湖。何為血湖、亦為婦人生男養女、洗蜡擺布、陽間所穢汚不浄之水、到于陰司、集聚于此処、故名曰血湖地獄。此湖内之水、浪如播波、撹擾穢汚、有五色之相。但是陽間犯戒女人、尽送此処受報、個個手執磁碗、食飲血水、飲者便可、若有不飲者、旁有大力鬼王、手拿狼牙大棒、苦拷無情。

---

66) 『銷釈混元弘陽救苦生天宝懺』(『明清民間宗教経巻文献』第6冊・新文豊出版公司 1999年) 第862-863頁。
67) Stephen F. Teiser著、侯旭東訳『幽霊的節日—中国中世紀的信仰与生活』(浙江人民出版社 1999年) 第159-161頁を参照。

血水飲尽、方得出期、此乃女人血湖地獄之苦也。[68]

地獄にある「男人の獄」のように、ここでは女性だけの「血湖地獄」が見られる。血湖地獄は、女性が生前に「生男養女」したために生じた「穢汚不浄の水」が冥界に流入し、集積・形成された「血湖」であり、生前に犯した罪業によって、死後赴かなければならない場所である。彼女たちにとって血湖地獄は、まさに自業自得「因果応報」である。懺文では飄高祖師の言葉を借りて「世間一切女人、幸生中国、忝居女流、陰陽会合、生男養女」[69]と述べる。本来は尊敬され快楽を甘受すべきであるのに、「汚穢不浄、血水噴昇、悪味盤結、或洗蜡擺浄、汚染清水」[70]のために、神仏の怒りに触れ、血湖地獄に堕ちるというひどい罪を受けることになる。

社会の最底辺で生きる多くの婦女は、その身に社会の種々の苦難や圧迫を押し付けられるだけでなく、自らの生理的機能までもが「造罪」の根源とされてしまう。これに対しては改める力がなく黙して耐える他ない。同時に、彼女たちの心の奥には解脱を切に望む気持ちが満ちている。この願望を実現させる過程で、宗教に身を投じ、宗教の自力と他力を借り救済を得る。これも宗教に求めるもののうち、女性が男性よりも強く求める要素である。

弘陽教はこの点を認識しており、女性たちの現実の外在的苦難を主としているだけでなく、心の奥深くにある、心と身体にふりかかる生理的苦痛を宗教的「究極的関心」の目標としている。それにより多くの女性の心理的欲求に適うだけでなく、女性が生理的に直面する傷害を一定程度慰撫したのである。では、血湖地獄に堕ちた多くの女性は如何に解脱するのであろうか。『混元弘陽血湖宝懺』にいう。

---

68) 『銷釈混元弘陽救苦生天宝懺』(『明清民間宗教経巻文献』第6冊・新文豊出版公司 1999年)第865頁。
69) 『銷釈混元弘陽救苦生天宝懺』(『明清民間宗教経巻文献』第6冊・新文豊出版公司 1999年)第864頁。
70) 『銷釈混元弘陽救苦生天宝懺』(『明清民間宗教経巻文献』第6冊・新文豊出版公司 1999年)第864頁。

世間若有女人、欲免血湖之苦、命請弘陽道衆、啓立血湖聖会、或一日、二日、三七日并一夜、請行法事、諷誦弘陽諸品赦罪真経、礼拝血湖宝懺、香灯果品于仏祖聖前、赦釈千愆、凡世間一切婦女、皆免堕血湖之苦、帰依十方大慈悲仏。[71]

　経文によると、多くの女性にとって「嗔罵双親」、「殺害生霊」、「瞞哄迷人」といった本来は道徳に反する劣悪な行為は言うまでもなく、さらに最も基本的な生活行為である「搽脂抹粉」でさえも「悪」業と見なされ地獄に落とされ苦しみを受けてしまう。よって、この世のあらゆる女性のうち、これを免れ得る者は皆無に近い。そのため彼女たちにとって、唯一の道は入道修行して「十方大慈悲仏に帰依」するしかない。特に、女性の天性としての生理的特徴は、あたかも血湖地獄の苦しみに遭うための「原罪」である。「原罪」を背負った中国の女性が「救済」を得ようとするならば宗教にすがる以外ない。上述の経典の内容は、弘陽法会の時に行なう行事にすぎず、日常の修練においては次のように行う。

　自今以後、南閻女人、知犯重罪、速改前過、恭対聖前、懺悔前愆、皆消万罪、并除地獄苦難、如日化氷。若女人毎逢甲子庚申、初一十五日、清旦良辰、毎毎早起、浄手焚香、祝告阿羅混元老祖名号、当得身心清静、不受邪宗、身体康泰、福禄永昌、寿命延長、子孫興隆、得大逍遥、不入沈淪。[72]

　上述の内容は、女性が生前の因果により死後に血湖地獄に堕ち百般の苦難に遭ったという内容である一般的意味の理論の説教に過ぎないのであれば、弘陽教の別の経典である『銷釈混元弘陽救苦生天宝懺』には、山西のある女

---

71) 『銷釈混元弘陽救苦生天宝懺』(『明清民間宗教経巻文献』第 6 冊・新文豊出版公司1999年) 第865-866頁。
72) 『銷釈混元弘陽救苦生天宝懺』(『明清民間宗教経巻文献』第 6 冊・新文豊出版公司1999年) 第867頁。

性が血湖地獄に堕ち、その女性が如何に――娘の金蓮が飄高老祖の加護の下に救済を得たという故事が記される。経文にいう。

　　一点仏光、化為満属、多大霊根、堕落紅塵。昔名晋地之中、然曰汾
　　郡治西、法花所名段女、多惹怨尤多招業、本多行悪意多破土。土山
　　人善而不行悪、心常使無尽無窮福禄了去。禍因随身、看看迷性、堕
　　入幽冥血湖里内不得翻身。73)

　この女性が俗世にあった時の娘である金蓮は、母親が血湖地獄で罪を受けていると聞き及ぶに、涙で顔をゆがめ、辛さで心をいためながら飄高老祖に救いを求めた。そこで飄高老祖は神通を大きく顕し、金蓮を伴い冥府に赴き地蔵慈尊に見える。地蔵に如何に母親を血湖地獄から救えばよいか尋ねると、地蔵慈尊は以下のように答える。

　　若要昔母回宮、須至陽世同昔聖父而乃為師、三心為一、建立道場、
　　香花灯果、酌水清茶、奉請家郷無上仏尊慈恩光降。降此壇中、投誠
　　懺悔、善各恭敬、志心信礼。74)

　地蔵の言に従い、金蓮は「弘陽妙法、立壇修醮。備辨香茶供果、雲馬明財、命請弘陽道家、礼念懺悔」を行い、さらに「同聖師尊、復入幽冥地府、親見十殿冥王、六曹判典、察証分明」75)をする。すると、母親の段氏が獄中で「如似無食俄鬼、猛見心驚。赤身漏体、披頭散発、奔走前来」するのが目に入る。そこで飄高老祖が「金旨」を用いると段氏と娘は「提拔出獄、母子相逢」さ

---

73)　『銷釈混元弘陽救苦生天宝懺』（『明清民間宗教経巻文献』第 6 冊・新文豊出版公司
　　 1999年）第848頁。
74)　『銷釈混元弘陽救苦生天宝懺』（『明清民間宗教経巻文献』第 6 冊・新文豊出版公司
　　 1999年）第848頁。
75)　『銷釈混元弘陽救苦生天宝懺』（『明清民間宗教経巻文献』第 6 冊・新文豊出版公司
　　 1999年）第850頁。

れ、たちどころに「家郷」に送られる。では「家郷」とはどのような場所であるのか。経文にいう。

　　諸仏祖母接引段姓、光入金宮七宝池、浴八功聖水洗浄原身。霞光罩殿、諸大菩薩聖接凡送、一段真光証入金剛本体不壊金身。蓮池赴会、永不投東。今凡在世善信等衆、在此壇中投誠懺悔、善各尊敬。[76]

　ここでは血湖地獄の情景と「家郷」の風景が鮮明に対比されている。前者は苦難を受け尽くし、後者は仏祖菩薩と共におり、「不壊金身」もある。前者から後者に至る唯一の方法は、壇を立て醮を行ない、礼念、懺悔し諸仏を敬うことである。当然、この方法の前提として入教があり、父母に対して「孝心」を持つ必要がある。明らかに、弘陽教は現代版に演繹された『木蓮救母』故事である。
　これら女性の天性の生理的特徴についての関心と母親に対する「孝」の行為を結び付けることで、弘陽教は女性教徒に注目し、より多くの女性を引き付ける立教理念を体現する。同時に、明清民間宗教の「孝道」を中心とした倫理思想と合致させた。
　以上のように、弘陽教の『混元弘陽血湖宝懺』、『銷釈混元弘陽救苦生天宝懺』等の経典は、明清時期の数多の民間宗教諸派の種々の宝巻経文の中でも特徴的な経典である。それは、社会の最底辺で抑圧される多くの女性が直面する現実の困難に着目している。特に女性特有の人生の役割において生じる生理的苦痛に同情と関心を示すことで、多くの女性の反響と信頼を得た。さらに、信仰集団と宗教勢力が強大となることで、弘陽教は明清時期の民間宗教の中でも重要な位置を占めるようになる。
　もちろん、中国宗教史において女性の生理問題を扱った経典は、弘陽教の『混元弘陽血湖宝懺』が最初ではなく、それ以前にも仏教の『仏説大蔵正教血

---

76)　『銷釈混元弘陽救苦生天宝懺』(『明清民間宗教経巻文献』第6冊・新文豊出版公司1999年) 第851頁。

盆経』、道教の『元始天尊済度血湖真教』などがあり、弘陽教はこれらの影響を受けている。しかし、いずれにせよ宗教の道場儀式を非常に重視した弘陽教について言えば、玄妙で奥深い宗教の教義を簡便にし、容易に実践できるよう外化した宗教実践儀式は、各地で多くの民衆の信仰や入信へとつながり、間違いなく現実的で有効であった。

第四章むすび

　伝統的倫理思想について述べる時、我々は往々に儒家の倫理観を思い浮かべる。このことからも、儒家の倫理価値観は、人々の思想に強く影響しており、中国伝統の道徳秩序では主導的地位にあることは疑いようがない。この儒家の倫理思想では、忠孝観を最も中心的内容と位置付ける。これに対して、外来の仏教や中国起源の道教では、自らの生存と発展のために融合・比較・革新を絶えず続けてきた。明清時期の民間宗教は「三教合一」によって形成された伝統思想にさらされたために、儒家の忠孝倫理観の影響を受けた。さらに宗教としての忠孝倫理観にみられる報恩思想の多くは、仏教の報恩観に由来する。

　本章では、各種宝巻の整理と分析により、明清民間宗教の報恩思想は仏教報恩思想を継承するという前提の下に、「四報恩」を「三十二恩」へと発展させるなど、新たな創生がおこなわれていることを確認した。同時に、「世尊」の恩、「皇恩」に報いることを本来の順位から第一位へと置き換えた。これは明清民間宗教忠孝倫理観を体現する明確な時代的特色である。

　倫理思想は、人と人の相互関係を取り扱う原則としての学説であるため、両性問題に関する認識が特に重要となる。研究による分析を通じて、明清民間宗教は両性問題について、特に「女性観」に関して独自で、そして性を超越した倫理的志向を有している。また、豊富な宗教実践活動により支えられた「曖昧模糊とした男女平等の観念」[77] が反映されている。

　最高主神「無生老母」の誕生からあまたの女性神の崇拝に至るまで、明清民間宗教は、道（家）教「重生（殖）」という伝統倫理を継承、発揚している。同時に、女性教主、女性教徒の出現、特に女性特有の生理的苦痛に関心を払う。さらに遥か天上にいる神仏を現世に来現させ人間を加護救済させることで、民間宗教倫理思想の革新性と超越性を表す。

---

　77)　喻松青『明清白蓮教研究』（四川人民出版社　1987年）第295頁。

こうして明清民間宗教は、自身が置かれた特殊な社会的立場のために、宗教倫理思想研究は、大きな倫理と現実的意義を有し、奥深い歴史的意義を持つに至った。

結　語

　宗教は、一つの文化現象であり、一つの独自の社会現象でもある。そのため社会は宗教が生み出した基礎といえる。同時に、社会は宗教の発展のために広大な空間と土台を提供している。社会を離れ、人類から離れてしまえば、宗教は存在しないと言える。マルクスは『ヘーゲル法哲学批判序説』において、国家と社会が宗教を生み出したとし、「宗教は、この世界の一般的理論であり、それの百科全書的要綱であり、それの通俗的なかたちをとった論理学であり、それの唯心論的な、体面にかかわる問題〔point-d'honneur〕であり、それの熱狂であり、それの道徳的承認であり、それの儀式ばった補完であり、それの慰めと正当化との一般的根拠である」[1]と述べる。つまり宗教の人類社会における地位、宗教と社会の間には緊密な関係がある。

　人類社会の長きに渡る発展において、宗教は一種の社会意識形態、上部構造として、社会の政治・経済・芸術・法律など他の意識形態、上部構造と絶えず相互に影響・作用する関係にあった。この思想信仰は信奉者の世界観、人生観に大きな影響を与え、時には決定的な役割を果たした。また、宗教組織は重要な社会組織として、各種宗派や団体は社会構造の重要な構成要素となっていた。

　同時に、宗教の発展における様々な思潮や運動は、社会から生じるだけでなく、反対に社会に対して重大な影響や作用を与える。社会現象としては、人類の歴史において長きに渡り衰えることなく、一定の位置を占め続け、社会の発展や進歩に作用し、影響をあたえてきた。科学の発展した現代社会であっても、絶えず自己の研鑽や刷新を行ない続けることで社会の発展に適応していく。これは宗教が人々や社会の希求するものを満たす役割を果たして

1）『黒格爾法哲学批判導言』(『馬克思恩格斯選集』第一巻・人民出版社　1972年）第1頁。
　【訳者注】日本語訳は城塚登訳『ヘーゲル法哲学批判序説』（岩波文庫　1974年）を参照。

いるだけでなく、同時に社会には間違いなく宗教が発生・発展するための土壌や気質が備えられているからである。

　よって本文では、明清時期民間宗教思想（神仏系譜、神話理論、救済観念、倫理思想）を検討・研究することで、明清民間宗教の伝統「制度的宗教」の継承と超越、および民間宗教自身の発展と「正統宗教」が民間宗教に果たした役割と影響について、「正統宗教」の歴史的発展趨勢について示した。これにより宗教の意義において、中国宗教の社会歴史の軌跡を展開させた。

一、明清民間宗教の「正統宗教」に対する継承と超越

　中国社会において宗教は漢代に形成され始め、またたく間に社会化という歴史発展の過程へと進み始める。いわゆる社会化の過程とは「民間性」「郷土性」から次第に「制度性」へと進み、再び「制度性」から「民間性」に浸透、拡散していく発展過程である。

　「正統宗教」――仏、道教を例とすれば、この過程で、仏教の伝入初期に、「民俗化、さらには民間社会に向かうという傾向をはらんでいた」[2]。異邦から流入した仏教は、中国社会の思想文化や民間信仰の吸収を絶えず続けた。さらに中国の土着土生の宗教（主に道教）との相互批判や吸収の過程において、次第に中国に根差し、中国の「正統宗教」となっていく。それは仏教の「中国化」、つまり中国仏教時代の到来を意味する。アメリカの学者ステファン・タイザーは「仏教と道教は制度型の宗教として、紀元数世紀に発生し、発展時期にあって、既存の基礎に頼らざるをえなかった」[3]と述べる。この「既存の基礎」とは、社会における「民間信仰」であり、必然的に「民間宗教」の

　2）　李四龍『中国仏教与民間社会』（大象出版社　1997年）第3頁。
　3）　Stephen Teiser, *The Ghost Festival China*, Princeton University, 1988, p164. 彼は「残念なことに、極めて少数の者のみ仏教史を現地の巫覡伝統の文脈に当てはめ理解している。いずれにせよ、仏教が低俗なものから高尚なものへ変遷するために巫覡が果たした役割は疑いようがない」と述べる。（同書p165.）劉黎明『宋代民間巫術研究』（巴蜀書社　2004年）第390頁より引用。

萌芽も含まれる。

これと同時に、道教も仏教の影響を受けることで、絶えず自らの吸引力と競争力を整備、強化させ「制度化」を実現した。つまり仏教であれ道教であれ、制度化に向かうと同時に、絶えず社会化されていたのである。

よって、明清民間宗教思想および伝統「正統宗教」の関連研究を通じて、本書緒論では次の結論が得られた。明清民間宗教の発生と展開は、「正統宗教」が絶えず「社会化」していくための必然的結果である。同時に、民間宗教それ自身の特徴を体現する。つまり宗教思想について言うならば、伝統「正統宗教」の継承と超越である。こうした継承と超越は以下のように示される。

1. 整合と包容──民間宗教の神仏系譜

一般に、民間宗教の神仏系譜は全て伝統宗教（主に儒・仏・道）を「踏襲」している。これは随意の「寄せ集め」であり、系統的な宗教思想や意義を有さない。明清民間宗教の神仏系譜で否定できない点として、多くの諸神は伝統的な儒・仏・道の三教に確かに由来しており、ひいては他の宗教や組織の神仙までも含まれる。そのため、明清民間宗教の神仏系譜では、多くの神仏の名称に「○○仏」、「××菩薩」などと冠される。

しかし、仏教において仏・菩薩の意味は大きく異なるが、明清民間宗教における仏や菩薩は、本来の等級が異なる場合でも同等の地位に置かれる。最も注目すべき点として、明清民間宗教では「ピラミッド」形の神仏階級系譜の中で、ピラミッドの最上位に「無生老母」がおり、──明清民間宗教で最高主神としてつくられた、唯一無二・唯我独尊の姿と地位である。これは明清民間宗教各派が当時の社会の実情に即し、各宗教があらゆる事柄の統制を意図し、諸宗教と融合しようとすることで、全てを統轄し、「万教帰一」という宗教目標を実現しようとしたのである。明清民間宗教の神仏世界観のこれら整合性と包容の精神は、伝統「正統宗教」の継承と超越に強く反映されている。

2．「神化」と神話——民間宗教の神話理論

　明清民間宗教の神話理論には、神仏創世の神話や教主の「神化」神話が含まれる。ここでの神仏創世神話とは、伝統文化（宗教も含む）の継承と発展である。創世の神話が体現するものは、明清民間宗教の宇宙観と本体論であり、最高主神——無生老母やその化身である神仏の創造や出現を、万能なる宇宙創造者として神秘的で玄妙な雰囲気で包み込む。さらに人格化された特徴も有する。

　しかし、民間宗教の神話理論とは、宗教の目的を遂行するものであり、この重責を完遂するために、創世の神を遥かなる「天界」から現実の「人間界」へと引き戻すことが必要となる。そのため民間宗教教主の「神化」神話が誕生する。数多の明清民間宗教教派のほぼすべての教主に「神異」が賦与されているという特徴がある。よって入信を望む全ての信仰者は、ある種の敬慕や心服といった感情が自然と起こり、心身の全てをその宗教に捧げるのである。このため、明清民間宗教の神話理論は、神話から神化、理論・実践から現実へと、伝統「正統宗教」の継承と超越を実現させてきた。

3．「法船」と「会」——民間宗教の救済観念

　明清民間宗教の宗教思想は、創世・治世・救世・度世の四つの論理の発展過程の中で展開される。例えば、創世が治世や救世のための、最終的に度世を実現するための基礎や条件を定めるものに過ぎないとすれば、治世・救世・度世とは創世の目的となる。そして、治世とは救世の前提であり、救世とは創世の目的であり度世の手段でもある。

　「法船」と「会」とはこうした救世の「道具」である。「三仏掌教」、「五祖当極」による治世によって、明清民間宗教の救済理論は仏教、道教の治世思想に継承される。さらに伝統的「劫災」理論と讖緯による予言に取り入れられた。さらに「法船」と「会」によって「九十六億」「失郷児女」に対する「無生老母」の救度が実現される。これにより、明清民間宗教の特色を極めて濃く有する普遍的救済観念が形成され、伝統「正統宗教」救済思想についての継承や超越が顕著となる。

4．継承と超越——民間宗教の理論思想

　中国民間宗教研究で著名なアメリカのダニエル・オーバーマイヤー氏が「宗教を反抗の理論という外套をまとった物と看做すだけでは、平和な時代にあって宗教活動が有する継続的活力について説明することはできない。さらに未だかつていかなる反抗も行ったことのない多くの教団について解釈することもできない」[4]と述べるように、大多数の明清民間宗教団体はたしかにそうであった。彼らの倫理思想では、伝統倫理思想の忠孝観、報恩観を自らの宗教倫理理念に包摂することで、国家（皇権）に対する忠孝、父母への忠孝、教主への忠孝と結び付けた。さらに報恩行為における「報国恩」を第一に置き、その次に父母の養育への恩に報いることを位置づける倫理観は他に類を見ない。

　同時に、封建社会の下層に遍く存在する婦女に対して特別な関心を払うことで、ある種の「男女平等」を実現しようとした。つまり、明清民間宗教の倫理観は、伝統倫理思想を利用、改めることで、新たに発展や変革が実現した伝統「正統宗教」を真に継承、発展させたものであると言える。

　以上、明清時期の民間宗教が受けた伝統「正統」宗教の影響や働きは、多方面にわたり、深い次元に及び、非常に巨大な物であると述べてきた。明清民間宗教思想の形成と発展は、正に伝統「正統宗教」やその思想に対する継承や超越にあって、新たな生命力を獲得したことである。これは中国宗教が社会化する過程において、強くそして明確に描き出されている。「民間」から「正統」への発展、さらに「正統」から「民間」への浸透や拡散の歴史発展の軌跡は、宗教発展の一般的な規律を反映している。この意味において、中国民間宗教の発生は、中国伝統の「正統宗教」が社会化していく中で生じた必然の結果であると言える。そして、こうした「正統」宗教が存在しなければ、明清時期の民間宗教の反映や発展も想像できない。

4）　Daniel Overmyer著、劉心勇等訳『中国民間宗教教派研究』（上海古籍出版社　1993年）第4頁。

二、明清民間宗教の発生と発展、「正統宗教」の社会適応の必然的結果

　中国社会の正統宗教、特に仏教と道教は、絶えず発展を続けることで、隋唐時代になると最盛期に至り、輝かしい黄金時代を迎える。しかし、一般的には、これより以後の仏教と道教の発展（宋代まで）は徐々に衰え、停滞ひいては退化の道を歩むことになる。さらに、そうした衰退は宗教の理論的功績から言えば、「義理仏教」（または教学仏教）に衰退の兆しが表れており、道教も同様であった。よって、仏教と道教の民間社会に対する影響は、どのような状態であっても「衰退」と形容することはできない。竺沙雅章氏は仏教について、宋代やそれ以降の中国仏教は、「唐代仏教の隆盛とは異なる」状況と内容を有する[5]、と述べる。

　上記の竺沙雅章氏に代表される海外研究者の研究成果では、対象範囲を社会全体の各階層における仏教として、そこに集中して研究している。この研究結果や判断は間違いなく客観的であり、正確であり、非常に全体的で代表的と言える。しかし、限定的な研究との言も免れ得ない。研究は仏教と社会の各方面の関係に注目しているが、仏教自身が宗教として、社会の中の宗教（主に民間宗教）としての関係については不十分である。こうした関係は正統とされた仏教あるいは民間宗教にとって、最も根源的で最も重要な関係である。そのため、仏教（道教も含む）の社会化とは、各生活階層と融合することで社会にもたらした影響や作用ではなく、社会に浸透、拡散していく宗教、つまり民間宗教に体現された宗教精神を指す。こうした意味においてのみ、真の宗教の意義における宗教の社会化の歴史と言える。

　本文では、明清時期の民間宗教の主要経典——宝巻を中心に、明清民間宗教思想の研究を行なった。その結果として、中国の「正統宗教」（主に仏教、道教）は宋代以降「衰退」をみせる。そして「正統」仏教、道教の「衰微」

5）　竺沙雅章『中国仏教社会史研究』（同朋舎　1982年）序章第2頁。および李四龍『中国仏教与民間社会』（大象出版社　1997年）第3頁を参照。

に伴い、「民間」仏教、道教が隆盛していく状況を証明した。これが中国の「正統宗教」が社会歴史において発展する根源的特徴である。「民間」から「正統」への発展と同時に、さらに「正統」から「民間」への浸透と拡散が行われる。これが中国宗教の社会化における歴史的発展の根本的脈絡であり、一般的規律を構成する。

三、「祛魅」と「神顕」——「パラドックス」における宗教の発展趨勢

　「祛魅」と「神顕」とは、宗教の世俗化と神聖化、つまり世俗化に向かう過程の問題である。世俗化（secularization）は、人類社会の変化の過程を指し、社会生活の諸方面にまで及ぶ。当然、宗教も含まれる。宗教の世俗化とは、マックス・ウェーバーのいう「祛魅」の過程である。この過程の主たる表象として、宗教の衰退（思想、行為、組織の社会的意義の消失）・宗教の「入世」化・現代社会との適応・宗教信仰行為の変化・宗教の神秘的特徴の減少・「神聖」社会から「世俗」社会への変化などが挙げられる。

　「神顕」（hierophany）とは「神聖」である。ミルチャ・エリアーデは、「神聖とは世俗の中で自己を現すことであり、世俗と全く異なる物になることである」[6]と述べる。社会の世俗化について言うならば、社会全体が現代化に向かうプロセスは、間違いなく重要であり、不可欠な構成要素であり、現代的発展の必然の結果である。そして社会に存在する宗教として、必然的に社会の変化に伴い、相応の変化が必要となる。

　しかし、世界各国の宗教の歴史や現実が確実に証明するように、世界が常に世俗化へとひた走る潮流にあっても、宗教の神聖性を全て洗い流すことは不可能であり、宗教はその衝撃に直面しても消滅することはない。そうであるならば人類世界は無宗教の「楽園」になってしまう。

　反対に、世俗化の衝撃こそが、諸宗教が社会に適合するために、適応が日

---

6) Mircea Eliade『聖と俗』（*The Sacred and the Profane*）、Harcourt Brace Jovanovich、1957年。

増しに強く求められる世俗化の潮流にあっても、絶えず自らの変化や革新を実現するのである。この世俗化過程で顕れるものが宗教復興と宗教創新である。十九世紀末以降、世界各国の宗教発展の現状は、この点について詳細に物語っている。例えば、アメリカや西ヨーロッパで日々出現する多くの新興宗教、イスラム社会の宗教復興運動などである。同時に、アジアでは、伝統的仏教は、世界のその他の宗教のように、衆人の注目を集めることはないが、インド、スリランカ、日本などの国では、宗教（仏教）復興の潮流が見られた。それは中国の香港や台湾も同様である。

本書の明清時期民間宗教思想に対する考察と、今日の世界各国に見られる宗教の世俗化プロセスの発展状況を総合すると、伝統的「正統宗教」（仏教、道教を含む）は、表面上「衰退」しているようである。しかし、その影響や効果は、多くの新興宗教の出現や勃興を促している。この両者は多くの面で全く異なるが、間違いなく時代の産物なのである。さらに新たな時代の中でも結果的に同一の役割を果たし、多くの同種の効能や立場を担った。伝統宗教が往時のような役割を果たし、さらに新興宗教は、伝統宗教が世俗化による「衰退」の中で、補充、増強という役割を担った。

つまり、世俗化は人類社会が進歩するための必然の流れであるが、その課程は複雑で曲折した道程である。同時に、この過程では人類の理性と知性が高度に発達している。しかし、いずれにせよ世俗化は宗教を終末へと導くものではない。それは、宗教自身が備える特徴、自我調整機能以外に、現代社会は依然として宗教が発生、発展する為の理想的な沃土である。科学でさえも宗教の最大の脅威とはなり得ない。科学が提供できるのは方法だけである。科学の作用と役割は自然を解釈することにあり、人類の生老病死という根本的問題を解決することはできない。よって究極的目的として人類に意義と方法論を提供するようになる。

反対に、科学の道具がもたらした自然生態環境の破壊、富や金銭の追求により生じた人の狂気や傲慢のために、人と自然の離散、人と人との乖離が生じた。道徳の喪失、精神崩壊、人間らしさの消滅などの種々の問題は、間違いなく宗教が生存、発展するために残された必然の空間である。人と動物の

最大の相違は、人の精神的欲求である。つまり宗教は正に人類や社会特有の現象の一つである。この意味において、中国社会の宗教（民間宗教や「正統宗教」を含む）を長きに渡り存在させ続けるのである。さらに宗教を発展させるために、我々は公明正大な態度で宗教を見守り、真摯にそして詳細な研究を実施する。そうすることで、宗教を排除、消滅させようとする良からぬ憶測や企みを完全に消滅、排除するのである。こうしてこそ宗教の発生や発展のための一般的規律や特殊な規律を正確に把握し理解できる。そして社会の優れた秩序、「和諧」、持続可能な発展のために、理論上の指導と実践における従事を提供できる。これ以外に、別の方法はないのである。

参考文献

一、中国語典籍、経典

[1] 『中華大蔵経』、中華書局、1984。
[2] 『中華道蔵』、華夏出版社、2004。
[3] 『大正新修大蔵経』(日)高楠順次郎編、財団法人仏陀教育基金会出版部、1990。
[4] 『卍続蔵』台北、新文豊編審部、1983。
[5] 『正統道蔵』、台北、新文豊出版社、1977。
[6] 張希舜等編『宝巻初集』、山西人民出版社、1994。
[7] 王見川、林万伝主編『明清民間宗教経巻文献』、新文豊出版公司、1999。
[8] 王見川、車錫輪等編『明清民間宗教経巻文献』(続編)、新文豊出版公司、2006。
[9] 司馬光撰『資治通鑑』、長沙楊氏光緒十七年印本。
[10] 魏收撰『魏書』、中華書局、1974。
[11] 魏徴撰『隋書』、中華書局、1973。
[12] 欧陽詢撰『芸文類聚』、上海古籍出版社、1965。
[13] 周敦頤撰『周子通書』、上海古籍出版社、2000。
[14] 張廷玉等撰『明史』、中華書局、1974。
[15] (明)雲棲袾宏『竹窓随笔』。
[16] 『清実録』、中華書局、1986。
[17] 故宮博物院編『史料旬刊』、北京図書館出版社、2008。
[18] 中国社会科学院歴史研究所清史研究室編『清史資料』、中華書局、1982。
[19] 王欽若編『冊府元亀』、中華書局、1960。
[20] 陳邦徳撰『宋史紀事本末』、中華書局、1977。
[21] 韋述撰『両京新記』、光緒十二年(1894)青南札記本。
[22] 李昉等撰『太平広記』、北京文友堂書坊、甲戌年、依明談刻本。
[23] 李昉等撰『太平御覧』、上海古籍出版社、2008。
[24] 普度撰『蓮宗宝鑑』、(台湾)青蓮出版社、民国八十二年(1993)。
[25] 陝西師範大学図書館蔵等四十余種相関宝巻。
[26] 『新編諸子集成』、中華書局、1961。
[27] 瞿九思著『万歴武功録』、中華書局、1962。
[28] 方孔炤著『全辺略記』、『歴代辺事資料輯刊』、北京図書館出版社、2005。
[29] 談遷著『北游録』、中華書局、1985。
[30] 楊訥編『元代白蓮教資料滙編』、中華書局、1989。
[31] 徐珂著『清稗類鈔』、上海商務印書館、1917。
[32] 呉大澂滙輯『論語』、同文書局、光緒十一年。
[33] 采衡子纂『虫鳴漫録』、新文豊出版公司、1978。

[34] 閆敬銘等校『大学、中庸、論語』（木刻本）、浚文書局、光緒五年。
[35] 宋光宇編著『龍華宝経』、元佑出版社（台北）、1985。

二、外国語著作、論文

[1] Yang, C. K. Religion in Chinese Sciety. Berkely, University of California Press, 1961.
[2] Max Weber, The Religion of China, Translated and edited by H. H. Gerth, N.Y., The Free Press, 1964.
[3] 酒井忠夫著『中国善書の研究』、国書刊行会、1972。
[4] 澤田瑞穂著『増補宝巻の研究』、国書刊行会、1975。
[5] 秋月観暎著『中国近世道教の形成——淨明道の基礎的研究』、創文社、1978。
[6] 鈴木中正著『千年王国的民衆運動の研究——中国、東南アジアにおける』、東京大学出版会、1982。
[7] 竺沙雅章著『中国仏教社会史研究』、同朋舎、1982。
[8] 野口鐵郎著『民代白蓮教史の研究』、雄山閣、1986。
[9] 西本照真著『三階教の研究』、春秋社、1998。
[10] 宮川尚志『六朝時代の社会と宗教』、『東方学』（日本）、東方学会編、第二十三輯所収。
[11] 酒井忠夫『帮の民衆の意識』、『東洋史研究』（日本）、第三十一巻第二号所収。
[12] 鎌田茂雄『初唐における三論宗と道教』、『東洋文化研究所紀要』（日本）、第四十六冊所収。
[13] 吉岡義豊『初期の功過格について』、『東洋文化研究所紀要』（日本）、第二十七冊所収。
[14] 吉岡義豊『敦煌本太平経について』、『東洋文化研究所紀要』（日本）、第二十二冊所収。

三、香港、台湾中国語文献（著作）

[1] 鄭志明著『無生老母信仰溯源』、文史哲出版社（台北）、1985。
[2] 鄭志明著『中国社会与宗教』、台湾学生書局、1986。
[3] 鄭志明著『中国善書与宗教』、台湾学生書局、1988。
[4] 阿部肇一著『中国禅宗史』（関世謙訳）、台湾東大図書公司、1986。
[5] 釈聖厳著『明末中国仏教之研究』、台湾学生書局、1988。
[6] 黄敏枝著『宋代仏教社会経済史論集』、台湾学生書局、1989。
[7] 謝重光著『漢唐仏教社会史論』、台湾国際文化事業有限公司、1990。
[8] 蕭登福著『道教与密宗』、台湾新文豊出版公司、1993。
[9] 喻松青著『民間秘密宗教経巻研究』、台湾聯経出版事業公司、1994。

四、大陸中文文献（著作、訳作）

［1］　王明著『太平経合校』（上、下）、中華書局、1960。
［2］　王明著『抱朴子内篇校釈』、中華書局、1980。
［3］　李世瑜著『宝巻綜録』、中華書局、1961。
［4］　李世瑜著『現代華北秘密宗教』（影印本）、上海文芸出版社、1990。
［5］　陳寅恪著『金明館叢稿初編』、上海古籍出版社、1980。
［6］　陳寅恪著『金明館叢稿二編』、上海古籍出版社、1980。
［7］　郭朋著『隋唐仏教』、斉魯書社、1980。
［8］　郭朋著『明清仏教』、福建人民出版社、1982。
［9］　『皇姑寺』、北京古籍出版社、1982。
［10］　胡士瑩編『弾詞宝巻書目』、上海古籍出版社、1984。
［11］　周作人著『知堂乙酉文編』、上海書店、1985。
［12］　任継愈主編『中国仏教史』（一、二、三）、中国社会科学出版社、1985。
［13］　喻松青著『明清白蓮教研究』、四川人民出版社、1987。
［14］　Sharpe, E. J. 著、呂大吉等訳『比較宗教学史』、上海人民出版社、1988。
［15］　Alden Kuhn 著、謝亮生等訳『中華帝国晩期的叛乱及其敵人』、中国社会科学出版社、1990。
［16］　濮文起著『中国民間秘密宗教』、浙江人民出版社、1991。
［17］　梁啓超著『梁啓超文選』（上集）、中央広播電視出版社、1992。
［18］　梁啓超著『中国歴史研究法』、上海古籍出版社、1998。
［19］　Overmyer 著、周育民等訳『中国民間宗教教派研究』、上海古籍出版社、1993。
［20］　呂大吉著『西方宗教学説史』（上、下）、中国社会科学出版社、1994。
［21］　呂大吉著『宗教学通論新編』（上、下）、中国社会科学出版社、1998。
［22］　呂建福著『中国密教史』、中国社会科学出版社、1995。
［23］　マックス・ウェーバー著、『儒教と道教』商務印書館、1995。
［24］　鄭振鐸著『中国俗文学史』、東方出版社、1996。
［25］　王治心著『中国宗教思想史大綱』、東方出版社、1996。
［26］　湯用彤著『漢魏両晋南北朝仏教史』、北京大学出版社、1997。
［27］　厳耀中著『中国宗教与生存哲学』、学林出版社、1997。
［28］　厳耀中著『漢伝密教』、学林出版社、1999。
［29］　厳耀中著『仏教戒律与中国社会』、上海古籍出版社、2007。
［30］　李四龍著『中国仏教与民間社会』、大象出版社、1997。
［31］　馬西沙著『民間宗教志』、上海人民出版社、1998。
［32］　馬西沙、韓秉方著『中国民間宗教史』（上、下）、中国社会科学出版社、2004。
［33］　韓森著、包偉民訳『変遷之神：南宋時期的民間信仰』、浙江人民出版社、1999。
［34］　太史文著、侯旭東訳『幽霊的節日：中国中世紀的信仰与生活』、浙江人民出版社、1999。

[35]　沃特納著、曹南来訳『烟火接続：明清的收寄与家族関系』、浙江人民出版社、1999。
[36]　包筠雅著、杜正貞、張林訳『功過格：明清社会的道徳秩序』、浙江人民出版社、1999。
[37]　陳垣著『明季滇黔仏教考』（上、下）、河北教育出版社、2000。
[38]　戴康生、彭耀主編『宗教社会学』、社会科学文献出版社、2000。
[39]　車錫倫編著『中国宝巻総目』、北京燕山出版社、2000。
[40]　郭于華主編『儀式与変遷』、社会科学文献出版社、2000。
[41]　任継愈主編『中国道教史』（増訂本上、下）、中国社会科学出版社、2001。
[42]　金沢著『宗教人類学導論』、宗教文化出版社、2001。
[43]　葛兆光著『中国思想史』（導論）、復旦大学出版社、2001。
[44]　方立天著『中国仏教哲学要義』（上、下）、中国人民大学出版社、2002。
[45]　王爾敏著『明清時代庶民文化生活』、岳麓書社、2002。
[46]　譚松林主編『中国秘密社会』、福建人民出版社、2002。
[47]　張国剛著『仏学与隋唐社会』、河北人民出版社、2002。
[48]　趙世瑜著『狂歓与日常——明清以来的廟会与民間社会』、三聯書店、2002。
[49]　宋軍著『清代弘陽教研究』、社会科学文献出版社、2002。
[50]　胡適著『胡適全集』、安徽教育出版社、2003。
[51]　牟鐘鑑、張践著『中国宗教通史』（上、下）、社会科学文献出版社、2003。
[52]　牟鐘鑑著『道教道徳的特色及其現実意義』、中国言実出版社、2005。
[53]　呉天明著『中国神話研究』、中央編訳出版社、2003。
[54]　ミルチャ・エリアーデ著、晏可佳等訳『宗教思想史』、上海社会科学院出版社、2004。
[55]　楊訥著『元代白蓮教研究』、上海古籍出版社、2004。
[56]　鄭子美著『超越与順応——現代宗教学関照下的仏教』、中国社会科学出版社、2004。
[57]　劉黎明著『宋代民間巫術研究』、巴蜀書社、2004。
[58]　梁景之著『清代民間宗教与郷土社会』、社会科学文献出版社、2004。
[59]　梁麗萍著『中国人的宗教心理——宗教認同的理論分析与実証研究』、社会科学文献出版社、2004。
[60]　魯迅著『魯迅全集』、人民文学出版社、2005。
[61]　周斉著『明代仏教与政治文化』、人民出版社、2005。
[62]　梁漱溟著『東西文化及其哲学』、上海人民出版社、2006。
[63]　李向平著『信仰、革命与権力秩序——中国宗教社会学研究』、上海人民出版社、2006。
[64]　余欣著『神道人心——唐宋之際敦煌民生宗教社会史研究』、中華書局、2006。
[65]　許地山著『道教史』、団結出版社、2007。
[66]　楊慶堃著、範麗珠等訳『中国社会中的宗教』、上海人民出版社、2007。

［67］　蒲慕州著『追尋一己之福——中国古代的信仰世界』、上海古籍出版社、2007。
［68］　譚偉倫主編『民間仏教研究』、中華書局、2007。
［69］　趙軼峰著『明代国家宗教管理制度与政策研究』、中国社会科学出版社、2008。
［70］　劉淑芬著『中古的仏教与社会』、上海古籍出版社、2008。

後　記

　神仏についての人々の観念の起源は非常に早くから存在しており、ともすると人類が誕生とともにその芽は生じていたかもしれない。その後の発展は喧々囂々とした中で、至高の高みに到達した。さもなければ、古代中国の歴史上、国家が「人神雑糅」により民を「絶地天通」する国家は誕生しなかったであろう。

　そうではあるが、「絶地天通」により隔てられたものは、民と神の間の交流のための「広大」な具体的儀式だけであり、未だ完全に彼らの心中にある神に対する畏敬と誠意を消滅させることは叶わなかった。むしろ想像や創造の潜在能力を刺激し、「日本では八百万の神が祀られ」「中国もそれに勝るとも劣らない」という言葉が生まれるに至った。これは「神の形象は人の形象から想像される」という「真に理にかなった名言」を証明する。

　一般民衆でさえこうであるのだから、宗教組織では理の当然とする所である。いわゆる「正統」「体制」の宗教組織、仏教や道教など民間宗教に限っても、とくに明清時期の中国民間宗教にとっては、各種宗教（とくに儒・仏・道の三教）の神仏観念を整合的手段により吸収・改造・利用した。同時に、「神話」および「教主神化神話」という「神話」により一切の膨大な神仏系譜を包摂するものを作り上げた。さらに「万教帰一」、大同という最終目標に到達することを実現した。「神話」から「神化の神話」により創造されたこれら和諧平等の「万神殿」は、現実社会の厳格な等級の官僚統治体制に対する嫌悪や否定を暗示する。その上、多くの民（信）衆に安全で温和な精神の故郷や思想の帰着地を与える。

　本稿は、関西大学文学部教授・二階堂善弘先生の推薦により、関西大学東西学術研究所から日本語版が出版される運びとなり、光栄や喜びもひとしおである。ここで改めて深い謝意を申し上げる。本書の翻訳は三人の共訳であるが、筆者はその中の一章を担当したに過ぎず、多くの脱誤もあったであろう。大部分は二階堂善弘先生と二ノ宮聡氏の助力による。再び感謝の意を表

したい。同時に、原稿の日本語訳文は、これも関西大学アジア文化研究センターで完成した。これについても二階堂善弘先生の招待を賜ることで、筆者は同センターの訪問研究員となったゆえである。謝意を表したい。

筆者が東瀛の土を踏んだのは、今回が二度目である。二十五年前、筆者が初めて日本を訪れた際、心を震わせ夢中になった。そうして日本文化と切っても切れぬ縁を結んだ。さらに長年にわたり、日中文化の勉強と研究に没頭したために夢の中でも扶桑の国を訪れた。

しかしながら、来日して数日もたたない時、訃報がもたらされた。筆者の父が亡くなったのである……。筆者は遠く海また海を隔てていたため、さらに時間的制約のために今生で父を「見送る」ことが叶わないことが心残りとなった。筆者ができることは、本書を父に捧げ、父の「極楽世界」での幸福を祈るばかりである。

最後に、『倶舎論』巻九に「種々縁和合已、令諸行法聚集生起」と述べるように、筆者と縁を持った全てに心からの感謝を表したい。そこには当然、愛する妻と娘もいる。一切の恩に感謝し、天地に感謝する！

劉　雄　峰
2015年7月識于関西大学南千里国際プラザ

訳者あとがき

　本書は四川省社会科学院の劉雄峰氏の著作『明清民間宗教思想研究―以神霊観為中心―』(巴蜀書社)の翻訳である。劉氏とは朱越利先生のご紹介で幾つかの作業を共にしていたが、訳者は実は長い間直接お会いしたことはなかった。しかし2015年の春から関西大学アジア文化研究センターに研究員としてしばらく滞在され、そのときにようやく面識を得た。数ヶ月間の共同研究を経て、非常に学究肌な方であり、研究に臨む態度が極めて実直であると感じた。

　本書は民間宗教の主要な経典である宝巻を材料として、民間宗教の思想を探るというものである。訳者は民間信仰の研究者ではあり、これまで宝巻の一部を資料として扱ったことはあったが、宝巻の持つ思想的な背景などについては、あまり詳しく探求してこなかった。今回、本書を翻訳してようやく理解できたことも多い。いっぽうで本書の内容は幅広くかつ包含に富むものであるため、翻訳作業は難航した。おそらく訳しきれていない部分も多々あると思う。それは監訳者たる二階堂の能力不足によるものである。なお本書は二階堂のほか、関西大学アジア文化研究センターPDの二ノ宮聡氏、それと劉氏ご本人による分担翻訳となっている。作業分担は、主に第一章が二階堂、第二章が劉・二ノ宮両氏、第三・四章が二ノ宮氏となっている。作業の進行においては、関西大学東西学術研究所の奈須智子氏をはじめとして多くの方々に多大なるご迷惑をおかけした。ここに心より謝意を称したい。

2015年9月

　　　　　　　　　　　　　　　　　　於　ベトナムホイアン
　　　　　　　　　　　　　　　　　　二階堂　善弘

著者・訳者紹介

●著　者

劉　雄峰（りゅう　ゆうほう／リュウ・ションフォン）

1963年雲南宣威生まれ。歴史学博士。現職は四川省社会科学院歴史研究所教授（研究員）。専門は仏教（蔵伝仏教を含む）、道教（特に密教と道教の関係）、哲学、民俗学、宗教学理論など。主な著書に『災難旅游学』（共著）等。『国外社会学』などに四十数篇の論文を発表。

●訳　者

二階堂　善弘（にかいどう　よしひろ）

1962年生。東洋大学文学部卒、早稲田大学大学院文学研究科博士課程退学、博士（文学）・博士（文化交渉学）。現職は関西大学文学部教授。専門は中国の民間信仰。主な著書に『道教・民間信仰における元帥神の変容』（関西大学出版部、2006年）、『明清期における武神と神仙の発展』（関西大学出版部、2009年）、『アジアの民間信仰と文化交渉』（関西大学出版部、2012年）など。

二ノ宮　聡（にのみや　さとし）

1982年生まれ。関西大学大学院文学研究科中国文学専修博士課程後期課程修了。博士（文学）。現在、関西大学アジア文化研究センターPD。専門は中国の民間信仰。主な論文に「北京の碧霞元君廟会──五頂と妙峰山とYA髻山──」（関西大学中国文学会、2012年）、「北京の廟会の復興と現状──二〇一一・二〇一二年春節廟会を中心に北京の碧霞元君廟会」（関西大学中国文学会、2014年）、「偽満地区的碧霞元君信仰──以迷鎮山娘娘廟会為中心」（金勲主編『東方文化与養生』、宗教文化出版社、2014年）など。

関西大学東西学術研究所　訳注シリーズ18

神話から神化へ
――中国民間宗教における神仏観

平成 27 年 12 月 20 日　発行

　　著　者　　劉　　雄峰
　　監訳者　　二階堂　善弘
　　発行者　　関西大学東西学術研究所
　　　　　　〒564-8680　大阪府吹田市山手町 3-3-35
　　発行所　　関　西　大　学　出　版　部
　　　　　　〒564-8680　大阪府吹田市山手町 3-3-35
　　印刷所　　株式会社　遊　文　舎
　　　　　　〒532-0012　大阪市淀川区木川東 4-17-31

©2015　LIU XiongFeng, Yoshihiro NIKAIDO　　printed in Japan

ISBN 978-4-87354-618-6 C3014　　　　落丁・乱丁本はお取り替え致します。